共享金融学

Sharing Finance

张玉明　等 著

国家社会科学基金重大项目“科技型中小企业融资征信平台和数据库建设研究”（15ZDB157）的阶段性成果。

科 学 出 版 社

北　京

内 容 简 介

共享金融蓬勃发展的原理、本质、理论体系和发展规律如何？第一，探究共享金融时代到来的必然性，界定共享金融学的研究对象是社会金融资源的产生、聚集、交换、配置、使用以及价值创造规律；第二，对其内涵、范畴、理念、特征等进行界定和分析，其目标是提升金融资源配置效率，本质是降低金融市场交易成本；第三，构建由共享经济、普惠金融、分享盈余、长尾理论、多边平台理论等构成的理论体系和模型；第四，对共享金融市场交易主体、对象、工具、价格及共享金融中介进行探讨；第五，对其运行机制、表现形式、作用功能、资源配置、技术制度、风险监管等进行详尽的分析。

本书既适合金融学、经济学、管理学、社会学等人文社会科学的高校、科研机构理论研究者及研究生、本科生等使用，也为各级政府、主管部门制定相应政策提供理论依据，还可为广大金融从业者、创新创业者、中小微企业及传统产业企业完善融资渠道提供重要参考。

图书在版编目（CIP）数据

共享金融学 / 张玉明等著. —北京：科学出版社，2019.1

ISBN 978-7-03-059603-1

Ⅰ. ①共…　Ⅱ. ①张…　Ⅲ.①金融学　Ⅳ. ①F830

中国版本图书馆 CIP 数据核字（2018）第 271399 号

责任编辑：王丹妮　陶　璇　方小丽 / 责任校对：张怡君

责任印制：徐晓晨 / 封面设计：蓝正设计

科 学 出 版 社 出版

北京东黄城根北街 16 号

邮政编码：100717

http://www.sciencep.com

北京虎彩文化传播有限公司 印刷

科学出版社发行　各地新华书店经销

*

2019 年 1 月第　一　版　开本：720 × 1000　1/16

2019 年 7 月第二次印刷　印张：24 3/4

字数：499 000

定价：98.00 元

（如有印装质量问题，我社负责调换）

作者简介

张玉明：1962年出生，山东济南人，复旦大学经济学博士、管理学博士后；现为山东大学管理学院教授，山东大学中小企业研究所所长，会计学专业、管理科学与工程专业博士生导师；兼任教育部重点研究基地清华大学技术创新研究中心学术委员等；研究领域为宏观经济理论、财务会计与金融证券、中小企业发展与企业成长理论、科技创新与管理；主持“科技型中小企业融资征信平台和数据库建设研究”（15ZDB157）等国家社会科学基金重大、重点和面上项目4项，“习近平总书记关于发展分享经济的思想与战略研究”（17BZLJ08）等教育部与省部级课题十余项；出版《共享经济学》《从私有到公用：分享经济的实质和绿色发展之路》等专著16部；在《科研管理》《会计研究》等发表论文130余篇，其中被CSSCI收录60篇、EI检索5篇；研究成果多次被《中国社会科学文摘》等摘录或全文转载，获教育部高等学校

科学研究优秀成果奖（管理学）、山东省社会科学优秀成果重大成果奖并获一等奖等十余次；被评为创业竞赛优秀指导老师等；具有多年企业管理和金融证券、投资银行从业经历，指导、参与三十余家企业改制、购并重组、发行股票等项目；担任维维股份、金一文化等独立董事，绿霸化学等财务顾问等。

前 言

2008 年 9 月从美国次贷危机引起的华尔街风暴，演变为全球性的金融危机，其过程发展之快，数量之大，影响之巨，令人始料不及。现代金融市场发展规模庞大，但也存在固有的深层次问题：金融巨鳄贪婪、金融结构失衡、金融风险频发、融资约束、金融机构脆弱性……社会经济的持续发展迫切需要一个健康、可持续、多方共赢式的金融体系作支撑。

伴随着云计算、大数据、物联网、移动互联网和共享经济的飞速发展，以互联网技术为主的信息技术将金融信息数字化，扩展了信息容量，加快了信息传输速度；依托于电子、数字、软件平台的各类金融技术成为各类交易中的关键部分，降低了信息获取的成本，简化了金融交易的流程。在这一时代背景下共享金融应运而生。共享金融的出现，为金融的自我完善和创新提供了新的出路，在逐渐改变现有的金融模式和各类金融参与主体的投融资方式的同时，共享金融也必将重塑金融生态体系。

近几年，以 P2P（peer to peer，伙伴对伙伴）、众筹、财富管理、供应链金融、区块链金融等互联网金融企业为代表的共享金融飞速发展。据网贷之家 2017 年 11 月数据，在 2013 年及以前，行业吸引了 42.88 亿元资金。2014 年为 85.36 亿元资金。到了 2015 年和 2016 年，融资额分别达到了 485.93 亿元和 826.27 亿元。从 2017 年融资数据来看，上半年互联网金融行业融资金额约66.09亿元。截至2017年10月底，互联网金融企业融资额为184.21亿元。目前已经有趣店、和信贷、拍拍贷、融360、乐信五家分别在美国和中国香港上市。尤其是拍拍贷，2017年上半年，拍拍贷总营收为17.33亿元，净利润为10.49亿元，较2016年同期指标分别飙涨392%和150%，经营业绩碾压6家上市银行和112家公募基金，导致“银行惊呼，公募颤抖”的局面。由此可见，共享金融的优势和发展的迅猛态势。

其中的根源是，在传统金融模式下，金融资源的转移需要在传统金融机构的中介作用下，通过供需双方对资源交易签订一系列的交换协议而达成。这种交易模式意味着金融资源的转移至少需要资源提供者、资源使用者以及中介金融机构三方的参与，而且这种交易需要维持在一定期间内完成，在这段期间中，交易各方之间的利益关系始终维系。由于金融资源的特殊性以及存续期间的存在，交易各方难免会面临利率风险、流动风险以及信用风险等问题，其为各方带来的未来利益具有一定的不确定性。这种不确定性导致传统金融交易在受众方面出现了局限性，尤其是众多的小微企业、农民等社会弱势群体无法分享金融发展所带来的福利。而共享金融的出现使得传统的有条件、有风险、受众范围有限的金融资源向大众参与、大众分享的模式进行转变，这种面向大众、服务大众、人人分享金融发展资源的定位更加契合金融发展的实质和规律。因此，共享金融是金融资源配置错位、金融资源受限、金融市场效率低下、金融交易成本高昂的市场环境的必然产物。共享金融的比较优势主要体现在降低金融市场交易成本、有效配置金融资源、化解信息不对称、推动普惠金融发展、建立风险分散与分担机制、避免金融资源错配、缓解金融体系脆弱性等方面。通过去中介化、去中心化、去信任化、去扰动化、去单边化，共享金融在降低流动性风险、促进分布式交易、缓解信息不对称、提高资源配置效率、降低金融市场交易成本、提升价值增值潜力等方面发挥重要作用。

共享金融的出现和发展使得共享金融学成为一个全新的研究方向和领域。共享金融学是一门研究移动互联背景下整个社会中各类金融资源的产生、聚集、交换、配置、使用及其价值创造的学问。对共享金融的研究不应仅停留在对现象和形式的描述上，而应从一个学科体系角度构建理论研究框架，实现对这一金融阶段系统科学、全面深入的学习认知，挖掘其所蕴含的珍贵价值。基于这一思路，本书主要从学科理论的层面构建共享金融学的理论框架，研究分析其理论基础、目标本质、理念特征、运行机制、作用功能、资源配置、技术制度，并揭示其所面临的风险，为相应的监管措施提供政策参考。尤其是本书在创新性地构建起共享经济理论体系基础上，创造性地提出了类金融资产的概念，并对其作用、功能、表现形式等进行了深入的探讨，这对于化解小微企业、农民、城市低收入者等社会弱势群体的融资困难，实现普惠金融的发展目标和互联网金融企业的健康发展发挥重要的作用。

本书是笔者及其团队基于互联网的"共享、开放、平等、民主"理念的学术专著《云创新理论与应用》（经济科学出版社，2013 年）、《共享经济学》（科学出版社，2017 年）、《从私有到公用：分享经济的实质与绿色发展之路》（人民出版社，2017 年）之后的又一创新性成果。本书由笔者提出创意、策划、拟定提纲、组织、撰写主要内容并修改定稿，由迟冬梅校对并撰写部分内容。各章执笔撰写人如下：第 1 章为张玉明、刘洋，第 2 章为刘芃，第 3 章为张玉明、管航，第 4 章为徐凯歌，第 5 章为张玉明、王欣，第 6 章为张玉明、霍晨，第 7 章为张玉明、侯悦，第 8 章为赵小东、董牧宇，第 9 章为张瑶，第 10 章为张玉明、杨柳，第 11 章为万宇轩、赵小东，第 12 章为邢超，第 13 章为毛静言、黄睿涵。另外，王春燕、王子菁、张远远、赵瑞瑞、杨凡也做了大量工作，均来自山东大学管理学院。同时，借此机会向在写作过程中提供帮助的个人和单位表示感谢。特别感谢复旦大学经济学院原副院长张晖明教授，山东大学管理学院院长杨慧馨教授、郭妍副教授，清华大学技术创新研究中心主任陈劲教授，齐鲁工业大学（山东省科学院）陈加奎副院长、刘德胜副教授、段升森博士、张新老师以及外国专家项东教授的指导！写作过程中还参考了相关学者的研究成果，并从中得到了重要的启示，已尽量将所有贡献在书中注明，在此一并致谢。

特别感谢科学出版社的领导、编辑和专家对本书的编辑与出版给予的热情帮助和支持，尤其是马跃社长和方小丽编辑为本书的出版付出了大量的辛勤劳动，并提出了很多宝贵的建设性意见。当然，由于本人水平有限，书中难免有不足之处，敬请各位前辈、同仁、读者批评指正。

张玉明　博士/教授/博导

2017年12月27日

开篇案例

菜农王女士如何获得融资?

在距离一中等城市 20 千米的郊区农村，45 岁的王向荣女士家有老人和孩子，无法外出打工。她长期从事蔬菜种植，有较丰富的技术和经验，为了脱贫致富、过上美好的生活，拟筹资 20 万元，建造一个 1 000 平方米的蔬菜种植大棚。但是，由于王向荣（以下简称“农女王”）生活在农村，无银行卡、信用卡等，从而也没有可供验证的现金流、信用记录；亲戚朋友大都是农民，经济实力有限，也无法通过内部融资获得足够资金；较大的财政压力使得当地政府的普惠金融政策没有到位或者即使到位数量也很小，无法满足融资需求。她究竟怎样融资、通过怎样的金融市场才能筹集到足够的金融资源？像她这样的农民、小微企业、创意产业、创新创业者、社会弱势群体等“长尾客户”怎样才能筹集到满足发展所需的金融资源、充分享受金融与经济发展的好处并有充分的获得感?

第1章

共享金融学的研究对象

21 世纪是一个充满机遇、挑战与颠覆的时代。无数凝聚着人类智慧与探索精神的新鲜事物奔腾而起，层出不穷。随着云计算、大数据、物联网、移动互联网的飞速发展，社会生产方式和人们的消费观念发生了颠覆性的变化，共享经济应运而生[①]。伴随着共享经济的迅猛发展，共享金融也蓬勃兴起，逐渐改变现有的金融模式和各类金融参与主体的投融资方式，这必将重塑新的金融生态体系。共享金融的出现和发展使得共享金融学成为一个全新的研究方向和领域，并引起了各界的广泛关注和讨论。网络借贷、众筹、P2P 等共享金融表现形式的背后，其自身发展的内涵、特征、原理、目标、本质、构成要素、运行机制等深层次规律发挥着作用，这将催生共享金融学学科的产生及不断完善。为此，明确界定共享金融学的研究对象是深入探讨共享金融学发展规律的前提和基础。

1.1　共享金融时代已来

近年来，作为新经济的代表，共享经济在互联网技术的推动下，正在以不可阻挡的态势向前发展，推动着全球共享时代的到来[②]。共享经济的迅猛发

① 张玉明，毛静言. 共享办公空间商业模式创新及成长策略研究——以优客工场为例[J]. 科技进步与对策，2017，(17)：1.

② 张玉明，等. 共享经济学[M]. 北京：经济科学出版社，2017.

展催生了共享金融蓬勃兴起。由于互联网技术的参与而创造出的崭新金融模式引起了人们的广泛关注，“共享金融”作为一种与传统金融相对应的概念应运而生，并迅速在实践中得到普遍运用，吸引了大量的人力和资本投入，形成了举世瞩目的“共享金融热”，并给传统金融带来巨大的冲击。在可预见的未来，共享金融将以强劲势头引领全新的金融模式，共享金融时代已然到来。

1.1.1 共享经济蓬勃发展

共享经济的勃发催生共享金融的发展。“共享经济”的概念最早由发表于1978 年《美国行为科学家》杂志的《社区结构和协作消费》[①]一文提出，而共享经济现象却在近些年才得以真正流行。技术的进步、革新与发展推动了共享经济的兴起，云计算、大数据、物联网、移动互联网的迅速发展大大降低了由信息不对称造成的搜寻、谈判、缔约以及监督等方面的交易成本，也使资源的重新整合成为一种可能。

通俗地说，共享经济就是与他人共享闲置资源，提高资源的配置和利用效率，降低市场的交易成本。在移动互联网背景下，共享经济已经渗透到人们日常生活的方方面面，也在潜移默化中改变着人们的生活。以定制专属旅途住宿的 Airbnb（爱彼迎）和颠覆传统出行方式的 UBER（优步）为代表的与人们生活息息相关的共享经济模式，逐渐在全球范围内演变为一种潮流。

定制专属旅途住宿的 Airbnb 创立于 2008 年，目前已经覆盖全球 190 个国家，为 4 000 多万用户提供过短租服务。Airbnb 虽然自身不拥有房产资源，但它利用互联网平台进行整合，将闲置的各式房屋资源由线下聚集到线上平台，为旅客提供个性化、多元化服务。Airbnb 基于互联网平台进行实时交流，

---

① Felson M, Spaeth J L. Community structure and collaborative consumption：a routine activity approach[J]. American Behavioral Scientist，1978，21（4）：614-624.

节省了中间成本，也最大限度地利用了闲置资源，实现了空间的延伸，已经成为很多旅行者出行的首选。Airbnb 注重打造个性化体验的核心竞争力，通过开放网络连接功能，建立双向评价机制，有效激发了房东提供优质服务的积极性，借助互联网平台促进消费者与房东共赢的局面。Airbnb 是共享经济在短租行业的完美体现，它颠覆了传统的酒店行业在“共享”的理念下提供独特的住宿空间，实现了酒店行业商业模式的新突破。

颠覆传统出行方式的 UBER 成立于 2009 年，起源于美国硅谷的一家科技公司，目前的业务范围已经渗透到全球 58 个国家和地区的 311 个城市，每天为超过 100 万人的乘客提供出行服务。UBER 利用领先的互联网技术平台，通过手机 APP（应用程序）对乘客和司机进行高效、就近、精确的无缝连接，为乘客提供高品质的服务和多样的出行选择。UBER 最大的价值在于它利用共享经济的商业模式，通过将闲置的车辆聚合到线上平台，既解决了车辆闲置问题又满足不同人群的出行需求。基于此，无数私家车车主注册成为 UBER 用户，将私家车的功用发挥至最大，UBER 也为人们提供了新的社交机会。随着共享出行的进一步普及和发展，越来越多的用户投入其中，人们的生活环境和城市交通将会越来越好。

Airbnb 和 UBER 作为共享经济的“领头羊”，都是将闲置的线下资源通过线上平台集聚和使用，开拓了全新的共享商业模式。世界上最大的住宿提供者没有房产，却在全球范围内散布着数千万的房东和房客；世界上最大的出租车提供者没有车，却在世界各地拥有数千万的司机和乘客。共享经济正在改变着人类社会的生产方式，在共享经济的颠覆性作用下，信息技术助力个体经济强势回归，并呈现出蓬勃发展的态势。

放眼全球，共享经济已经蓬勃兴起，正在改变着人们的生活方式和社会生产方式。未来，共享经济将向全民发展，并且可能每个人都处于共享经济之中；共享经济将向全行业发展，逐步推广到各个行业和领域，并在教育、医疗、工业制造以及农业发展等方面发挥巨大的效用；共享经济也将向全过程发展，既在生产领域和消费领域中发生作用，也将在分配领域以及流通领域中发生作用。

1.1.2　共享经济催生共享金融

截至 2016 年，全球互联网用户达到 34 亿人，渗透率为 46%[①]。这意味着在全球范围内，无论是资源提供者还是资源需求者，几乎都有可能随时随地便捷地参与共享经济。随着共享经济的蓬勃发展，在互联网、大数据、移动支付等快速成长的趋势下，“共享金融”应运而生。金融作为现代经济的核心，共享经济的发展潮流必然渗透到金融领域，从而使传统金融向“共享金融”发展[②]。

共享金融毫无疑问是一个全新的概念，也是一种方兴未艾的金融模式。在互联网技术飞速发展的基础上，共享金融的发展已经有了突出的表现形式，并呈现出迅猛发展的态势。随着共享金融的不断发展和完善，已经处于发展中的互联网金融和普惠金融最终将融合或回归到共享金融。相应的，共享金融的发展反过来也将进一步促进共享经济的发展。

1. 共享金融的互联网技术基础

共享金融得以产生和发展，离不开当前的互联网技术环境。互联网已经成为人们日常生活中必不可少的工具，其海量性、即时性、自主性和共享性等特征[③]使各参与主体获取资源不受时间、地域、方式等的束缚。互联网技术的出现和不断突破给社会发展带来一次冲击，也使得共享的范围越来越广、越来越普及，标准化程度也越来越高。一方面，互联网技术具有点对点和开

---

① 资料来源：玛丽·米克尔. 2017 年度互联网趋势报告.

② 姚余栋，杨涛. 共享金融：金融新业态[M]. 北京：中信出版社，2016.

③ 张玉明，管航. 共享创新模式：内涵、特征与模型构建[J]. 科技进步与对策，2017，34（13）：10.

放性的特征，通过互联网终端，任何人都可以连接入网，这使用户之间的沟通成本大大降低；另一方面，互联网通过巨大的黏合作用和信息整合作用，实现了信息流在时间和空间上的全面整合。

共享金融通过当前云计算、大数据、物联网、移动互联网等信息技术以及通过现代信息技术构建的在线搜索、即时通信、实时互动的共享服务平台，实现共享金融各参与者之间的直接链接。技术的不断进步也为共享金融在未来的进一步发展提供了良好的保障，尤其是区块链技术的引进。对公共区块链的使用，会大大减少大部分经济交易对现有金融机构的依赖，而金融机构内部则可以充分利用私有区块链提高工作效率并降低成本，促使网络时代的经济活动变得更简洁容易，这将极大地拓展共享金融的广度和深度①。未来，互联网技术将在共享金融的各个层面中发挥更加突出的作用。

2. 共享金融的突出表现形式

在互联网技术的支持下，以 P2P 和众筹为代表的共享金融的表现形式早已渗透到金融市场，并改变着市场结构、定价机制以及交易行为。

P2P 作为共享金融的典型表现形式，自诞生之日起，其去中介化的运行模式被作为一种全新的模式受到了大众的广泛关注。借贷平台作为中介，不吸储也不放贷，只提供金融信息服务。在借贷过程中，筹资者的贷款资料、贷款合同、相关手续以及资金的获取等全部通过互联网平台实现。2005 年，全球第一家 P2P 平台 ZOPA②诞生，其全新的商业模式立刻引起了广大投资者和筹资者的兴趣。在中国，拍拍贷、宜信、红岭创投等也引领了 P2P 平台的发展。P2P 通过点对点的方式建立了直接接待的投融资平台，在一定程度上缓解了金融资源匹配不均衡的问题。

众筹也是共享金融的重要表现形式。众筹，即大众筹资，是利用网络平

① 姚余栋，杨涛. 共享金融：金融新业态[M]. 北京：中信出版社，2016.

② ZOPA 成立于英国，目前在美国、意大利、日本等国开设分公司。

台向众多网络投资人进行资金筹集的金融模式。众筹具有低门槛、多样性、依靠大众力量、注重创意的特征。它能够摆脱传统金融中介的组织形式，进行更加有效的资金配置，使得众多个体资金拥有者能够独立而直接地参与到金融投资中。近年来，众筹市场在中国发展迅速。京东、苏宁、阿里巴巴等多家行业巨头也纷纷迈入股权众筹领域。据统计，截至2016年底，国内正常运营的众筹平台共计415家，其中股权众筹平台共计118家[①]。通过互联网平台，众筹将零散资金聚集起来，提供了更加灵活的投资机制，在一定程度上为小微企业和社会弱势群体等融资困难的资金需求者提供了新的融资途径。

3. 从互联网金融、普惠金融到共享金融

近年来，“互联网金融”和“普惠金融”受到各界的广泛关注和推崇。它们与共享金融具有一定的共通之处，但共享金融的内涵更加丰富，前景也更为广阔。

互联网金融是利用互联网技术和信息通信技术实现资金融通、支付、投资和信息中介服务的新型金融业务模式。互联网与金融深度融合是大势所趋，将对金融产品、业务、组织和服务等各方面产生更加深刻的影响。无论从技术还是制度来看，互联网金融体现出的都是共享金融的核心理念[②]。互联网金融的异军突起，加速了传统金融向共享金融转变的进程，为共享金融的发展提供了强大动力。

普惠金融则立足于机会平等的要求和商业可持续的原则，以可负担的成本为有金融服务需求的社会各阶层和群体提供适当、有效的金融服务。从这个角度来说，普惠金融与共享金融有些许相同之处，共享金融充分体现了普惠金融的本质。普惠金融的理念反映了人类社会不断进步和发展的现实需求，普惠金融的进一步推广，也有助于共享金融人人共享、大众参与理念的实现。

---

① 资料来源：2017互联网众筹行业现状与发展趋势报告.

② 姚余栋，杨涛. 共享金融：金融新业态[M]. 北京：中信出版社，2016.

共享金融和互联网金融都致力于资源的优化配置，然而共享金融除了营利性之外，还注重各方共赢、机制共担，拓展了普惠金融服务的深度和广度。共享金融通过多方位的共享，实现金融资源交易成本的降低和金融资源的优化配置。可以说，共享金融揭示了互联网时代金融的本质特征，更能够体现未来金融模式与功能更长期的、深层次的变革。无论是互联网金融还是普惠金融，最终将融合或回归到共享金融当中，共享金融具有更加强大的生命力。

共享金融的发展，是一个时代的必然选择。共享经济背景下共享金融的发展是一种必然态势，共享经济的发展也需要共享金融的支撑来实现。一方面，对于共享经济模式来说，共享金融是其重要组成部分，无论是企业发展的投融资需求，还是资本扩张下的规模经济，都离不开金融的支持；另一方面，以支付宝、微信支付为代表的第三方支付工具的成熟化，金融基础设施的不断完善，为共享经济模式的开展以及在此模式下的结算管理提供了极大的便捷。共享金融的核心目标是提高金融资源的配置效率，本质是降低金融市场的交易成本，这与共享经济的目标和本质不谋而合。共享金融是移动互联网背景下加速共享经济这一体系运转的强大动力，共享经济的发展也离不开共享金融。

1.1.3 共享金融将成为金融主流

在当前的互联网技术水平和社会发展需要的推动下，共享金融的必要性和影响力已经凸显出来。在充满创新、颠覆与挑战的时代背景下，共享金融所带来的变化不仅作为结果出现，还会对变化之后的发展产生深远的影响。可以预见的是，未来的共享金融将会给日常生活和社会经济带来更多深刻的改变，甚至全方位地引领时代的发展，并将成为金融发展的主流。

中国社会科学院金融研究所杨涛提出，“未来共享金融应该呈现如下五大发展路径：第一，金融终端的资源与功能共享；第二，金融媒介与渠道的共享；第三，金融消费与需求的共享；第四，金融风险与监管的共享；第五，金融与实体的共享式发展”[①]。共享金融正以不可阻挡的态势发展前进，无论其未来的发展路径如何，都将在构建完善的金融体系和促进人类社会的不断发展中发挥巨大作用。

未来，共享金融将构建完善的金融体系，实现金融系统的健康、高效、有序的可持续运转。共享金融将通过搭建全面的信用信息平台并构建制定高效的信息反馈机制，为金融市场参与者提供真实透明的信用信息，信息不对称将会逐渐消减甚至被消除。届时，违约成本将被大大提高甚至具有不可逆转性，共享金融的各参与主体将会极力避免由违约带来的一系列不利于其自身发展的连锁反应。共享金融平台将满足金融资源的需求者个性化、多元化的资源需求，金融资源将实现物尽其用，得到完全合理有效的调配、使用与循环。共享金融将在各行各业发挥作用，各行业也将实现紧密结合。

未来，共享金融将实现大众参与、人人共享。2013 年余额宝的出现及广泛使用激发了大众的理财意识，拓展了大众理财的渠道，也引发了大众理财的热潮，人们开始将零散的闲置资金通过存入余额宝这类现金管理工具以获取相应收益。未来，随着共享金融的进一步实现，金融资源将突破空间限制实现在全球范围内的融通，理财渠道将会更加多样化，人们将会拥有更广阔的利用闲置金融资源创造价值和增加收入的选择空间，大众理财将会同超市购物一样常规、便捷。任何有可用金融资源的个体都可以参与到共享金融中，任何有金融资源需求的个体也可以自由地参与到共享金融中寻求资源，金融资源将得到更全面的聚集和更优化的配置与使用，实现真正的大众参与、人人共享。

未来，共享金融将改变人们的生活方式和思维方式。在共享经济背景下的共享金融不只是一种金融模式和功能的变革，也将引发人们对于未来生活方式

① 杨涛. 共享金融呈现五大发展路径[N]. 中国经济时报，2015-10-08.

的哲学思考。根据马斯洛需求层次理论，人类需求层次从低到高依次为生理需求、安全需求、社交需求、尊重需求和自我实现需求。目前人类的生理需求和安全需求已基本得到了满足，共享金融将在人类社交需求、尊重需求和自我实现需求中发挥作用。一方面，共享金融模式实现了由少数人参与的金融向大众参与的共享金融方式的转变，密切人们的社会关系，将更好地实现人们的社交需求；另一方面，人类精神层面对相互尊重和自我价值实现的追求也将通过共享金融得到满足，共享平台将通过对于绿色可持续项目的推进来实现社会的良性循环与可持续发展，人们甚至可以通过共享平台投身公益无偿为他人提供帮助和服务。共享金融模式为建造更加友好、和谐、繁荣的人类社会，探索人与人之间的关系、经济发展与环境的关系提供了一条新出路。

古语有云："是故大鹏之动，非一羽之轻也；骐骥之速，非一足之力也。"共享金融的发展必然还要经历很长的过程，但共享金融时代已然到来。这是一个全新的时代，是一个将给传统金融体系和传统金融理念带来革命性的、颠覆式的冲击的时代。共享金融将引领共享理念，凝聚智慧力量，实现引领金融的可持续、健康、多方共赢式发展。

1.2 共享金融学的研究对象

共享金融是时代的产物，与当今的社会经济形势相适应。随着共享金融模式的广泛兴起，共享金融学也逐渐发展成为一个完整的学科体系，其理论体系的构建和探讨也将为金融市场的进一步发展提供一定的指导和参考。共享金融学是一门研究移动互联网背景下整个社会各类金融资源的产生、聚集、交换、配置、使用及其价值创造的学问，其研究对象涉及社会金融资源的产生、聚集、交换、配置、使用以及价值创造规律。

1.2.1 共享金融资源的产生

金融资源的产生过程是共享金融总的基础。共享金融学中金融资源的产生，是指多主体、多渠道、全方位的金融资源的形成过程，在这一过程中涉及的金融资源在共享金融模式下都可以共享。

金融资源作为现代市场经济发展中不可缺少的一种稀缺资源，是经济发展的关键性约束条件[①]。共享金融模式下，产生的金融资源的范围被进一步扩大，既包括需求方直接需要的货币资金，也包括股票、债券、基金等金融资产。除此之外还可能包括原材料、厂房、技术设备、专业技术、智力成果、知识产权等传统金融模式下需求方通过筹集资金换取的生产要素。换言之，共享金融模式下，需求方的“融资”不再是传统金融模式下的资金需求，而是需求方为实现其自身发展所需要的一切资源。通过共享平台，供给方提供能与需求方进行高效匹配的各类金融资源。这也使得原有金融资源的要素边界开始模糊化，跨界和融合成为一种新的趋势。

可以看出，这里的产生是一个广义的概念，突破了传统模式中金融资源主要从金融机构中获取以资金为主要形式的金融资源的固有思维，或者仅仅是为取得货币资金而进行金融市场交易行为，还包括股权众筹、重要的间接金融资料，或者是类金融资源（如相互保险、财富管理、融资租赁等）。共享金融模式下金融资源的产生更具有广泛性和包容性。拥有零星闲置资金的大众、民间非正规的资金持有者通过共享平台以规范化、程序化、阳光化的方式提供给资金需求方都是金融资源的产生过程；持有生产设备、专业技术的资源闲置方通过共享平台与资源需求方达成投资协议以实现资源匹配也是金融资源的产生过程。这种产生，更符合小微企业和社会弱势群体筹资发展的

---

① 罗玉冰. 金融资源配置对中国经济发展的门槛效应研究[J]. 东南学术，2017，（2）：135-146.

本质需求，产生以需求为导向，产生以满足需求方的需求为前提，为需求方提供个性化、专门化的金融资源服务，也有助于实现供需双方的共赢式发展。这种金融资源的产生，为金融资源的广泛聚集和优化配置提供了前提，有利于创造出更加公平、更多的社会财富并促进社会经济和谐发展。

1.2.2　共享金融资源的聚集

金融资源的聚集是共享金融模式一个特有的过程。聚集，是指将共享金融资源的持有者所持有的金融资源在共享金融平台上汇聚起来，通过筛选和匹配共享金融平台提供的需求方筹资需求和相关项目信息，选取合适的金融资源的需求方为其提供所需的金融资源。

可以看出，这里的聚集包含两个层面。一方面，共享金融平台将金融资源的持有者聚集到平台上，实现资源的聚集；另一方面，共享金融平台将金融资源的需求者聚集到平台上，实现需求的集聚。与传统的金融模式相比，共享金融平台的出现是共享金融模式的一个前所未有的创新，共享平台的搭建为金融资源的聚集环节提供了必要的物质基础和技术支持。不仅如此，共享金融平台还突破了传统金融模式下时间和空间地域的约束，实现了更加广泛的金融资源供需双方随时随地的聚集。截至 2017 年 4 月 30 日，中国互联网金融风险分析技术平台监测数据显示：2017 年 1 月到 4 月期间互联网金融活跃用户超 6.61 亿人，互联网支付累计交易额超 62.7 万亿元，网络借贷累计交易额超 5.2 万亿元，网络众筹累计交易额超 400 亿元[①]。随着移动端市场、农村市场、国际市场的开拓，金融资源将实现更大程度和更大范围上的聚集，共享金融的发展空间将更加广阔。

聚集作为共享金融的一个重要环节，不仅为金融资源的交换、配置提供

① 资料来源：国家互联网金融安全技术专家委员会. 互联网金融监测情况报告（2017 年 4 月 16 日—2017 年 4 月 30 日），2017-05-04.

了基础，更是共享金融进行价值创造的前提。只有将可共享的金融资源聚集起来，才能保证金融资源的供需双方的高效、精确匹配，充分发挥共享金融降低金融交易成本的优势，突破发展金融资源的约束，实现金融资源的优化配置的目标。

以众筹平台天使汇①为例，其聚集方式为投资人入驻平台，创业者在线提交项目。在天使汇平台注册的创业项目主要集中在互联网及移动互联网领域，涵盖社交网络、企业服务、游戏、电商、O2O（online to offline，线上线下）、教育、健康等门类。平台上已获得融资的项目融资额度多集中在 100 万~500 万元。截至 2015 年 7 月底，天使汇已帮助近 400 个创业项目完成融资，融资总额超过 40 亿元。平台上注册的创业者超过 14 万名，登记创业项目约 51 000 个，注册投资人超过 4 800 名，认证投资人超过 2 500 名，全国各地合作孵化器超过 200 家②。天使汇的筹资速度之快，入驻创投者的规模之大恰恰体现了共享金融平台强大的金融资源聚集作用。众多的金融资源持有者在该平台上聚集，提高了交易成功的概率，创造了共享金融的集合价值。

1.2.3 共享金融资源的交换

通俗地说，共享金融中金融资源的交换过程是供需双方进行沟通、匹配的过程。其内在含义是通过以互联网技术为支撑的信息服务共享平台实现金融资源供需双方的快速对接，完成信息的甄别、交换和传递，从而达成供需双方的交易与合作。共享金融模式下的金融资源交换与传统金融模式中的交换有很大区别，但也有相似之处。

从交换的参与主体来看，共享金融模式下，交换过程是由金融资源的供需双方通过共享平台进行直接对接来实现的。其参与主体更具有包容性和广

---

① 天使汇于 2011 年 11 月正式上线运营，是中国起步最早、规模最大、融资最快的天使合投平台。

② 资料来源：国搜百科. http://baike.chinaso.com/wiki/doc-view-230842.html.

泛性，既为大众手中的零散资金提供了投资机会，又为难以筹集资金的小微企业提供了筹资机会。而传统金融模式下，交换是以银行为主的金融机构与需求方之间完成的，传统金融机构出于风险等因素的考虑，对于需求方有很大的选择性，小微企业较难获得筹资机会。

从交换的速度来看，共享金融资源的交换是依附于共享金融平台发生的，交换的是已经在共享平台上完成集聚过程的金融资源，供需双方通过共享金融平台完成信息甄别、匹配、定价和交易。业务主要通过网络进行处理，操作流程标准化，业务处理速度快、成本低、效率高，是一种高效的金融模式。而在传统金融模式下，筹资项目的申请、资料提交、审批等一系列交换过程需要耗费大量的资金成本和时间成本，不利于需求方金融资源的快速获取。

从交换的求偿性来看，共享金融模式下的交换可以是有偿的，也可以是无偿的。共享金融下的交换是在共享平台上基于供需双方的意愿达成的，是一个完全自由、自主的过程。只要供需双方达成一致意见，就可以以任何双方都接受的条款内容完成金融资源的共享，这对金融资源的供给方而言该共享甚至可以是不以获取相应回报为目的的。传统金融模式中，金融机构为需求方提供金融资源都是以营利为主要目的。

从交换的金融资源最终流向来看，共享金融和传统金融模式下交换的都是金融资源的使用权，供需双方通过协议的方式完成金融资源的交换配置，需求方获得一定期限的使用权，而供给方则保留其所有权。最终金融资源不管以何种要素方式呈现，都要回流到供给方。

仍以前文提及的天使汇平台运作模式为例，在投资人入驻平台，创业者在线提交项目完成金融资源的聚集后，天使汇平台的专业分析师团队将进行项目审核，随即进入交换环节。投资人可以通过平台浏览项目信息以及创业者资料，创业者也能够搜索投资人信息，进行初步的信息交换后，创业者可以和投资人进行约谈，在达成合作意向后创业者将与投资人签约。整个交换过程中，平台的作用就是为交换提供支持性服务，平台进行项目审核，展示双方资料信息，同时向投资人展示项目信息并推荐合适的项目给合适的投资人，积极促成双方交易。

1.2.4　共享金融资源的配置

共享金融资源的配置过程是共享金融的一个关键环节，对共享金融创造社会价值发挥着关键作用。金融资源作为一种特殊的资源，既是资源配置的对象，又是资源配置的手段。共享金融资源的配置是指金融市场的各参与主体在共享金融平台的作用下充分发挥能动性，突破传统意义上空间和期限对金融资源配置的约束，充分实现金融资源流动性的过程。

传统金融模式下，金融资源普遍存在错配问题，其错配表现在多个方面。从金融资源的配置来源来看，以商业银行为主的金融机构是金融资源的主要供给方，而其他广大潜在金融资源供给方所持有的闲置金融资源却得不到合理配置。从金融资源的配置流向来看，一方面，商业银行一直将“二八定律”视为经营管理的“金科玉律”，银行的金融服务往往偏向 20%的大客户，而 80%的“长尾”小型以及微型客户的金融需求往往得不到满足，这就造成了金融资源在规模上的配置不均衡；另一方面，商业银行对于金融资源的产业供给也具有一定的选择性，如投向新能源、低碳环保等绿色科技项目往往面临融资期限长、风险大、效益低的问题，而商业银行出于安全性、营利性等方面的考虑往往希望能够在较短期限内实现资金的周转与循环，这就容易出现金融资源的期限和结构错配问题，造成产业间的不均衡。除此之外，由于不同地域经济发展程度和金融市场活跃程度都存在明显差异，金融资源也会出现空间上的配置不均衡。

共享金融的出现改变了这一局面，共享金融平台的搭建有效解决了金融资源的各种错配问题。共享金融平台突破了传统约束，实现了金融资源的去中介化过程和再中介化过程，“筹资者—金融中介机构—投资者”的传统金融模式逐渐被“筹资者—共享金融平台—投资者”的共享模式取代。

共享金融模式下，金融资源的配置来源更加广泛，任何有闲置金融资源的主体均有可能通过共享金融平台成为供给方，扩大资源利用范围的同时也可以获取相应收益。金融资源的配置流向也更加灵活，共享金融平台为在传统金融模式下难以获取资金的“长尾”小微客户群体提供了筹资途径，并且高效率地满足小微客户的个性化需求；共享金融平台也解决了金融资源产业配置的不均衡问题，具有不同融资特点的需求方可以通过平台寻求符合其融资偏好的金融资源供给方；共享金融资源还突破了区域金融资源发展不均衡的限制，为经济欠发达地区以及金融市场不活跃地区的金融资源需求方提供了筹资机会。

总而言之，共享金融平台在金融资源配置过程中发挥了关键作用，使得闲置金融资源得到充分流转和使用，有效解决了期限上、规模上、空间上以及产业间的不均衡，提高了金融资源的配置效率，也有助于扩大金融资源的使用效用和价值创造。

1.2.5　共享金融资源的使用

共享金融资源的使用是指金融资源的需求方将其通过共享平台获取的金融资源运用到相关领域，满足其特定需求，从而实现共享金融资源价值创造的过程。共享金融资源的使用是在产生、聚集、交换、配置等一系列过程的基础上实现的。

马克思主义政治经济学中将商品的价值和使用价值定义为商品的二因素，认为这两个因素同时处于商品之中，相互依存、互为条件、不可分割，并且强调商品的使用价值是价值的物质载体，在商品完成使用消费这一过程满足了人们的需求后，商品的使用价值可以转化为商品的价值。共享金融模式下，金融资源的使用环节正是将金融资源的使用价值转化为价值的关键一步，需求方在共享的金融资源完成了配置后获取的是金融资源的使用权，通过行使该使用权满足其需求，由此金融资源的使用价值转化为金融资源的价值。在这一过程中，金融资源的所有权仍归属于供给方，供给方通过让渡使用权也相应获得了金融资源的价值。至此，共享金融模式下的金融资源的使用完成。

共享金融模式是对实现金融资源使用效用最大化的路径和原则的有益探索，共享金融平台在其中发挥了不可替代的作用。在共享金融模式下，提供金融资源使用权的主体和金融资源的使用主体都具有广泛性，金融资源通过共享金融平台被输送到需要的地方，帮助需求方度过资本寒冬。平台使广大金融资源的需求方以低成本的、灵活的、高效的方式获取金融资源的使用权，使广大金融资源的供给方通过共享使用权获益，从而使少数人参与的金融逐渐转变为大多数人共享的金融。像“农女王”那样的弱势群体也可以获得足够的金融资源。共享金融使得金融资源的价值和潜力被进一步扩大，从而有利于创造出更大的社会财富。

1.2.6 共享金融的价值创造

共享金融得以发展，不仅是因为其在金融资源的流通过程中所提倡的共享理念的创造性，更多的是因为共享金融所提出的这种新的商业模式在创造社会财富这一方面的巨大潜力。

共享金融模式下价值创造的核心在于实现金融资源的优化配置。它强调的是对现有金融资源的高效利用，而不仅仅是对金融资源的开发。共享金融将对于资源所有者而言的沉没成本，借助共享金融平台进行高效、精确的共享和匹配，从而达到社会财富的最大化的目标。总体来说，共享金融可以通过以下几个途径为社会创造价值。

盘活闲置低效的金融资源，提高金融资源利用率。当前的经济环境下，在资金投入健康的实体经济中的同时，还有相当部分资金投入不产生现金流或低效、无效甚至产能过剩的领域中，这就造成了金融资源的闲置和浪费。而共享金融的出现为盘活闲置金融资源，提高低效金融资源的利用率开辟了新的途径。在共享金融的市场环境下，持有金融资源却得不到充分运用的个体参与者以及民间资本持有者都能广泛、有序地参与到共享金融中，获得相应的收益，这也为大众理财提供了新的途径。而资金的需求方也可以较为高效且低成本地获取金融资源的使用权。共享金融打破了自有资源闲置、低效的传统金融模式的禁锢，通过给予其他人使用闲置、低效金融资源的机会，使得“死资本”能够更好地流动起来，得到更有效的利用。如果共享金融参与者能多次完成金融资源的转换和流通，那么金融市场将会更好地活跃起来，从而更好地创造价值。

扩大金融资源使用范围，降低交易成本。在共享金融的运作过程中，聚集这一环节完成了共享平台上大量金融资源供需双方的集聚。共享金融平台将原本因空间约束割裂开的金融市场进行整合，扩大了金融市场容量。同时，共享金融平台也为平台上的交易者（包括供给方和需求方）提供了与更多的潜在交易对象进行交易的选择权，扩大了金融资源的融通范围，也为融资困难的小微企业提供了更多获取金融资源的机会。得益于云计算和大数据等互联网技术的发展，在共享金融模式中，供给方和需求方的信息会通过共享平台得到较为详细的展现，参与者可以通过平台搜寻潜在交易者的相关信息，交易需求可以实现短时间内的精确匹配，从而降低供需双方的信息搜寻成本。与此同时，共享平台的出现为交易跨地区、跨时区进行提供了可能，供需双方可以随时随地通过共享平台进行交流，降低了供需双方的议价成本和决策成本。此外，共享平台在建立过程中通常配置了对交易安全的监督机制，建立交易双方必须遵守的交易规则，对在平台上进行的交易过程实行监控，为交易安全保驾护航，这降低了供需双方与交易安全相关的成本。共享金融平台的出现，通过扩大金融资源使用范围、降低交易成本，实现共享经济的价值创造。

减少信息不对称，降低信用风险。信息不对称的出现是由金融市场中不同的主体掌握不同的信息导致的，具体来讲是指金融市场中资金需求方为获取金融资源往往掩盖不良经营状况、风险等不利因素，导致资金供给方无法获取准确有效的信息从而进行合理有效的判断，供给方往往只能通过其他渠道获取信息，或者采取信贷配给降低风险，甚至放弃投资，试图改变或避免其由信息不对称带来的不利影响。共享金融的出现为降低信用风险、改善信息不对称打开了新的思路，共享金融区别于传统金融模式的一项创新之处在于互联网技术的广泛应用。在传统的金融模式下，金融机构要获取资金需求方的真实信用信息需要耗费大量的成本。而在共享金融模式下，大数据、云计算、移动互联网的广泛应用能够实现信息更全面的搜寻和更有效的更新与反馈，这使得供需双方拥有掌握交易对象更多信息的途径，信息不对称的程度得以显著降低。此外，基于大数据下的信用记录加强了参与主体的信用约束，共享金融平台也会对金融资源需求方的信用信息建立评价与反馈机制，配合信用评价与征信机构所提供的信用评级等信息，信用风险将会大幅降低，从而更大程度上实现共享金融模式下的价值创造。

1.3 共享金融建设“好金融”

金融是当代经济的核心，现代金融在促进社会经济发展的同时也存在结构失衡、风险频发、金融体系的脆弱性等诸多困扰和难题，这些问题甚至导致金融危机不断爆发的“坏的”金融现实，严重地影响了经济社会的健康持续发展。社会经济的持续发展迫切需要一个健康、可持续、多方共赢式的金融体系作支撑，而共享金融的出现为金融的自我完善和创新提供了新的出路。共享金融作为一个全新的研究领域和方向，将建设有利于社会的“好金融”。

1.3.1　传统金融成为“坏金融”

2008 年 9 月从美国次贷危机引起的华尔街风暴，演变为全球性的金融危机，其过程发展之快、数量之大、影响之巨，可以说是人们始料不及的。这种“坏金融”产生的原因也是多方面的，需要世界各国认真总结和汲取教训。总体来看，虽然现代金融市场发展规模庞大，但由于存在许多深层次的问题，表现出来的诟病主要有：“金融巨鳄”的贪婪、金融结构失衡、金融风险频发、融资约束、金融机构脆弱性等问题。

1. “金融巨鳄”的贪婪

“金融巨鳄”一词最早被用来代指 20 世纪末国际金融界叱咤风云的人物乔治·索罗斯。随着现代金融业的发展与繁荣，“金融巨鳄”成为那些掌控着惊人财富并在金融界地位显赫的庄家级人物或团系的代称。由于这些人和团系势力很强大，在金融领域的控投争战中展露出的某些特点与鳄鱼捕食极为相似，故而被称为“金融巨鳄”。他们通常对财富有着强烈的控制欲，凭借着强大的影响力，在金融市场呼风唤雨。

在世界各地爆发的历次金融危机中，“金融巨鳄”即便不是始作俑者，也会在危机中扮演弄潮儿的角色，大量吞噬巨额财富。“金融巨鳄”给金融市场带来的动荡不仅表现在其本身产生的影响，还包括其吞噬过后留下的“金融巨鳄”的影子给金融市场带来的持续的低迷、脆弱和风险。以乔治·索罗斯为例，他被美国《华尔街日报》称为“全球金融界的坏孩子”，他率领一手创办的量子基金在金融市场上兴风作浪，刮去了许多国家的财富。他给金融界带来的破坏和影响从他被称为“破坏者”的三场经典战役中可见一斑：1992 年，击垮英镑，净赚 10 亿美元，英国政府宣告英镑货币保卫战以失败告终，并同时宣布英镑将退出欧洲汇率体系，开始自由浮动；1997 年，抨击泰铢，百亿美元入账，金融危机波及了整个东南亚；2012 年，做空日元，获利 10

亿美元，引起了日本国内金融市场的波动。然而在任何一场金融风暴中，金融市场的破坏并不会随着“金融巨鳄”的席卷离去而结束，“金融巨鳄”的影子会给金融市场带来持续性的破坏和影响。

由此可以看出，“金融巨鳄”的贪婪本性暴露无遗，其投机所到之处都会给当地金融带来波动和影响，甚至可能波及更多的国家和地区。“金融巨鳄”作为金融市场的操盘手，其投机交易行为可能招致金融市场的动荡甚至产生灾难性的巨变，严重破坏金融秩序，这也使人们更加深刻地认识到金融市场存在的缺陷，以及完善金融体系的必要性。

2. 金融结构失衡

金融结构失衡是制约金融发展的重要因素。中国的现代金融体系是在长期的计划经济下产生的，并伴随着市场经济而逐步改革和发展。金融是中国经济增长与发展的重要推动因素，但金融结构失衡问题仍然较为突出，金融结构中存在的诸多矛盾也对金融发展产生着巨大的负面影响。中国金融结构失衡具体表现在以下几个方面。

首先，高度依赖间接融资体系，直接融资发展相对明显不足。长期以来，直接金融和非银行金融机构得不到充分发展，企业通过银行贷款筹资比重过高，通过资本市场直接筹资比重明显偏低。这种以间接融资为主、直接融资为辅的金融结构失衡的突出现状也导致了系统性风险主要在银行体系内部积累，不利于金融市场的风险分散和分担。同时，银行的低风险偏好决定了其在配置信贷资源时具有明显的选择性，不利于金融资源的优化配置。

其次，股票市场和债券市场结构有待进一步调整。在股票市场方面，股权融资市场层次单一，期权、期货及衍生品市场发展不足，证券的发行和上市交易受到严格的行政审批和管制限制，大量有活力待发展的企业难以获得融资的机会。在债券市场方面，交易所市场和银行间市场存在分割，市场参与主体、上市交易品种以及市场的托管清算均未实现统一，也存在着发展严重滞后的问题。

最后，金融资源供需配置也存在严重不均衡。一方面，金融资源存在过剩现象，居民手中持有大量闲置低效资金，储蓄过度集中于居民，投资过度集中于企业，储蓄与投资分离程度过高；另一方面，金融资源又存在严重不足，最具创新活力和发展潜力的中小微企业、社会弱势群体等资金来源受限，金融需求和服务得不到满足，形成了严重的结构失衡。而金融结构失衡也会导致经济结构失衡，阻碍社会的进一步发展。

3. 金融风险频发

出于宏观经济政策环境的变化、市场波动、汇率变动、金融机构自身经营管理不善等诸多原因，金融机构在经营过程中存在着在资金、财产和信誉方面遭受损失的可能性，这就是金融风险。巴塞尔银行有效监管的核心原则是将金融风险划分为包括信用风险、市场风险、操作风险、流动性风险和法律风险在内的八类风险①。

随着世界经济、金融市场一体化程度的不断加深，各国金融管制的不规范导致金融风险更加容易爆发和传染。纵观近些年的国际金融市场，金融危机频繁发生，从20世纪90年代中后期的日本泡沫经济崩溃，到1997年的亚洲金融风暴，再到2007年的美国次贷危机，以及2010年希腊引爆欧洲主权债务危机，欧洲国家经济面临极大困难并严重影响了世界经济的恢复与发展。无论是实体经济还是虚拟经济，在国际金融危机爆发时，各国都无法独善其身。在经济全球化进程中，系统性金融危机的爆发是全世界的灾难，无论是危机的起源国还是有直接、间接联系的其他国家，都无法避免系统性金融风险的影响②。

---

① 项俊波，金融风险的防范与法律制度的完善[J]. 金融研究，2005,（8）：1-9.

② 陈建青，王擎，许韶辉. 金融行业间的系统性金融风险溢出效应研究[J]. 数量经济技术经济研究，2015,（9）：89-100.

如今金融风险在经济体间的传染过程，更多地表现为全球性特征、系统性特征和交互性特征。全球性特征反映了金融危机在爆发后，不再局限于爆发地市场，而是在经济全球化作用下快速地向外传播，最终由“多米诺骨牌”效应演变为全球性金融风险。系统性特征是指金融风险会在多个金融市场上同时实现国际传导，形成银行危机、货币危机、债务危机及实体资产危机等多种形式，并呈现出各种形式危机的交错重叠和不可抗拒等特点。交互性特征强调了在金融资产和实体资产联系紧密的背景下，金融危机的爆发会给实体经济带来不利的影响[①]。在这种背景下，为了避免全球金融风险的进一步扩大，急需建立健全公平公正、包容有序的金融体系，加强全球金融安全网，完善风险防范机制。

4. 融资约束

融资约束是指市场不完备而导致融资主体外源融资成本过高，并因此使其投资无法达到最优水平的情况。信息不对称是融资约束问题产生的根本原因[②]。在一个充斥着信息不对称和代理问题的现实市场环境中，企业在进行外部融资时将面临逆向选择问题，从而增加外部融资成本，导致正常投资受到抑制，即所谓融资约束问题[③]。

融资约束问题是困扰各国企业发展的普遍性难题，对于中国经济发展而言，融资约束问题已成为制约经济转型和升级的重要瓶颈之一[④]。相对于大企业而言，融资约束问题在中小微企业中表现尤为突出。中小微企业数量庞大，已成为中国国民经济的重要支柱，是经济持续稳定增长的坚实基础。据统计，

① 吴炳辉，何建敏. 开放经济条件下金融风险国际传染的研究综述[J]. 经济社会体制比较，2014,（2）：87-96.

② Myers S C，Majluf N S. Corporate finance and investment decisions when firms have information that investor do not have[J]. Journal of Financial Economics，1984，13（2）：187-221.

③ 万良勇，廖明情，胡璟. 产融结合与企业融资约束——基于上市公司参股银行的实证研究[J]. 南开管理评论，2015，18（2）：64-72.

④ 邓可斌，曾海舰. 中国企业的融资约束：特征现象与成因检验[J]. 经济研究，2014，（2）：47-60.

我国中小微企业创造的最终产品和服务价值相当于国内生产总值（gross domestic product，GDP）的 60%，纳税额占国家税收总额的 50%，完成了 65% 的发明专利和 80%以上的新产品开发[①]。此外，中小微企业在促进就业方面也有着突出的贡献，是新增就业岗位的主要吸纳器。然而在资本市场发展不完善的情况下，中小微企业由于其规模小、信息不透明、抗风险能力低、缺乏抵押品等特点在发展过程中仍面临着严重的融资约束问题，这一问题极大地限制了中小微企业的发展。而商业银行等出于营利性、安全性等因素的考虑，在提供金融服务时往往更加倾向于高价值高安全系数的客户，而将中小微企业、农女王等弱势群体排除在外，客观地形成了融资障碍，进一步加重了中小微企业的融资约束问题。可以说，融资约束问题是企业和社会经济发展亟待解决的问题。

5. 金融机构脆弱性

金融脆弱性有狭义和广义之分：狭义的金融脆弱性是指高负债经营的企业特点决定了金融业具有更容易失败的特性，强调脆弱性是金融机构内在的特性，其根源在于信贷资金的使用与偿还在时间上的分离；广义的金融脆弱性是指一种趋于高风险的金融状态，泛指一切融资领域中的风险积聚[②]。

以银行为主体的金融机构普遍存在脆弱性问题。一方面，银行吸收闲散储户的资金，正常情况下储户不会集中取款，银行吸收的流动性负债能够满足其向借款方发放的非流动性债权。但银行与储户之间存在信息不对称，一旦出现意外事件导致储户集中取款，将会对银行存款产生挤兑效应，产生流动性危机，从而引发系列问题。另一方面，银行与借款方之间也存在信息不

① 资料来源：国家工商总局全国微型小型企业发展报告课题组. 工商总局：全国小型微型企业发展情况报告（摘要），2014-03-31.

② 张元. 金融脆弱性形成机理及其在中国的表现——流动性错配的视角[J]. 技术经济与管理研究，2015，（9）：110-113.

对称，银行在放贷过程中需要耗费大量筛选、审核以及执行监督成本。一旦借款方出现违约现象，大量资金不能收回将可能引发银行的内在脆弱性危机爆发，而这种危机又极具传染性，严重时甚至可能由银行危机引起金融体系的动荡。除此之外，大多数银行等金融机构未能建立良好的风险分散与分担机制，其在应对风险的方式选择上大多为风险自担，这进一步加剧了金融机构的脆弱性。

1.3.2 共享金融构建“好金融”

“好金融”[①]是指在金融运行中体现出个性与民主，遏制“金融巨鳄”的“丑恶”与金融面纱的“虚妄”，在决策共举、各方共赢、利益共分、机制共建、风险共担、事业共助的基础之上，构建的真正有利于美好社会的金融业态，促进金融业持续健康发展的金融体系。共享金融将用“共享”的理念推动金融的发展与变革，从多个方面实现“好金融”的构建。

第一，共享金融有助于破除传统金融体系的弊端，实现金融体制变革。首先，金融资源实现了全方位的共享。依托于现代互联网技术的发展，共享金融通过其特有的共享金融平台突破了时间和空间的约束，有效地聚集和整合了线上以及线下的金融资源，实现了供需双方的直接往来和交易，解决了金融资源的错配问题，化解了金融结构的失衡问题，实现了金融资源的优化配置。其次，共享金融平台借助于云计算、大数据的分析整合功能将进一步实现信息的真实化和透明化，减少信息不对称，降低金融资源的交易成本，信息处理速度也将进一步提升，极大提高金融的运作效率。最后，共享金融模式下，金融中介和监管的执行力度将进一步深化，有助于抑制金融部门的过度扩张，克制传统意义下“金融巨鳄”的投机行为及其给金融市场带来的

① 姚余栋，杨涛. 共享金融：金融新业态[M]. 北京：中信出版社，2016.

不利影响和动荡，同时有助于杜绝金融机构间的非良性竞争，推动金融市场的良性发展和循环，实现共享金融模式下的机制共建。

第二，共享金融有助于降低金融风险，实现风险的共担与分散。共享金融去中介化和去中心化的特点是其实现降低金融风险和进行风险共担的基础。随着互联网在全球范围内的不断渗透，闲置金融资源的共享将实现规模上、空间上、程度上的无限扩大，传统模式下的单一主体风险承担转变为共享金融模式下多主体的广泛参与的广泛共担。共享金融模式下，资金获取渠道被进一步扩大，筹资者的资金来源通常具有多主体性。当筹资者发生意外事件无法正常还款时，资金的损失和由此引发的风险由多方共同承担。基于此，风险不再高度集中于传统金融机构，可以说共享金融是缓解金融机构脆弱性和金融市场脆弱性的有效途径。另外，共享金融是通过以互联网为基础的共享金融平台使资金供需双方直接进行交易，不存在传统金融模式下的期限错配和委托代理关系以及相关人员的操作风险，从而消除了流动性危机和因委托代理关系而产生的一系列问题。大数据时代下新的监管模式和监管力度的进一步加强也有助于规范各方金融操作，建立金融安全网络，促进金融市场的有序运行，降低金融风险的发生频率。总之，共享金融将实现多方、多层次的风险共担。

第三，共享金融有助于推动金融的个性与民主，实现各方共赢式发展。金融服务最重要的职能就是实现各金融参与主体的投融资和支付清算需求，而在传统模式下这些业务的实现都设有或有形或无形的门槛。共享金融使大众灵活且广泛地参与到金融活动中，揭开了金融所谓的“神秘面纱”。从投融资角度看，一方面，公众可以将闲置资金用于投资活动，作为独立主体参与到金融活动的交易和决策中；另一方面，筹资者可以通过共享金融平台在极短的时间内筹集到符合自身个性化需求的资金。因此，可以让更多的个体和群体享受到金融服务。而在支付清算方面，第三方支付既为基于共享金融平台的金融资源供需双方的直接交易提供支撑，也为大众日常交易和支付提供了便捷。共享金融改变了金融市场的投融资方式，也为大众日常消费和日常生活带来了方便，这都是传统金融机构无法实现的。另外，大众的广泛参与也推动了金融产品的创新，共享金融借助大数据、云计算的分析功能可以对用户数据和行为进行更加深入的分析，更加关注用户的个性化体验和多样化需求，推动了金融产品的进一步创新，不断为金融市场注入新的活力。从各个层面来讲，共享金融都强调金融的个性和民主，以实现真正的决策共举、各方共赢、利益共分的局面。

第四，共享金融有助于破解融资难题，推动实体经济的发展。共享金融降低了金融服务的门槛，拓宽了金融资源需求方的融资空间和渠道，为众多传统金融模式下难以被覆盖的小微客户群体和社会弱势群体提供了融资的快速通道，伴随着信息不对称程度的降低，化解了传统意义上的阻碍企业发展的融资约束问题。共享金融平台的高聚集、交换与配置能力打破了现有的利益格局，在各主体之间形成适度竞争，进一步提高了资金需求方的融资效率，同时降低了融资成本。可以说，共享金融为实体经济的发展提供了融资途径，满足了小微企业和创新创业企业的资金需求，为实体经济的发展注入了新鲜血液，有助于维护金融市场的主体平等，推动普惠金融的实现，像农女王那样的农民、城市低收入居民等也可以充分享受金融发展的好处。实体经济的发展和崛起在很大程度上依赖于金融业为其发展提供必要的支持，如果没有金融业的持续发展，这种崛起是无法实现的。实体经济可以充分运用现代市场经济的金融杠杆作用，以与时俱进、不断创新的精神解决目前经济存在的问题和金融资源配置不尽合理的问题，以合理的金融资源配置带动经济协调、健康发展。共享金融与实体经济的密切结合，可以破除网络化与智能化给实体经济带来的发展障碍和瓶颈，促进实体经济的多元化发展，同时使金融创新回归实体，打造不同产业间的相互融合，实现多主体、多层次的事业共助。

第五，共享金融有助于促进各金融参与主体平等地参与金融活动，实现人人共享金融资源。金融作为社会发展不可或缺的一部分，在人类社会生活中发挥着重要作用。共享金融能够促使金融从承担社会责任的角度出发，使更广泛的主体获得公正、平等地参与金融的机会，帮助更多的社会公众摆脱金融旁观者的身份，构建为社会平等服务的金融体系。共享金融将通过推进金融体制改革，积极建立和完善消除结构失衡的制度安排，解决金融发展过程中的城乡结构失衡、区域结构失衡、融资结构失衡、市场结构失衡等问题，从而惠及传统金融体系下极易被忽视的经济不发达地区和难以覆盖区域的群体，拓展直接或间接参与金融的主体范围，实现真正的多方平等参与金融活动。这也意味着，金融体系将得到扩大化、民主化和人性化的变革，金融将成为社会公众日常生活的一部分，普通社会公众、小微企业和弱势群体可以获得公正和平等的金融权利，人人都能够享有公平的信贷机会和金融服务享用权，人人都有机会共享金融资源。在这种模式下，普通社会公众将真正成为当代金融体系的一员，各金融参与主体和社会公众整体的金融素养被提高的同时，金融将实现持续健康发展，从而塑造更加和谐、平等、公平、正义、繁荣的社会。

总之，云计算、大数据、物联网、移动互联网背景下的共享金融不仅仅是一个概念的创新，而且将会拥有长久的生命力，引领一种全新的金融业态。共享金融将会构建一个基于信息社会架构下的金融服务体系，着力解决当前金融存在的突出问题，形成多层次的金融市场体系，促进经济社会的持续发展。

第2章

共享金融学内涵与范畴

共享金融时代的到来，有效地实现了社会金融资源在生产、集聚、交换以及使用过程中的优化配置，对应对金融结构失衡、提升金融资源配置效率、缓解各融资主体的融资约束以及化解金融机构的脆弱性等方面发挥着重要作用。正是共享金融的这种积极影响，引发了金融界、学术界以及监管部门对该领域的广泛关注和讨论。在此，通过对之前学者对共享金融进行的阐述进行总结，着重对共享金融学的内涵进行阐述，然后从内涵界定出发得到共享金融学所包含的理论范畴，为后续的本质分析、理论构建等展开奠定基础。

2.1　共享金融学的内涵

共享金融的发展为共享经济的勃发提供了金融支撑。金融活动作为经济活动的核心，必然会因共享经济思潮的影响实现从传统金融向共享金融的发展演变。共享金融的出现是伴随着金融市场发展而必然出现的。正如共享经济的出现是建立在产能过剩、互联网通信技术迅速发展基础之上出现的，共享金融是伴随着金融市场资源配置低效、金融环境脆弱性以及“互联网+金融”的发展而出现的。这种模式的出现一方面顺应了金融市场参与者对金融资源进行高效利用的需求，另一方面引导着整个金融市场向信用化、普及化发展，这也就说明了共享金融的兴起是必然的并且具备一定的内生发展规律。

2.1.1 共享金融勃发的根源

共享金融活动是通过对金融资源的“共享使用”实现的，这种“共享”的思想实际上得益于共享经济活动在社会范围内的普及。因此，共享金融可以看作共享经济在金融领域的实践活动。在共享经济发展的背景之下，共享金融这种金融发展新模式是在遵循金融发展本质规律的前提下为应对金融领域发展困境而出现的必然选择，有其蓬勃发展的基础和根源。

1. 共享金融的兴起遵循金融发展本质规律

20 世纪 70 年代，美国得克萨斯州立大学社会学教授马科斯・费和伊利诺伊大学社会学教授斯潘思・琼首次提出了共享经济的概念。他们提出一般意义上的共享经济是指拥有闲置资源的机构或者个人有偿让渡资源使用权给他人，让渡者获取回报，分享者利用分享他人分享的闲置资源来创造价值的一种新型商业模式。这种商业模式狭义上是以获取报酬为目的而进行的闲置资源的更合理配置的活动，强调的是社会资源在供需之间的优化转移。而金融的定义与这种共享经济的定义有一定的共同点，即金融的本质便是将闲置资源通过资金的形式输送到最需要的地方，实现社会财富的最大化[①]。

但传统模式下，金融资源转移与共享经济中所涉及的资源转移存在一定差异。传统金融模式下，金融资源的转移并不是通过简单的租借或者捐赠方式进行，而是要在传统金融机构的中介作用下，通过供需双方对资源交易签订一系列的交换协议而达成。这种交易模式意味着金融资源的转移至少需要资源提供者、资源使用者以及中介金融机构三方的参与，而且这种交易需要维持在一定期间内完成，在这段期间中，交易各方之间的利益关系始终维系。由于金融资源的特殊性以及存续期间的存在，交易各方难免会面临利率风险、

① 王永利. 互联网+大数据赋予金融新生命[N]. 上海证券报，2015-11-13.

流动风险以及信用风险等问题，其为各方带来的未来利益具有一定的不确定性。这种不确定性导致传统金融交易在受众方面出现了局限性，尤其是众多的小微企业、社会弱势群体无法分享金融发展所带来的福利，与共享经济实现资源在整个社会范围内进行有效流动和配置的结果出现了背离。

而共享金融的出现使得传统的这种有条件、有风险、受众范围有限的金融资源向着大众参与、大众分享的模式进行转变。这样一来，原本逐渐背离金融发展实质的传统金融交易再次明确其发展的正确方向。这种面向大众、服务大众、人人分享金融发展资源的定位更加契合金融发展的实质和规律。

2. 共享金融的出现是金融发展的必然要求

不可否认的是传统金融模式下，金融行业规模不断扩大，金融服务机构的数量与日俱增。但庞大的规模并不能代表良好的发展态势。随着金融机构规模的壮大，其对商业实体提供服务的门槛也逐渐增高。资金需求实体普遍面临的融资难、融资贵的难题使得整个金融服务逐渐脱离实体经济而存在，违背了金融服务实体的理念。

金融服务实体理念要求金融服务需要真正作用于实体经济发展。因此，在共享经济实现实体经济模式的转变与发展的背景下，需要相匹配的共享金融发展模式来对实体经济发展进行支撑。共享经济模式下，资源的共享使用和优化配置创造了更多的生产机会，也引领着社会创新创业的发展。无论是生产活动、创新创业活动还是其他共享经济活动的开展都需要有足够的资金支持。而传统金融模式下，商业银行等金融机构有其自身的安全性运营规律的要求以及金融市场上融资渠道的局限性而导致的融资难、融资贵难题限制了新创业的落实，金融市场的垄断性以及金融创新能力的缺乏等问题的存在无法满足经济社会日益增长的融资需求。在这种困境下，社会发展对传统金融模式变革的呼声越来越强烈，以“互联网金融”为代表的共享金融也就应运而生。它的出现给金融市场的发展注入了新的活力，便捷简单的移动支付、日趋完善的信用担保机制、庞大的受众群体满足了新创企业、小微企业等的融资需求，实现了传统的金融模式的变革[①]。

共享经济下对闲置资源的充分使用、对传统生产消费模式的变革顺应了经济社会发展的要求，有效地缓解了传统经济模式的弊端。作为共享经济在金融界的表现形式，共享金融在金融界的影响力与共享经济在经济社会的影响力相称。共享金融模式改变了传统的信息采集、信息交换以及金融资源在整个金融生态链中生产、传递的模式，真正实现了金融服务实体的目的。因此说，共享金融的出现是金融发展的必然要求。

3. 共享金融的起源得益于互联网技术的发展

正如共享经济的发展需要互联网技术以及现代信息技术的支撑一般，共享金融的实现也需要依托于飞速发展的互联网技术。以我国的互联网发展为例，《中国互联网络发展状况统计报告》[②]显示，截至 2016 年 12 月，我国网民规模达 7.31 亿人，全年共计新增网民 4 299 万人，手机网民规模达 6.95 亿人，覆盖率达 95.1%，互联网普及率高达 53.2%。再看国际数据，根据市场研究公司 eMarketer 的数据统计，预计在 2018 年可以实现全球近一半人口（约 36 亿人）至少每月接触一次互联网的发展规模[③]。数据表明，互联网技术的迅速普及为共享金融的出现与盛行提供了有利条件。

前文中提到，共享金融模式需要弥补传统金融模式下融资渠道单一、金融市场金融机构垄断的局面，而这种变革单纯地依靠传统的口头或者书信等实体载体进行信息传递或者资源交易来完成是低效甚至无法实现的。因此，互联网技术便成为共享金融发展的有力支撑。一方面，互联网的参与无边界

① 姚余栋. 共享金融：大变革时代金融理论有了突破点[N]. 上海证券报，2015-09-08.
② 李程. 我国网民规模达 7.31 亿[EB/OL]. http://ehsb.hsw.cn/shtml/hsb/20170207/630641.shtml，2017-02-07.
③ 姚余栋，杨涛. 共享金融——金融新业态[M]. 北京：中信出版社，2016.

化、影响范围广、进出低门槛等特征为金融资源的产生、集聚以及交换提供支持。互联网技术下的数据生产、数据挖掘技术可以在互联网参与者之间形成一个庞大的数据库，而云计算技术、数据分析技术的使用可以利用这个数据库在共享平台上实现供需的有效匹配，之后移动支付技术、第三方监督技术等的应用帮助供需双方实现无中介化低成本的金融交易。另一方面，凭借互联网技术发展起来的共享平台代替了传统金融机构的中介角色，降低了传统金融交易过程中由于烦琐的交易手续、交易过程等产生的高昂成本，从而实现了交易过程的高效便捷低成本化。

综上，共享金融模式是在现代信息技术高速发展的基础上为了应对金融环境发展困境而出现的必然选择，这种选择使得金融活动的实质和规律更加清晰明了，也为学术界对共享金融现象展开研究提供了基本思路。

2.1.2　共享金融内涵的讨论

2.1.1 小节主要就共享金融的起源进行了讨论，对于共享金融起源的了解可以帮助厘清共享金融发展的脉络，从而对界定共享金融需要选取的具体角度、研究确定共享金融的内涵提供思路。本节则是在前文脉络研究的基础上，对学术界在共享金融内涵方面的讨论进行阐述，总结这些讨论中所表达的共同观点，从而引出本书对共享金融学的内涵界定。

共享金融起初是作为共享经济的组成部分之一被提出，威茨曼和罗杰斯将共享经济划分为生产领域、学习领域、消费领域以及金融领域四方面活动[①]。这种划分提出了共享金融的来源，使共享金融这个专有名词逐渐清晰起来。早期学术界对共享金融的研究是将其视作利润分配的一种手段，其中，国内从共同富裕的角度进行阐释，而国外则集中在解决劳资问题的层面进行研究。之后

① 代明，姜寒，程磊. 分享经济理论发展动态——纪念威茨曼《分享经济》出版 30 周年[J]. 经济学动态，2014，(7)：106-114.

随着互联网的兴起，人们开始从互联网金融出发对共享金融进行理解，这种研究主要集中在互联网金融角度，与实质的共享金融还存在一定的差异[①]。目前，国内外对共享金融的研究进度各不相同，国外偏向于将共享金融作为共享经济的一部分来理解，并没有对其进行单独深入研究探讨。而国内则从共享金融的实质、特点、参与对象以及意义等不同的层面对其进行理解。

共享金融的实质概念的面世是在 2015 年 9 月召开的“中国共享金融 50 人论坛”上[②]。此次会议上，中国人民银行金融研究所所长姚余栋先生提到对共享金融的认识应该突破其对共享经济发展进行金融支撑的辅助作用来理解，共享金融的概念也体现了金融体系发展的民主、公平以及共享的发展思想。共享金融概念一经提出，就得到了学术界的广泛关注。

（1）在关于共享金融实质层面。姚余栋指出，共享金融在本质上是对线下资源进行整合从而在平台上实现供需直接交易的金融交易模式[③]。王广宇则表示共享金融实际上是一种新型的供给模式[④]。杨东指出，共享金融的核心是让天下没有浪费的资源，实现资源的充分有效利用，实质上是资源的更优配置和使用[⑤]。从实质出发，学者们将共享金融视为一种交易模式的改革创新，去中介化的交易模式实现了共享金融模式下资源的更优化配置。

（2）在共享金融特点层面。杨涛根据共享金融的特点对其进行理解，指出共享金融应当包含互联网金融、金融市场化、普惠金融、金融服务实体等金融演进方向和理念，是一种主张消费者主权的金融模式[⑥]。这种表述既指明

---

① 郑志来. “互联网+”背景下共享金融发展路径与监管研究[J]. 当代经济管理，2016，38（8）：86-91.

② 姚余栋，杨涛. 共享金融：大变革时代金融理论有了突破点[N]. 上海证券报，2015-09-28.

③ 姚余栋. 共享金融是实现普惠金融的可靠路径[EB/OL]. http://finance.sina.com.cn/money/bank/bank_hydt/20151128/104323878007.shtml，2015-11-28.

④ 杜金，李珮. 坚持“做小做微”推动共享金融[N]. 金融时报，2015-12-05.

⑤ 杨东. 共享金融核心就是让天下没有浪费的资源[EB/OL]. http://finance.sina.com.cn/money/bank/bank_hydt/20151128/154323878863.shtml，2015-11-28.

⑥ 董啸天，张梦冉. 共享金融：国内外述评、发展演变与最新进展[J]. 理论学刊，2016，（6）：81-85.

了共享金融发展所依据的理念基础，也反映了现代金融正在沿着“普惠大众”的方向发展。

（3）在共享金融参与主体层面。姚余栋表示共享金融是金融参与三方之间的共享活动[①]。郑志来基于资金提供者、资金使用者以及中介机构这三个主体的角度对此内涵进行解释，强调共享金融是解决传统金融模式下“长尾客户”群体面临的金融服务缺口问题的主要途径[②]。类似于传统金融模式，共享金融也是在供给者、需求者以及中介机构三方之间进行交易，所不同的是这种中介不再单独指传统实体金融组织，而是强调在现代信息技术下发展起来的共享平台。正如王永利所说，互联网平台的使用下实现的去中介化交易缩短了价值创造者和价值使用者之间的距离，从而实现了资源的更优化利用[③]。

（4）在共享金融发展意义层面。姚余栋指出去中介化的共享金融可以有效降低代理成本问题，同时避免供需错配的现象，在拓展融资空间、拓宽融资渠道、缓解金融环境脆弱性方面发挥着重要作用[④]。杨涛对于共享金融的理解也侧重于从意义层面进行阐释。杨涛指出，共享金融是依托于技术手段和金融产品及服务创新而发展起来的可以实现资源、要素以及利益共享的金融模式，力求金融资源更加有效、公平的配置。从而一方面可以实现现代金融均衡发展、强调消费者主权，另一方面可以更好地服务于共享经济模式壮大与经济社会可持续发展。共享金融不但是支撑共享经济发展的新金融模式，也同时强调了金融自身的均衡持续发展。徐诺金从学术研究层面出发，认为共享金融的发展是将金融与从共享经济到共享金融到共享发展这种互联网环境下的共享理念相结合，有利于将现代金融的发展趋势更好地延伸到学术研

---

① 姚余栋，杨涛. 共享金融：大变革时代金融理论有了突破点[N]. 上海证券报，2015-09-08.

② 郑志来. “互联网+”背景下共享金融发展路径与监管研究[J]. 当代经济管理，2016，38（8）：86-91.

③ 王永利. 共享金融在揭示互联网时代金融模式的变化[EB/OL]. http://finance.sina.com.cn/money/bank/bank_hydt/20151128/095923877853.shtml，2015-11-28.

④ 王田田. 共享金融推动金融业供给侧改革[N]. 中国经济时报，2015-12-07.

究之中[1]。从意义层面出发对共享金融进行界定，完美地契合了共享金融出现的现实背景，体现了该方向研究的实际价值。

从上述对共享金融内涵的讨论来看，学者们都是各有侧重地选择合适的角度进行阐释，而且集中在对共享金融现象进行描述。因此，本书结合前人对共享金融现象的描述得到共享金融学理论体系的内涵。

2.1.3 共享金融学内涵界定

通过对共享金融勃发的基础和根源的分析以及前期学术界对共享金融内涵的讨论可以得知，对共享金融学内涵进行界定需要兼顾共享金融存在的动因和基础这两条研究主线。

从动因方面讲，共享金融的出现是在产能过剩的外部环境下，为了有效缓解市场上依旧存在的有效供给不足的问题而出现的，是为了对共享经济提供金融方面的支撑而进行的改革。高门槛、高利率的环境下，部分资金需求者面临严重的资金缺口，与此同时人口老龄化、城镇化程度的提高带来的高储蓄水平造成的资源闲置状况也日益加剧。传统主体金融机构进行资源调配的功能明显降低，共享金融出现的必要性和可行性因此进一步提高。总之，讨论共享金融学的内涵需要从动因出发考虑共享金融学出现的重要意义。

从基础方面讲，共享金融的基础在于实现普惠金融，扩大金融活动的参与主体范围使得更多的金融消费者可以从金融活动中受益[2]，尤其是对传统金融模式下被忽略的中小微企业、新创企业以及身处金融服务薄弱地区的个人、金融知识匮乏的妇女、老人等弱势群体提供金融服务。共享金融强调的共享

---

① 徐诺金. 互联网时代传统金融监管理念要进行深刻变革[EB/OL]. http://finance.sina.com.cn/money/bank/bank_hydt/20151128/152623878783.shtml，2015-11-28.

② 姚余栋，杨涛. 共享金融——金融新业态[M]. 北京：中信出版社，2016.

不仅包括金融资源，还涵盖了金融服务、金融功能以及包括订单融资、专利质押、相互保险甚至实物众筹在内的类金融资源的共享。另外，现代通信以及移动互联网业务的开通为共享金融提供了必要技术支撑。因此，共享金融学的内涵同样要从实现基础方面将其阐释清楚。

基于对以上两条研究主线的理解，本章对共享金融学内涵的界定为：共享金融学是对大众参与的金融资源供需主体通过云计算、大数据、移动互联网等现代信息技术手段进行金融资源与服务的直接交易和融通，实现金融资源公平地、信息对称地、高效率低成本地流动与配置，并以此来化解经济发展过程中各主体的融资约束、资源错配、金融机构脆弱性等问题，进而引导社会经济的可持续发展，为社会公众公平地享受金融服务、享受金融活动福利提供条件的经济活动现象进行支撑的理论体系。

如图 2-1 所示，相较于学术界前期对共享金融的讨论，本章的界定强调了共享金融是在现代信息技术支撑下发展起来的对包括金融资源、类金融资源服务以及功能在内的所有金融要素进行共享的普惠模式。因此，如图 2-1 所示的共享金融概念模型可以对共享金融活动运行机理有一个更深入的描述与分析。

1. 共享金融是“大众参与”下实现普惠的共享模式

共享金融的基础是实现金融的普惠，共享金融体现普惠金融的实质，使金融活动可以回归“草根”生活，在图 2-1 中表现为大众融资者与大众投资者的普罗大众身份。在这种理念的支撑下，金融活动真正成为一种强调消费主权、提倡按需分配的资源配置活动。这种有效分配机制引导使得金融需求者的需求成为金融创新的驱动因素，需求者真正从被动参与角色升级成金融活动的主导因素。在高透明度、高自由化与民主化平台上进行的金融活动，成功地降低了金融市场的进出门槛，从而实现了大众参与、金融普惠的目的。

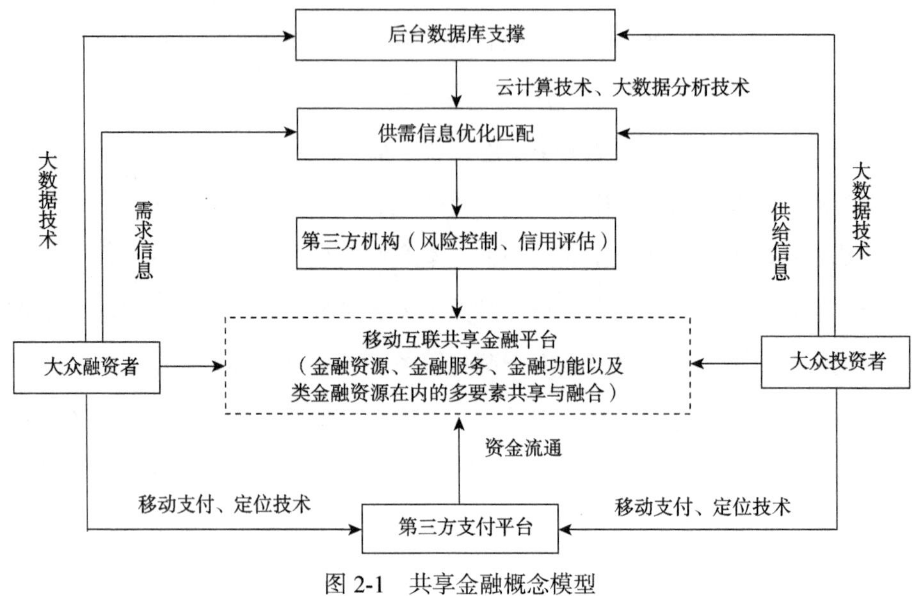

图 2-1　共享金融概念模型

2. 共享金融是包括金融资源、金融服务、金融功能以及类金融资源在内的多要素共享与融合

如图 2-1 所示，共享金融模式下进行的共享不仅包括金融资源在供需之间的合理配置，而且包括金融服务、金融功能以及类金融资源的共享融合。首先，共享金融使得全部可进行投资的金融资源实现开放式共享，以保证其在特定的平台实现充分利用。其次，伴随着移动支付、大数据以及云计算的使用，金融消费者可以更方便更安全地享受网络支付、网络筹融资等功能，在方便大众生活的同时实现了金融服务的共享。传统金融机构在承担金融咨询、资金流通功能的同时，开始向第三方平台服务角色转变，实现了传统金融中介功能与新兴平台中介服务的融合。最后，共享金融模式下进行的不仅仅是金融资源的共享，共享金融的理念也体现在包括财富管理、相互保险、实物众筹、融资租赁以及无形资产抵押等类金融业务中，共享金融模式下可以实现包括金融资源与类金融资源在内的一切资源的共享使用。

3. 共享金融的发展依托于现代信息技术手段的使用

共享经济的出现是技术进步的结果，同样的，共享金融的发展也依托于现代信息技术的使用。首先，移动互联网技术下发展起来的互联网平台允许消费者自由进出，其无界化、民主性特征保证了共享金融可以实现跨时空、宽领域的金融交易，使传统模式下难以实现的交易成为可能。其次，大数据搜寻与分析技术形成的庞大的数据库为共享金融交易提供了强有力的数据支撑。云计算、大数据移动互联网等现代信息技术手段的使用为平台上科学地供需匹配提供了支持，为第三方机构利用信用数据、行为数据等进行交易双方信用评级、风险控制提供了保障，从而降低了传统金融交易成本，提高了信息透明度以及信息对称性，降低了传统交易的风险与门槛。最后，伴随着移动支付、移动定位功能的实现，金融消费者可以更方便更安全地利用第三方支付平台享受网络支付、网络筹融资等功能，方便了大众对共享金融的参与。因此说，共享金融的发展得益于现代信息技术的勃发。

4. 共享金融有助于缓解甚至消除金融环境的弊端

由于金融体系组成的复杂性和金融业务的特殊性，传统以金融机构为主导的金融市场存在着严重的资源匹配不合理、资源流动性差以及弱势群体金融服务难以保障等问题。而共享金融在大众范围内打造出的金融生态圈使得资源可以在共享平台上实现几乎零成本零时差的转让，这种转让实现了金融资源最优化配置，而随之带来资源使用成本的大幅降低，加快了金融资源在金融产业链中的周转流通，从而缓解甚至消除了金融体系存在的发展弊端。这些功能仅仅依靠传统金融机构的作用是无法实现的，共享金融的出现真正改善了金融环境的脆弱性，实现了金融社会的可持续化发展。

2.2 共享金融学的范畴

从共享金融学的内涵出发可以得到共享金融学实际上涵盖了多个金融发展理念：共享金融是“人人参与”的金融交易，这种交易模式反映了共享金融实际上涵盖了普惠金融的理念；共享金融依托于互联网而存在，可以说是由于互联网金融的兴起而开始得到学术界的关注，这又说明了共享金融学的研究与互联网金融具有密切联系；共享金融可以通过共享平台实现民间金融的透明化、规范化；从交易手段上，共享金融将为数字货币等虚拟货币的发展提供发展基础；共享金融的出现缓解了金融环境的脆弱性，真正落实了金融服务实体的金融服务理念，真正实现了金融市场化。因此，这种内涵所涵盖的理念说明对于共享金融学的研究可以从其与普惠金融、互联网金融以及与现在实体金融服务之间的联系出发定义其范畴。

2.2.1 充分体现普惠金融的实质

共享金融是“人人参与”的金融交易活动，这种参与主体无界化的特点恰恰反映了共享金融模式实际上呼应了目前国际上提倡的实现金融普惠的目标，可以实现小微企业、社会弱势群体分享金融发展的福利，真正达到人人共享金融资源，这说明共享金融充分体现了普惠金融的本质。

普惠金融概念是由联合国在“2005 小额信贷年”活动中提出的。所谓“普惠”，是指实现金融活动全方位地为社会所有阶层的参与主体提供服务。对于我国而言，实现普惠金融需要着眼于解决现实经济社会中来自偏远地区的弱势群体、中小微企业、新创企业以及农村地区金融服务力量薄弱、金融资源来源不足的问题[①]。易观金融分析师郭竞表明，实现普惠金融所要克服的障碍

---

① 王婧，胡国晖. 中国普惠金融的发展评价及影响因素分析[J]. 金融论坛，2013，(6)：31-36.

很多，金融有效供给不足。单纯依靠传统商业银行等金融机构提供服务在实现普惠金融的目标方面存在很大的难题。首先，伴随着社会经济水平的提高而产生的居民个体收入水平的增长使得普通居民尤其是妇女、儿童等传统金融活动中并不活跃的弱势群体有了强烈的理财需求，而传统金融机构的服务门槛高、普及程度低的特征的存在不能满足该群体的需求。其次，中小微企业、新创企业的成长需要金融资源的支撑，但中小微企业的发展前景不确定、抵押担保能力差、生产规模小、创新创业风险大等一系列自身条件的限制使得其很难从传统金融机构处取得足够的资金支持，因此，实现金融的普惠需要关注中小微企业以及新创企业的现实需求。最后，传统金融机构的服务范围主要集中在城镇地区，来自农村地区或者是经济发展较为落后的偏远地区的农民个体以及企业组织可以享受的服务资源有限。据统计，截至 2012 年，全球小农户融资需求仅有 2%可以通过金融机构得以满足[①]。所以，实现金融的普惠还需要考虑农村服务需求、偏远地区金融需求的满足。由此可见，传统金融服务在实现普惠金融方面力量薄弱，普惠金融的实现需要对原有的金融交易模式进行改革。

姚余栋在“全球共享金融 100 人论坛”上指出，共享金融成为实现普惠金融的可靠路径，反映着普惠金融的实质[②]。共享金融的出现，在一定程度上缓解了传统金融模式下对普惠金融的实践难题，这种实质的体现可以从以下方面进行理解。

（1）共享金融强调金融交易活动的“人人参与”的理念。共享金融下的交易活动进出门槛低，普通金融服务需求者尤其是中小微企业、偏远农村地区等弱势群体可以凭借自己手中仅有的小额资金参与金融交易，低风险地获

① 焦瑾璞，孙天琦，黄亭亭，等. 数字货币与普惠金融发展——理论框架、国际实践与监管体系[J]. 金融监管研究，2015，（7）：19-35.

② 姚余栋. 共享金融是实现普惠金融的可靠路径[EB/OL]. http://finance.sina.com.cn/money/bank/bank_hydt/20151128/104323878007.shtml，2015-11-28.

得金融服务，从而满足了小额资金拥有者的理财需求。同时，对于从传统金融机构借贷受限的组织和个人可以通过共享金融平台获得来自社会上的资金支持，实现筹融资需求。因此说，共享金融对于供需双方而言都体现了实现普惠金融的目标。

（2）共享金融依托现代信息技术落实了普惠金融的理念。共享金融活动所依赖的网络技术平台具有参与无界化、交易跨时空等特点，在云计算、大数据处理分析技术以及智能终端等现代数字信息技术的辅助作用下，可以即时地实现高质量的供需匹配，从而为最大限度地降低交易风险，实现交易资源的最优化匹配，实现交易双方的利益最大化提供了保障，呼应了为社会各个阶层的活动参与者谋求经济利益的普惠金融的理念。

由此可以看出，无论是从理念方面，还是从实现路径方面，共享金融活动都是实现普惠金融的新路径。共享金融学通过一种“共享”的思想为实现普惠金融提供了科学合理的理论依据，这也恰恰说明了共享金融学体现了普惠金融的实质——通过金融服务共享、资源、功能的融合共享，实现金融利益的普惠。

2.2.2　反映互联网金融核心理念

共享金融可以实现人人共享金融资源的目标，这充分体现了普惠金融的实质。但现阶段，学术界更多的是从互联网金融出发探讨普惠金融的实践路径。实际上，互联网金融可以视为共享金融从现代通信技术发展到互联网技术阶段的一种特殊的表现形式，从该视角来看共享金融反映着互联网金融的核心理念。

顾名思义，互联网金融是指互联网技术应用于金融服务而实现的传统金融服务模式的变革。互联网金融起源于网络金融，其最初多指传统的金融机构通过互联网的使用为大众提供更便捷的金融服务。互联网技术的使用降低了通过传统金融机构获得金融服务的成本，成为传统金融机构降低运营成本的有效途径。之后，随着技术的不断进步，互联网与金融服务的融合不再局限于传统金融机构的金融服务方面，而是催生出包括第三方支付、第三方监管等更多以互联网平台作为支撑的非金融机构，网络金融被具有更广泛含义的互联网金融取代[①]。由此可见，互联网金融是各类金融机构以及非金融机构凭借互联网技术和现代通信技术提供的大数据支撑以及强大的数据处理功能在互联网平台上实现的投融资、征信、支付、理财等金融服务。互联网中介平台的使用使得互联网金融模式成为区别于传统的金融机构间接融资和资本市场上直接融资的第三种金融服务模式[②]。互联网平台提供的强大的数据挖掘和数据处理功能形成了包括搜索数据、行为数据、支付数据、信用数据、交易数据等在内的庞大的数据池。这种信息以及数据的共享为参与互联网金融交易的机构进行信用评价分析和供需匹配服务等提供了数据支撑，在拓宽了金融服务的供需范围的同时降低了由金融市场的信息不对称带来的数据挖掘成本、金融交易成本以及金融交易风险。与此同时，搜索引擎服务的实现、移动互联支付的推广所提供的金融服务共享为大众参与金融交易提供了更便捷的通道。因此说，互联网金融发展的核心理念便是在互联网技术的支撑下通过实现信息、资源以及服务的共享实现低成本、高效率、更便捷的金融资源配置，提高金融的普惠程度。

由上述分析可见，互联网金融对于低成本、高效率地实现金融普惠的追求与共享金融的观点保持一致。可以说，互联网时代为共享金融戴上了“互联网金融”的帽子[③]。互联网金融对于共享金融的相应主要体现在以下几个方面。

（1）互联网金融与共享金融具有一致的目标。从目标上看，互联网金融

---

① 董昀，李鑫. 互联网金融的发展：基于文献的探究[J]. 金融评论，2014，(5)：16-40，123.

② 谢平，邹传伟. 互联网金融模式研究[J]. 金融研究，2012，(12)：11-22.

③ 张菲菲，李德尚玉. “共享金融”概念亮相与“互联网金融”关联藏玄机[EB/OL]. http://www.yicai.com/news/4690077.html，2015-09-23.

是为了缓解金融结构的脆弱性，改善金融服务供需失衡以及期限错配的现实问题，满足弱势群体对金融服务的需求而对传统金融服务模式进行变革，这符合共享金融发展的现实诉求。

（2）互联网金融与共享金融均依托于现代信息技术的发展。从技术角度看，互联网金融与共享金融的实现都需要先进技术水平的支撑，可以说二者都体现了新技术的应用对金融服务领域的冲击，成为技术引发的金融变革。

（3）互联网金融与共享金融均为金融普惠提供了条件。从实践结果看，互联网金融与共享金融都实现了金融信息、金融资源以及金融服务等在社会范围内低成本、高效率地流通与配置，为实现金融的普惠提供了条件。

互联网金融是利用互联网技术实现共享金融的一种模式，其可以看作互联网技术应用下共享金融的一种表现形式。在技术发展的早期，电话、电报等通信载体的出现为金融的共享互助提供了可能，但这种互助共享却被资本主义私有化所埋没，共享金融的理念没有得到落实；在现阶段，随着私有制观念被推翻、共享观念的盛行，凭借互联网技术实现的互联网金融成为金融共享重要的实现形式，共享金融的理念被互联网金融模式所落实；而日后，更加先进的科学技术的出现可能取代现如今互联网技术在社会上的地位而占据信息技术形态的主流，更先进技术与金融领域的结合会催生出更新型的金融服务模式实现对共享金融的践行。因此说，即使日后互联网金融随着历史的发展而消逝，共享金融的生命力也会由于其理念的先进性与新型技术的支撑而发展下去。

总之，互联网金融是共享金融理念发展到互联网技术时代的一种表现形式，互联网金融对于金融模式的创新实际上是为共享金融的实现创造了条件，共享金融反映着互联网金融的核心理念，互联网金融最终要融合和归结到共享金融中。

2.2.3　规范民间金融的重要方式

以互联网金融为代表的共享金融模式的实质是实现金融的普惠，其中普惠的对象就包括从传统金融机构很难享受到金融服务的小微企业、农村个体或者组织。传统金融模式下，众多的小微企业和部分农村个体或者民营企业组织为了满足自身金融服务需求，通常会选择参与到民间金融这种非正规金融交易中。因此，共享金融实现金融的普惠不仅需要对传统的正规金融体系进行改革创新，还要兼顾民间金融这种非正规金融交易。实际上，共享金融的出现搭建了规范化、阳光化的共享金融平台，该类平台的出现规范了民间金融的运作，从而降低了各位主体参与民间金融交易的风险。

民间金融产生于民间个体和民营企业，特别是民营中小微企业对资金的需求。由于金融市场上信息不对称的存在以及民营企业尤其是中小型民营企业自身发展规模小、风险程度高、抵押不足等固有弊端的限制，企业在获得传统金融机构贷款方面面临着严重的信贷配给约束[①]。为了摆脱这种融资约束，以借贷双方之间的亲缘、地域关系为基础发展起来的民间金融应运而生。民间金融相较正规金融机构而言更容易获得民营企业的内部信息[②]，缓解了农村个体发展或者民营企业成长所面临的资金约束，因此其规模得以不断扩大。但民间金融长期游离于正规金融体系之外，其运作方面的不规范性、监管制度的缺失导致参与民间金融面临巨大的风险，为民间经济的健康运作带来了很大的隐患。一方面，民间金融所受的地域局限性明显，民间金融市场之间的资金和信息流通很难实现，导致其经营规模小，资金实力不足的同时又容易形成地域垄断的局面。这种地域垄断使得参与民间集资或者民间贷款的个

---

① Berardi M. Credit rationing in markets with imperfect information[J]. SSRN Electronic Journal，2007，71（3）：393-410.

② 林毅夫，孙希芳. 信息、非正规金融与中小企业融资[J]. 经济研究，2005，（7）：35-44.

人或者组织处于被动状态，其正当利益容易被不法分子所侵害。与此同时，地域性限制导致民间金融资金实力不足、缺乏正规的运作机构，多不能利用现代科学技术进行资金的科学管理和使用，导致资金的运营风险很高、抗风险能力很差①。另一方面，民间金融尚未得到官方认可，因此缺少法律条款的制约和保护。我国现有的法律并没有清楚地对民间金融和非法融资进行区分界定②，这种法律监管的缺失，为不法分子利用民间金融实施犯罪行为提供了契机。

共享金融的出现对于规范民间金融的发展发挥了积极作用。共享金融模式下构建的是包括资金供给方、资金需求方以及第三方支付、征信、监管机构等共同参与的多方平台。通过共享平台实现的民间金融相较于传统的民间金融具有交易过程更加透明、参与主体突破地域限制、监管体制更加完善等优势，从而规范了民间金融的发展。共享金融对民间金融的规范作用主要体现在以下几个方面。

共享金融平台摆脱了民间金融的地域限制，实现了对资金的规范化管理。共享金融平台的网络化使得来自不同地域的民间金融市场之间可以进行资金和信息的流通。资金供给者可以将闲置资金汇聚到共享金融平台上供多方需求者使用，从而突破了传统民间金融所面临的地域局限，有效地解决了地域垄断的问题。与此同时，共享金融平台提供者可以依据自身专业素质与现代科学技术对汇集到平台上的资金进行科学化规范化组织和管理，保障资金的优化配置和使用，也对分散资金经营风险提供了保障，有效地保护了供需双方的利益。

共享金融平台提高了民间金融交易的透明度。共享金融平台允许参与者自由进出、平等交易，其交易规模的扩大，供需选择的增多以及供需之间的

① 蔡四平．规范我国民间金融发展的路径选择[J]．中央财经大学学报，2011，(2)：21-26.

② 吕臣，林汉川，王玉燕．我国民间金融监管协调机制研究[J]．上海经济研究，2014，(10)：63-73，80.

直接交易明显提高了金融交易的透明度。民间金融借助共享金融平台可以降低民间金融市场上的信息不对称程度，公开透明的直接交易解决了不法分子或者机构利用民间集资资金进行犯罪活动的问题，为保证民间资金的合理化使用，凸显金融主体在资金流通和使用过程中的主体作用，规范民间金融的运作提供了条件。

征信机构和监管机构的参与规范了民间金融的运作。共享金融平台上汇集了除供需双方和网络平台之外的多方机构，其中就包括征信机构和监管机构。这些机构的参与使得民间金融需要在一定的行为和制度约束下进行，从而降低了民间金融的信用风险和经营风险，为民间资金的规范化合理化使用提供了保障。

2.2.4　是传统金融的深化与改革

共享金融是在共享经济迅猛发展、传统金融模式的弊端日益凸显、传统金融体系脆弱性加剧的背景下出现的。共享金融的践行对于传统金融机构而言为其进行转型升级提供了新的途径，因此说，共享金融是传统金融的深化与改革。

伴随着中国经济的发展，传统的金融机构开始面临着资产增速变缓、贷款不不良率降低、金融服务无法满足社会需求等一系列发展难题。在新形势下，尤其是在互联网金融等共享金融的冲击下，传统银行的改革升级迫在眉睫。

首先，在经济危机所造成的全球经济普遍低迷的影响下，中国经济结束了 30 多年的高速增长模式，转入中高速增长时期。国家统计局发布数据显示，继 2015 年 GDP 增速首次跌破 7%之后，2016 年 GDP 同比增长 6.7%，创 1990 年以来年度 GDP 最低涨幅①。在经济不断下行的时代背景下，传统银行业单纯

① 文静. 2016 年 GDP 同比增长 6.7% 续创 1990 年以来年度最低涨幅[EB/OL]. http://economy.caijing.com.cn/20170120/4227463.shtml，2017-01-20.

地依靠存贷款业务、投融资业务来获取利益的粗放式经营模式已经不能满足高速发展的需求，改革创新刻不容缓。其次，伴随着国家供给侧结构的调整，降低金融活动的交易成本、促进金融资源的优化配置成为金融领域需要关注的热点。供给侧改革下国家经济结构的调整使得传统主要依赖重工业等传统行业进行业务往来的银行机构遭受到坏账率增大、资产投放滞缓等打击①。商业银行需要重新审视自己的资源配置结构，选择低成本、高频度的业务发展策略，将服务重心转移到新兴产业中来，以获得更好的发展。另外，传统金融模式下金融管制、信用数据缺乏等问题的存在，导致金融服务参与门槛高、金融投资活动风险水平高。这就难以满足普罗大众尤其是弱势个体、新兴企业、中小微企业的投融资服务。一方面，伴随着 80 后、90 后群体成为金融活动领域的中坚力量，金融市场对数字化、互联网化的金融服务需求变得十分强烈，新生代的参与者更加追求金融服务的便捷化和高效率，这就对传统金融机构的服务模式提出了挑战。另一方面，新兴企业的不断出现对实现金融普惠的呼声更高。目前，我国中小微企业由于生产规模小、信用数据缺失、经营风险高等问题面临着严重的融资困境。据广发银行发布的 2015《中国小微企业白皮书》中的数据推算，我国小微企业目前仍有 22 万亿元的资金缺口没有弥补②，单纯依靠传统银行服务无法满足这部分融资需求。最后，互联网技术的盛行带来了金融服务的脱媒化。互联网技术的使用改变了供需之间发生交易的模式，搭建起了供给方和需求方继续直接交易的互联网平台，从而在一定程度上冲击了传统银行的金融中介角色，迫使传统银行机构寻求新的转型之路。

在传统银行业发展面临上述众多困境的前提下，伴随着共享经济的勃兴，

---

① 宁小军. 互联网交易型银行：传统银行的转型之路[M]. 北京：中信出版社，2016.

② 高翔. 中国小微企业融资缺口22万亿[EB/OL]. http://finance.ifeng.com/a/20150107/13412672_0.shtml, 2015-01-07.

共享金融模式应运而生。共享金融通过移动互联技术在整个金融领域实现了资源的优化配置，使得金融服务可以服务到普罗大众，实现了传统金融机构的深化与改革。共享金融是传统金融机构的升级改革主要体现在以下几个方面。

（1）去中介化交易是对传统粗放式发展模式的变革。共享金融通过共享平台的使用实现了供需双方线上直接交易的可能，银行等金融机构仅仅承担信息传递、信息匹配、风险评估等第三方角色，在降低了传统线下交易所耗费的时间、人力和物力成本的同时，实现了粗放型发展模式向低成本、高效率业务模式的转型。

（2）低成本、高效率的资源配置满足了传统金融机构服务对象结构的变革。共享金融是“人人参与”的金融活动，其设立的初衷便是满足弱势群体、中小微企业、新型企业等的金融服务需求。共享平台无界化和开放化降低了参与者参与金融活动的成本，同时也为信息不对称程度降低、风险分散共担提供了条件。这些优势为新型企业、中小微企业更多地参与金融活动提供了契机，传统金融机构依托共享金融变革自己的服务结构，是顺应经济结构变革，维持自身发展能力的重要保障。

（3）现代互联网技术的应用满足了社会对传统金融服务变革的需求。共享金融发展到现阶段的体现是互联网技术与金融服务的结合。传统金融机构通过使用互联网技术提供的大数据挖掘分析、云计算服务、移动互联支付等技术提供金融服务可以满足社会新生代对金融服务互联网化的需求。这种高效便捷的服务模式顺应了社会对金融交易的需求。

尽管部分学者认为共享金融的出现在一定程度上冲击了传统金融机构的发展。但不可否认的是，共享金融的出现对传统金融机构进行转型升级形成极大的挑战，同时也为其向互联网化转型提供了强有力的支撑。从这个角度而言，共享金融是传统金融的深化与改革。

2.2.5 是虚拟货币培育发展基础

共享金融对传统金融机构的深化改革，使得互联网银行开始走进大众的金融生活。共享理念的流行、共享经济向各个行业全面渗透、新的生产组织、新的商业模式不断涌现，共享金融的使用催生出区别于传统实体货币的新型货币形式——虚拟货币，如替代货币、社区货币、比特币及电子货币等不断发展。可以说，共享金融不论是从理念支撑还是实现平台、技术手段方面都为虚拟货币的发展奠定了基础。

虚拟货币在此主要是指区别于传统的纸币、塑料币、金属币等法定发行的实物货币。共享金融环境下发展起来的虚拟货币主要包括电子货币、数字货币以及各种替代货币等。

（1）电子货币。传统意义上的电子货币是传统实体货币的电子化形式，其主要应用在银行等金融机构实现互联网化的过程中，具备着与现金相同的法币智能①。可以说，电子货币是伴随着金融机构互联网化必然出现的，电子货币并没有创造货币或者改变货币数量，而是为参与者通过网络享受金融机构的金融服务提供了便捷条件。伴随着共享金融的发展，电子货币移动支付使用规模不断扩大，据全球移动运营商协会的数据统计，截至2014年，全球开通电子货币移动支付业务的国家高达89个，实现了61%的发展中国家享受电子货币移动支付服务的结果②。可见，这种以资金通过网络的流通作为实质的电子货币，凭借着法定货币的优势以及大众对金融机构正常运作的信心而赢得了使用者的信任。

（2）数字货币。数字货币不同于电子货币，是一种基于节点网络和数字

① 宋亚琼，王新军. 数字货币的发行机制与监管模式[J]. 学术交流，2016，（7）：145-149.

② 焦瑾璞，孙天琦，黄亭亭，等. 数字货币与普惠金融发展——理论框架、国际实践与监管体系[J]. 金融监管研究，2015，（7）：19-35.

加密技术的虚拟货币形式[①]。数字货币是在互联网时代的发展变革中衍生出来的。现阶段，人们对互联网的使用需求开始向价值交换需求转变。基于互联网展开的价值交换，一方面需要建立一种新型的信任关系，另一方面需要建立一种基于网络实现的自治机制[②]。在这样的需求下，数字货币应运而生。一方面，基于节点网络和数字加密技术的特殊技术使用背景下产生的货币形式可以凭借自身强大的记忆功能将交易者所参与的所有交易记录下来，从而使得交易者的交易行为处于一种完全检测的状态。对于降低交易风险，解决互联网价值交换中的信用关系具有一定的积极作用[③]。另一方面，数字货币具备的编程功能使得任何可以通过数字货币进行的价值交换都可以通过设定编码实现自动执行的可能，建立起一种基于网络实现的自主交换、自己执行的自动机制。数字货币使用下整体信用水平的保障以及自主执行机制的实现大大降低了金融服务交易过程中的时间成本和物质成本，保障了通过网络实现的金融服务得以高效便捷地进行。

（3）替代货币。这里的替代货币主要指社区货币、信誉货币、微型货币等不同于电子货币与数字货币的虚拟货币形式。替代货币的产生源于社会范围内合作机制的形成和彼此间信任程度的提高。与传统社区成员之间的物物交换不同，替代货币可以通过网络技术的使用实现“货币”的存储及使用，通常这种“货币”的价值以时间作为衡量标准[④]。也就是说，个人或者组织所拥有的替代货币是其为其他组织或者个人所提供服务的时间积累，拥有替代货币的主体可以通过与他人之间进行货币的交换来换取他人为自己提供服务的时间，从而不需要真正实体资金的流动就可以满足社区各方对于不同服务

---

① 施婉蓉，王文涛，孟慧燕. 数字货币发展概况、影响及前景展望[J]. 金融纵横，2016，（7）：25-32.

② 姚余栋，杨涛. 共享金融：金融新业态[M]. 北京：中信出版社，2016.

③ 戴金平，黎艳. 货币会消亡吗？——兼论数字货币的未来[J]. 南开学报（哲学社会科学版），2016，（4）：141-149.

④ 里夫金 J. 零边际成本社会——一个物联网、合作共赢的新经济时代[M]. 北京：中信出版社，2014.

的需求。因此，替代货币的出现得益于社会范围内协同共享理念的盛行，是市场经济与社交网络结合的产物。

从这些虚拟货币，尤其是数字货币和替代货币的运作原理可以看出，虚拟货币的出现和发展得益于社会范围内共享金融的出现与盛行。共享金融不仅在理念上对虚拟货币的发展起到引导和支撑作用，还为其提供了先进的实现平台以及技术支撑。

（1）共享金融为虚拟货币的发展提供了理念支撑。共享金融的核心理念是建立一个社会各阶层均可参与的金融服务体系，在协同共享、平等互惠的原则基础下实现金融的普惠。而数字货币、替代货币发展的基础就是共享金融倡导的这种协同共享。数字货币是对共享理念的践行，一方面，数字货币中所记录的交易者的行为数据可以实现公开共享。另一方面，通过锚定资产形式发行的数字货币允许个人可以通过抵押私人财产发行等值的数字货币，真正搭建起了人人参与的金融体系。替代货币是对共享理念的践行。前文中已经提到，替代货币出现的基础便是协同共享，替代货币的使用使得不需要在经济社会中进行资金的流通就可以满足资源服务的高效供需匹配，从而响应了共享金融的核心思想。

（2）共享金融为虚拟货币的发展提供了交易平台支撑。共享金融搭建起的全开放、无界化多方共享平台为虚拟货币的发展壮大提供了平台层面的支撑。共享金融平台允许各方自由、平等、独立地参与到金融服务。也就是说，在共享平台的应用下，移动客户端所能影响到的地域的个体或者组织都可以参与到某一项或者多项平台上进行的金融服务中，从而扩大了金融服务的参与主体范围。数字货币作为在共享金融平台上进行价值交换所使用的货币形式，其使用范围也会因共享金融参与主体范围的扩大而扩大。供需主体范围的扩大同时为替代货币影响范围的扩大奠定了基础。以替代货币作为价值衡量依据的服务互换得以在更广泛的范围中进行，更加优化了服务资源的供需配置。

（3）共享金融丰富了虚拟货币的发展方式。虚拟货币的发展迎合了共享金融的核心理念，其中部分货币的发行模式是在共享金融的模式下发展而来的。例如，数字货币发行中包括的一种称为“石油模式”的发行机制就是对共享金融中“众筹”方式的借鉴。这种模式下首先根据算法确定所需数字货币的发行总量，其次通过法币或者比特币认购来进行众筹。数字货币的发行者可以通过众筹来的货币开发可供大家共同使用的开源软件，但软件的运行会消耗众筹获得的数字货币从而能够保障数字货币的长期升值，投资者会因为这种升级而获利。数字货币的众筹使得投资者在不涉及股权交易和产品交易的前提下无须拥有货币的所有权和使用权就可以享受到货币增值带来的收益，成为在共享金融众筹模式基础上发展起来的对众筹模式的推广和深化。

总而言之，共享金融的金融大环境下，虚拟货币的范畴、影响领域以及实现方式在不断地丰富。法定数字货币、比特币、各种替代货币或者是锚定某种资产的虚拟货币不断涌现，中心机构、私人机构甚至是个人发行货币开始成为可能，通过锚定资产的数字货币交易甚至可以辅助实现物与物之间的共享金融。所有的这些都表明，共享金融下的世界是一个虚拟货币的世界，共享金融为虚拟货币的培育和发展奠定了基础。

第3章

共享金融学的目标和本质

金融作为现代经济的核心，支持经济的发展。共享经济的发展必然离不开共享金融的发展。随着经济转型升级，传统金融模式弊端日渐凸显，封闭式发展使得金融资源闲散、错配；金融机构融资成本高、门槛严，贷款手续繁杂，小微企业和弱势群体的融资需求得不到尊重和满足；严格的监管使得主体创新创业能力不足；参与主体之间金融信息不能共享，导致金融资源配置效率低下，金融资源交易成本过高，迫切需要一种新的金融模式进行整合推进，因此对共享金融目标和本质的探索应运而生。一定意义上说，共享金融是金融资源配置错位、金融资源受限、金融市场效率低下、金融交易成本高昂的市场环境下的必然产物。“全球共享金融 100 人论坛”指出，共享金融要在大数据背景下进行金融产品创新及服务创新，构建资源、要素、利益等要件的网络化共享，从而更有效、公平、迅速地实现金融资源配置效率最大化，更好地适应共享金融的日益壮大、服务于经济社会可持续发展的目标[①]。共享金融依托移动通信和互联网技术，重塑传统金融市场格局，为金融资源供需双方提供直接交易的平台，保证资源配置效率的同时降低交易成本。鉴于此，本章对共享金融的内容和本质进行进一步的深入挖掘并归纳总结，以期为共享金融学的发展提供相应的理论支撑。

① 张静，常若贝. 共享金融背景下的 P2P 互联网金融平台发展对策研究[J]. 时代金融，2016，(7)：60-61.

3.1 目标是优化金融资源配置

共享金融形成了金融资源供求双方的直接交易系统，共享金融学作为一门研究新兴金融业态的学问，正作为迅猛发展的新兴学科逐渐引起各界的关注。尤其是共享金融通过大数据信息系统、移动互联网和云计算等技术，可以实现整合线上线下的金融资源，突破发展金融资源的约束，满足小微企业、社会弱势群体融资和创新创业的金融需求，提升金融资源配置效率的目标。由此，共享金融颠覆传统金融中介模式，助力“小、众、美”[①]金融模式的构建，使每个参与主体都能参与并分享金融发展的成果，降低金融资源错配问题，并有效提升各类金融资源的配置效率，促进社会共同富裕。由此，共享金融通过如下途径提升金融资源的配置效率。

3.1.1 整合线上线下金融资源

移动互联网技术将互联网的技术、平台、商业模式和应用与移动通信技术充分结合，发展成为拥有巨大的市场潜力、极快的发展速度和宽广发展前景的科技产物，为便利和高效地整合线上线下海量的、分散的各类金融资源提供支撑。经济组织根据自身的发展战略，基于满足客户需求、提升核心竞争力的目的，对自身内部不同资源或者将自身资源与外部合作伙伴的资源进行组织、协调、整合和配置，从而提高资源配置水平。据郑健壮的研究，经济组织中存在着资源、能力、竞争力的递进过程[②]，即“整合”的过程。持续竞争优势源于组织对于资源在时间和空间上的不断“整合”，不仅是对于企业内部不同资源的整合，还需要企业内部和外部资源

① 董啸天，张梦冉. 共享金融：国内外述评、发展演变与最新进展[J]. 理论学刊，2016，(11)：81-85.
② 郑健壮. 资源整合理论（RIBV）的集群竞争力[J]. 工业工程与管理，2006，(11)：124-129.

的整合，资源整合是经济组织产生竞争力的关键机理。同样，整合线上线下金融资源也是共享金融发展的目标之一，是提高金融资源配置效率的前提条件。

在资源整合的过程中，保持金融资源的结构完整性尤为重要。在传统金融市场上，金融资源呈爆炸式增长，造成了资源传递的无序与失控，金融资源的错配现象无处不在，金融资源存在结构性失衡的问题，如图 3-1 所示。对于不同的企业而言，由于风险低、收益稳定、信用等级高以及政府干预等因素的存在，大量金融资源流向创新效率较低的大型企业、国有企业等，而缺乏抵押物、风险高、信用等级低但创新能力强、效率高的众多小微企业获得的金融资源严重匮乏；社会中高收入阶层享有充足的金融资源，可以在大量形式丰富的金融服务之间进行选择，而低收入阶层等社会弱势群体则面临金融服务不足甚至缺失的困境；在不同地区间，城乡“二元”体制格局导致金融资源不断向城市聚集，农村金融供给长期不足；地区间要素禀赋不同，无差异的金融政策导致金融资源向东部、沿海发达地区聚集，西部等欠发达地区实体经济发展的金融支持力度不足。

移动互联网的发展带来了一个全新的大平台经济时代，平台的参与主体越多，对于供给、需求、第三方参与主体等各方的利益和价值就越大。传统的金融与非金融部门的边界进一步模糊，主流金融机构面临更加明显的“脱媒”，越来越多的主体参与到金融资源的提供中，成为重要的金融资源流转中介；借助于手机、电脑等终端，参与主体可以随时随地随需地获得金融资源；越来越多的“金融厂商”将逐渐转换成为“金融平台服务商”，加之支付便捷、集中支付和个体移动支付的统一，这种平台经济效应使得“自金融”模式在效率和风控上成为可能。信息处理和风险评估通过网络化进行，市场信息不对称程度大大降低，实现充分整合线上线下金融资源的目标。

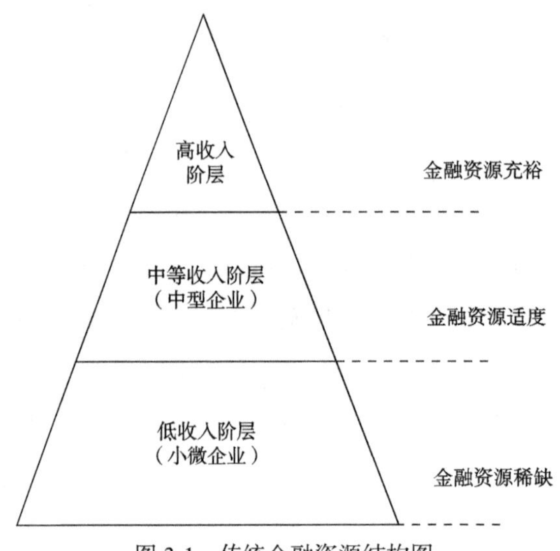

图 3-1　传统金融资源结构图

总之，共享金融的目标之一就是整合优化线下金融资源，使得零散、错配的资源进行有序流动，实现供求双方直接交易，包括金融资源供求个体之间、金融供求个体与机构之间以及金融机构之间的共享①，从而有利于缓解金融资源“错配”的难题②。共享金融借助云计算、大数据等互联网核心技术，在“普惠大众，服务人人”理念的驱动下，打破了金融资源流动的地域和时间限制，能够汇集全球范围内的参与主体实现线上线下金融资源的整合。一方面，共享金融借助于更便捷的互联网平台，能够让参与主体随时随地随需地发布金融资源供给信息和需求信息；借助于更具吸引力的金融资源回报率、更低的金融资源价格，共享金融能够吸纳更多社会闲散金融资源和金融资源需求者进入平台交易，增加可贷金融资源规模、盘活金融资源和扩大社会融资空间。另一方面，共享金融在一定程度上能够根据金融供求双方的实际情况，对金融资源进行合理调配。共享金融平台借助大数据、云计算等手段，

① 姚余栋，杨涛. 共享金融：大变革时代金融理论有了突破点[N]. 上海证券报，2015-09-08.

② 赵大伟. 共享金融视角下的 P2P 网络借贷[J]. 南方金融，2015,（12）：81-86.

能够实现对金融资源使用情况的实时监测、控制、报告和分析，甚至可能实现预测，能够根据金融资源供求情况进行动态匹配，同时可以将过剩的金融资源向不发达地区倾斜，推动普惠金融的发展。

3.1.2　突破金融发展资源约束

金融发展、技术创新、社会进步离不开金融资源，都需要海量的、丰富的金融资源作为支撑。同样，如果没有持续的、充分的金融资源支撑很难进行有效的金融活动和交易。在传统金融体系中，从金融资源的供给端来看，中国大量金融资源进入银行等金融中介，绝大部分金融交易都要通过金融中介来间接地得以实现，金融资源供给方的渠道狭窄，且承担的风险与收益不成正比。从金融资源的需求端来看，由于受制于人员、时间、交易成本等因素，在金融资源配置时出现了用户之间不对等，金融中介具有倾向于服务低风险、收益稳定、信用等级高的“大客户”偏好，在金融资源需求端的选择范围上严重狭窄化，而现实的金融资源需求方却是一个“长尾”分布，即小微企业、农民、城市低收入人群等，这就使得尾部的需求无法获得金融资源。由于缺乏抵押物、信用等级偏低及信息不完整等，小微企业、弱势群体等个人的金融需求难以通过金融中介得到满足。现实中，小微企业、个人对金融服务的需求非常巨大，但这一需求长期得不到满足。此外，在金融中介未覆盖的地区，形成了金融服务的真空领域，增加了金融资源需求方的交易成本，降低了金融服务的可获得性。

而共享金融服务的对象正是这些少量金融资源需求的长尾客户，致力于解决这些弱势群体金融资源需求很难得到满足的问题。共享金融最大的特点就是信息交互、资源共享、优劣互补，每个个体都在生产和分享金融资源[①]。基于

① 李钧. 共享金融是什么[N]. 第一财经日报，2013-03-15.

共享金融的开放性、共享性，金融资源的便捷性、覆盖度和智能化进一步提高，使其能够广泛融入社会经济的每一个角落，拉近了金融供给与金融需求之间的距离，缩短了金融价值链条，使金融资源需求方能够更容易地获取资源信息，从而增强了金融资源的可获得性，极大地拓展了金融服务受众的有效边界。个人可以借助于互联网技术、开放的平台、众律性的规则，直接成为金融资源的供给方或需求方，使得金融产业链进一步“前移”。在共享金融体系中，金融资源的流动并非单向，而是双向甚至多向，在众多维度上同时交织在一起。例如，个人既可以是金融资源的需求方，也可以是金融资源的供给方。此外，长期以来的金融创新在降低收入不平等性、减少收入差距方面乏善可陈。共享金融平台低门槛、低成本、快速便捷、服务人人的特点，为企业和个体中的“弱势群体”开辟了一条新的资源获取渠道，使其能够从金融创新中获益，真正享受更加合理的金融服务，突破金融资源的束缚。

信息通信技术的发展为共享金融平台以更低成本向更广泛的低收入群体或者小微企业提供正规金融服务的机会[①]。借助于手机、电脑等移动终端，共享金融充分利用了互联网的无边界特点，最大限度地打破金融中介边界的束缚，汇集全方位、全时空、全领域的海量金融资源于共享平台之上。共享金融使得参与主体可不受空间、时间、范围的限制，从网络中获取金融资源或向共享金融平台贡献金融资源，有利于金融信息、知识、智力、思维、金融资源的扩散，从而缓解了资源的稀缺性。开放的金融交易参与主体越多，开放程度越高，可共享的金融资源规模越大，金融资源的需求方越易得到满足，进行金融交易的可能性越大，从而聚集更多的金融资源于平台之上，从而实现金融资源的倍增。

2014 年 11 月 19 日，国务院常务会议进一步提出，“融资难、融资贵”

① Richard N S，Arora S S. The evolution of e-banking：a study of Indian and Kenyan technology awareness[J]. International Journal of Electronic Finance，2009，(2)：149-165.

在一些地区和领域呈现缓解趋势，但仍然是突出问题，鼓励互联网金融等更好地向小微、“三农”提供规范服务；建立资本市场小额再融资快速机制，开展股权众筹融资试点[①]。共享金融探索将引发学界对于传统金融制度、规则的重新审视，促进金融制度更重点解决主流金融体系的资源“短板”，注重保护众多金融资源需求方和弱势群体的利益。这更有利于促进金融体系中的“强势主体”转变观念，为各方都创造一个良好的金融生态环境。可以说，共享金融这种金融模式汇总整理了线下资源，使供求双方能够直接交易。这不仅解决了小微企业融资难的问题，还增加了社会公众的投资途径，使参与主体在金融资源的运用方面感受到平等、便捷，同时也彰显了普惠金融的发展理念，更好地满足“长尾”的需求。本章将“长尾”分为小微企业、弱势群体、创新创业三类，并分别进行讨论。

1. 小微企业

小微企业是中国经济发展中最为活跃的部分，对提升中国市场效率、促进技术创新、增加就业并保持经济活力起到举足轻重的作用。小微企业获得的金融资源支持与其在经济发展中的作用极不相称，获取金融资源困难一直是困扰其生存发展的“软肋”，是制约小微企业发展的瓶颈。2015 年，中国小微企业存在 22 万亿元金融资源缺口无法通过有效融资渠道得到满足[②]。

一方面，小微企业自身由于体制不健全、初创规模小、行业与地域分散等，普遍存在缺乏历史报表支撑、缺乏足够的抵押资产、风险防御能力弱等问题，信息不具有透明性；另一方面，传统金融中介出于风险、收益、监管、惩戒的考虑，往往更愿意向大型国企、支柱产业、项目基建等提供服务，不愿意向营利能力和偿债能力难以评估的小微企业服务，抑或是出于成本收益的考虑往往会给小微企业远高于大型企业的金融资源成本与收费，并设置更

① 李克强主持召开国务院常务会议[N]. 人民日报，2014-11-19.

② 郑志来. “互联网+”背景下共享金融发展路径与监管研究[J]. 当代经济管理，2016，(8)：86-91.

高的参与门槛，从而造成小微企业普遍金融资源受限的现状。

共享金融正是以大数据、云计算等移动互联网技术为手段和渠道，在完整的交易规则框架内，有效联通金融资源的供求双方，提高金融资源与服务的配置效率，合理分担金融风险，增加了金融产品和服务的可获得性，缓解了小微企业金融资源的约束问题，有效提高了金融资源的配置效率，在力图解决小微企业金融资源的信息与成本障碍的同时，促使金融资源流向传统金融未涉及的小微领域，有利于实现普惠金融。

2. *弱势群体*

弱势群体是指由于自身力量较弱，因而分配和获取社会金融资源较稀少且较困难的社会群体的统称，这里主要包括农民、家庭主妇、大学生、退休工人，如开篇案例中的农女王等。根据中国人民银行以及上市公司 2010~2015 年年报，可以测算出城市与农村贷款比远远大于城市与农村存款比，农民存款与贷款数量不对称，说明农民获取金融资源的需求没有得到满足。此外，家庭主妇、大学生、退休工人等低收入群体缺乏像企业那样规范的财务报表“硬信息”，在向银行金融机构传递基于人际关系沟通的“软信息”时，又受到区域和时间累积的严重局限，彼此之间存在严重的信息不对称。因此，传统金融中介往往会忽视对此类群体提供金融资源，造成金融资源“空白区”的出现。

金融服务的需求方希望以低成本获得金融服务，而金融服务的供给方则希望以高收益提供金融服务[①]。张晓朴指出，从我国实践来看，互联网金融发展更多地惠及三四线城市和农村、偏远地区群体，在发展普惠金融上表现出了不俗效果[②]。他还指出互联网金融在创造机会、改善公平、消除贫困和缩小收入差距等方面发挥了传统金融难以替代的作用。同理，共享金融通过现代信息技

① 陆磊. 发展具有中国特色的普惠金融体系[J]. 中国农村金融，2014，(16)：1-2.
② 张晓朴. 互联网金融将推动金融理论发展创新[J].《IMI 研究动态》2014 年合辑，2014：6.

术和移动通信技术，凭借共享金融平台，实现了金融资源供求双方的直接交易。一方面拓展了金融资源空间，尤其是农民、家庭主妇、大学生、退休工人等“尾部”弱势群体需求方获得金融资源；另一方面，也极大地拓宽了广大弱势群体的投资渠道，从而最大限度地实现“每个人在需求时都能以合适的价格享受到及时、有尊严、方便、高质量的各类型金融服务”的普惠金融理念。

3. 创新创业

在传统金融模式下，尽管创新创业对小微企业和弱势群体的社会发展十分重要，但创新创业需要投入大量金融资源，尤其是在人才资源和金融资源投入上要求非常高。另外，过长的研发周期在造成成本增加的同时，也会产生更高的创新风险。而且，传统创新创业的开放度低、参与程度低、缺乏互动性[①]，而创新创业属于智力高度密集的创造性活动，成功的创新创业往往需要汇集大量智慧，从而极大地限制了创新创业的萌芽与发展。

共享金融就是通过解决金融资源需求方的多样性金融需求，使得社会整体突破发展金融资源的约束与束缚，进而满足社会“双创”时代的金融资源需求，从而有助于创新创业活动的发展。随着技术发展和创新资源丰富化，很多原来不具备创新创业条件的个人或企业，可通过网络平台获得更多实现价值的金融资源利用机会，为其创新创业打下坚实的物质基础。此时，共享金融的目标已经不仅仅是需要关注如何使得小微企业、弱势群体获得金融资源，而且还需要帮助他们更好地利用金融资源来改善生活、解决就业、创业等问题。

3.1.3　实现金融资源优化配置

金融活动产生于社会主体优化资源配置的需求，共享金融学的核心目标是实现金融资源的优化配置。在传统金融体系中，金融资源是有限的，但金

① 王洪生，张玉明. 云创新模式的动因、特征及应用研究[J]. 东南学术，2015，(2)：166-173.

融资源的闲置、浪费、低效利用现象却普遍存在，导致金融资源的配置效率低下。从传统经济理论看，生产成本曲线呈U形，这表示在金融资源的数量达到规模经济的条件后，金融资源的短期成本曲线和长期成本曲线中的边际成本均显示出不断上升的趋势，表现出金融资源规模的不经济，加上金融需求的获取渠道较为有限，从而难以满足金融资源需求方的多样性金融需求。在我国，金融资源配置具有显著的二元特征[①]。小微企业和弱势群体等低收入社会主体的金融资源供给明显失衡，金融结构中分化出了金融资源充足和不足的二元结构，这种二元结构直接造成了金融资源分配机会和占用成本的严重失衡与不公，还产生了对小微企业等弱势群体的金融排斥。根据《2016年互联网金融资产配置报告》，我国居民资产配置主体第一大类为房地产，总体规模200万亿元左右，第二大类为银行存款，总体规模115万亿元左右，第三大类和第四大类分别为债券类资产、股票，其总体规模在50万亿元左右[②]。我国股票资产配置比例仅为日本的1/2，德国的1/3，美国的1/10。

共享金融的目标不局限于上述目标—— 一是整合优化线下金融资源，使得零散、错配的资源进行有序流动，实现供求双方直接交易，缓解金融资源错配；二是针对普遍性的金融短板，努力使金融服务降低门槛，满足更多群体的金融需求，弥补包括小微企业、弱势群体等特定群体的金融资源供给缺失，提供有效的金融资源支持，努力解决金融资源的可得性和价格两方面的问题，突破发展的金融资源约束——而是致力于将海量的、分散的金融资源行快速整合、精准调配和充分利用，通过分享金融资源使用权，提高金融资源的利用率，优化金融资源的配置率，使其最大限度地发挥效用，以满足日益增长的多样化、理性化、个性化金融需求，实现“稀缺中的富足”，这才是

---

① 吕劲松. 关于小微企业融资难&融资贵问题的思考[J]. 金融研究，2015，(11)：115-122.

② 挖财发布《2016年互联网金融资产配置报告》：未来资产配置核心是金融资产[EB/OL]. http://news.pedaily.cn/201601/20160113392485.shtml，2016-01-13.

共享金融的核心目标所在。而共享金融中资源配置的独特之处就在于供需双方以转让金融资源使用权的方式直接在网上发布（获取）并匹配金融资源，直接进行线上联系、沟通、交易。

共享金融让共享金融平台参与者享受自主选择权，这必然会推动个性化、定制化金融服务的产生与发展。共享金融强调公众更加平等、有偿地共享一切社会金融资源，这为金融发展向“需求导向”“以消费者为中心”发展提供了强劲的动力。金融资源供给开始围绕着金融需求方的偏好和需求设计产品，实现了金融资源从“标准化”“统一化”逐步向“个性化”“定制化”转变。特别是在大数据、云计算等技术的帮助下，需求行为分析不再仅仅局限于定性分析与预测，定量分析逐渐成为识别金融资源需求方偏好、挖掘金融资源需求、区分金融资源使用群体的重要依据。需求行为分析对金融资源供给双方的行为数据、消费习惯、支付偏好进行深度挖掘与分析，为金融资源的精准定价提供了可能，为制定个性化、定制化的金融资源提供了数据基础。

在共享金融的过程中，社会资源的优化配置在很大程度上取决于共享平台。共享金融平台充分发挥桥梁纽带的作用，通过聚集社会闲置或低效金融资源，提供给金融资源需求方，再通过平台运行机制实现全社会资源使用的合理配置。金融资源具有相对稀缺性，对有限金融资源进行有效配置，成为共享金融的核心目标。共享金融平台利用大数据、云计算技术，通过数据采集了解每位金融资源需求方的特征及需求，可以提供更加精准化的服务，根据不同人群供应不同的金融资源，提供多样化、不同风险组合的金融资源选择。具体而言，P2P 借贷、众筹融资、电商小贷[①]等共享金融平台主要通过两种途径提升资源配置效率：一是有效评估风险。互联网所拥有的大数据，有效解决了信息不对称的问题，提高了信用风险识别的准确性和及时性，增加

① 饶越. 互联网共享金融的实际运行与监管体系催生[J]. 改革，2014,（3）：56-63.

了金融交易的规模和数量。例如，许多通过传统金融机构无法获得金融资源的个人、企业或项目，通过互联网进行的交易将积累信用信息数据。二是简化信用环节。共享金融平台使金融资源和项目直观呈现，去中介化直接缩短了金融资源需求方和供给方之间的距离，且降低了交易成本，信息的透明度有利于金融资源供给方迅速做出决策，有助于金融资源需求方迅速获取金融资源，加速流动的社会金融资源和成本优势都将提高资源配置效率（图 3-2）。共享金融平台的建立，能够获取反映金融资源供求的价格信息和识别风险的信用信息，信息的透明又将进一步促进资源配置效率的提升。

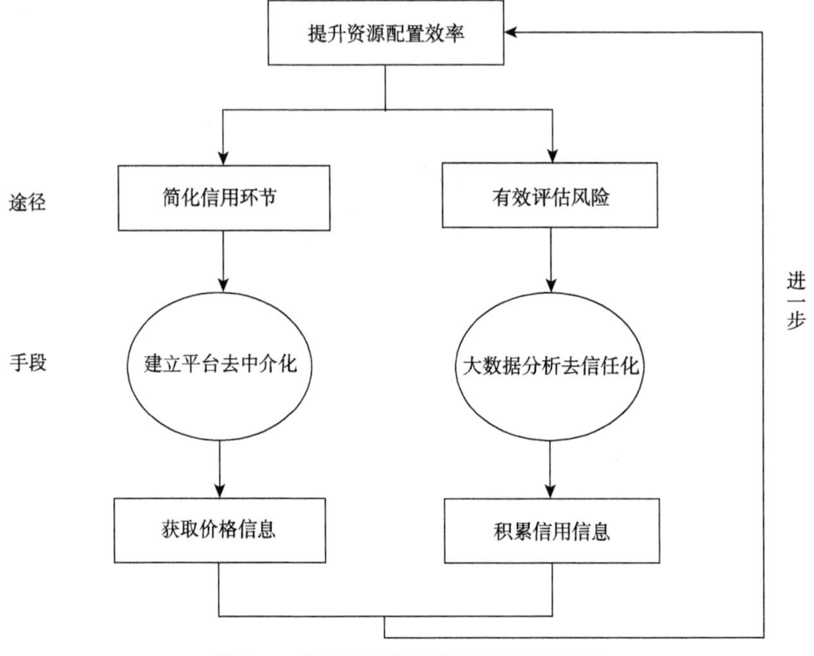

图 3-2　共享金融提升资源配置的途径

共享金融相较于传统金融的优点体现在其时空的便利性促进了交易成本的降低，创新了金融交易活动的组织形式，从技术上突破了传统金融机构的单纯线下审核与信用增进的模式，在一定程度上弥补了传统金融机构在金融资源配置领域中的不足。相比传统金融，共享金融还具有边际成本递减和边际效益递增的特点，这也成为其解决长尾群体金融资源约束的天然优势，打破了传统金融的“二八定律”。这主要是因为共享金融服务所需的固定资本一般是用于共享金融体系的资源研发费用、机器购置费用和软件研发费用等。并且共享金融服务是虚拟服务业务，其服务不受时空的限制，这大幅提升了金融资源的交易效率，使可变成本趋于零。因此，伴随金融资源数量的不断增长，共享金融服务的平均成本逐渐降低，共享金融的边际成本曲线是逐渐下倾的曲线，即金融资源的数量越多，其规模经济效应体现就愈加明显，如图 3-3 所示。共享金融技术支撑下的金融运营模式，在获取渠道、信息过滤、风险甄别等方面促进了小微企业、农民、家庭主妇、大学生、退休工人等弱势群体获取金融资源或创新创业，提高了金融资源的配置效率，从而优化了金融资源的社会配置。由此，相比于传统金融目标，共享金融目标的包容性更大，具有将一切可利用的金融资源都变成可共享对象的潜在力量，让人人都能参与其中，最大限度地整合线上线下金融资源，参加交换、消费或交易，突破发展金融资源的约束，实现全社会的资源配置和经济福利大幅提升。

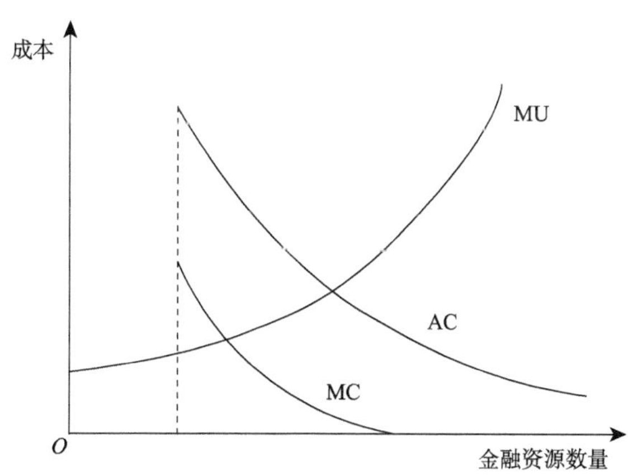

图 3-3　共享金融的平均成本（AC）、边际效用（MU）与边际成本（MC）曲线

随着共享金融深入社会经济生活的各个领域，金融资源的销售模式将会

发生翻天覆地的变化，由原先以金融产品为主导的销售模式逐渐转化为以金融需求方需求为核心的销售模式。互联网的共享和开放性使得金融资源需求方不再被动接受信息，金融资源需求方的多样化、个性化需求成为新金融资源出现的原动力，其行为数据成为金融资源设计的基础，这也意味着金融资源需求方能够化被动为主动，参与金融资源设计和服务的全过程。金融资源需求方行为数据、消费习惯、支付偏好等大数据，已成为各共享金融平台展开竞争的核心资源。各平台针对目标金融资源需求方、潜在金融资源需求方的不同需求和特性，设计个性化、定制化的金融资源。共享金融通过组织、整合、匹配社会资源，积极调动供需双方的经济效益和社会效益，发挥社会多元主体的优势，形成网络化关联和整合资源的合作，突破金融资源约束，创造共享金融平台价值，实现个人和企业发展的经济、社会和环境的综合价值最大化，达到资源利用效率的最大化，从而实现社会资源的最优配置，最后转化为社会财富，最大限度地创造社会福利，显著提升社会财富，这便是共享金融的最终目标所在。共享金融新思维与互联网技术的有效结合能够以市场的方式优化配置社会资源，促进人与人的深度协作，实现金融资源供给与需求的深度平衡，进而推动金融、经济和社会的“可持续”增长。

3.2 本质是降低市场交易成本

交易成本泛指所有为促成交易发生而形成的成本，只要有交易就会有成本，市场经济和企业理论发展的很重要目标就是降低交易成本。具体而言，交易成本由金融资源搜寻成本、谈判成本、规模成本、缔约成本、监督履约成本、可能发生的处理违约行为的成本构成。袁博[①]论述了互联网金融对传统

① 袁博. 互联网金融发展对中国商业银行的影响及对策分析[J]. 金融理论与实践，2013，(12)：103-106.

金融带来“去中介化”“泛金融化”“全智能化”的影响。例如，比特币，其拥有权由分布式账簿来记录，并由加密协议等来确认，具有分布式、去中心化、去信任化、不可篡改、加密安全性等特征。从金融市场来看，金融中介的边界变得越来越模糊。一方面，以区块链为代表的分布式交易机制的发展，将会使得真正去中心化的金融市场交易成为可能；另一方面，新技术的保障可能使交易规则变得更加公开透明，减少“黑池交易”的暗箱操作。最终来看，各类金融中介的功能完全可以被智能化的匹配机制替代，在大数据、新技术、人工智能等支撑的多边共享平台下，使各种标准化、非标准化的金融资源都能够更直接、安全、高效地进行交易，这充分体现了降低金融市场交易成本的本质。

3.2.1　去中介化降低中介成本

金融服务的生产有典型的规模经济特征，即需要较大的固定投入，而提供服务的边际成本相对较小，由专门的金融中介来提供金融服务可以更为经济。与此同时，金融资源供给方和传统金融中介、传统金融中介和金融资源需求方之间是两个闭环交易环节。传统金融中介分别扮演了“借款人”和“出借人”的角色，事实上履行了金融资源的再分配职能，隔断了金融资源供需双方之间信息、金融资源的流通。金融中介作为金融资源供需双方的联结点，在处理金融领域的信息不对称上具有专业化优势，因此通过金融中介进行交易可以降低信息不对称导致的逆向选择和道德风险，总体成本相对较低[①]，故而金融中介在传统金融体系中扮演着不可或缺的重要角色。但传统金融中介随时持有的、用于支付需要的流动资产只占负债总额的很小比例。当其流动性不足时，如果大量出借人同时要求兑现债权，传统金融中介将承担流动性风险（图 3-4）。

① 杨涛，程炼. 互联网金融理论与实践[M]. 北京：经济管理出版社，2015.

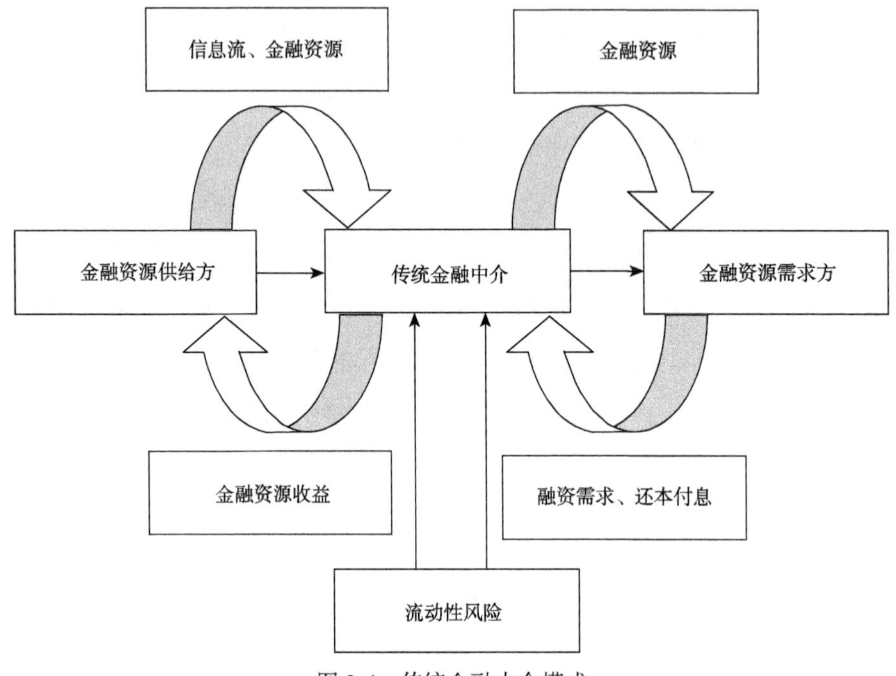

图 3-4　传统金融中介模式

共享金融与传统金融相比，最大的优势就在于共享金融是去媒介化的过程，它引导传统金融向共享平台转移，淡化中介角色，实现信息对称，节省中介费用，即加速金融脱媒的进程[①]。去中介化是指供需双方不再依附传统商业中介，而是参与各方自发地直接进行联系[②]。共享金融的去中介过程是指金融资源的供需双方不再依附传统金融中介来满足自身供给需求和消费需求，供给方直接向终端用户提供金融资源，使得供需双方的需求直接进行匹配，从而大大节约了中介费用。其中，P2P 和众筹都是其主要表现形式。在共享金融下，金融资源供需双方不再依附于银行等商业中介，而是通过共享金融平台实现金融资源供给方和需求方之间自主匹配，金融资源供给方根据其风

① 陈华，边玉晶. 共享金融：优势、存在问题及优化建议[J]. 农村金融研究，2016，(9)：41-45.
② 张玉明. 从私有到公用：分享经济的实质和绿色发展之路[M]. 北京：人民出版社，2017.

险偏好提供金融资源，金融资源需求方根据其信用评价和金融需求选择金融资源。共享金融平台利用移动通信和网络信息技术，不再需要大量的线下金融中介。信息的搜集、整理和分析也主要是依靠大数据、云计算等信息技术手段，这极大地降低了金融资源搜索和传输的成本。所以共享金融的交易费用和经营成本很少，较传统的中介成本而言微乎其微。而且，金融资源的供给方和需求方在满足一定的准入条件后即可成为参与者，双方基于一定的基础性规则达成合作后即可进行自主、直接交易。超级集中支付系统和个体移动支付的统一，大大降低了市场信息不对称的程度，促进支付便捷，让资源搜集、信息处理和风险评估得以通过网络化方式进行[①]。金融资源供求的期限、数量和风险的匹配，不一定需要通过银行、证券公司和交易所等传统金融中介和市场，它可以通过互联网直接匹配，缩短了金融资源融通中的链条，显著降低交易成本。此外，由于网络上是有幂律分布的，所以共享金融可以通过去中介化降低金融市场交易成本。

平台的开放性、共享性使金融资源的供给方和需求方能够快捷、低成本地随时随地随需地进行相互搜索，需求方的金融资源用途、信用记录、项目的基本类型、交易模式、收益率和投资期限等信息实现了开放和共享，降低了金融资源交易双方之间的信息不对称，增加了金融资源交易达成的可能性。金融中介的作用将被金融资源的开放和共享逐步淡化，原先由金融中介承担的流动性风险也转而由平台参与者共同承担，网络共享平台则通过撮合参与者交易，以服务费、管理费、手续费等形式赚取利润。这种去中介化，直接拉近价值创造者和价值需求者[②]、资源拥有者和需求者供求双方信息的距离，使生产更加高效、资源利用更加有效。

① 谢平，邹传伟. 互联网金融模式研究[J]. 金融研究，2012，(12)：11-22.

② 吕丹. 共享金融：小、众、美[J]. 首席财务官，2015，(24)：40-42.

3.2.2 去中心化降低规模成本

在传统金融模式下，金融中介只是少数的中心，物理空间集中，信息传递、物理空间移动成本费用过高。这种长期中心化金融模式的弊端逐渐显现，历史“天平”开始向“去中心”一方偏离。随着共享金融的发展，中心越来越多元，每一个平台都是一个中心，促使金融模式由中心化走向分布式，每个个人主体都有可能成为这个产业链中的一分子。在这种情况下，多中心大到万物都是中心的时候，传统的中心概念自然而然就弱化了，更多的人有了话语权。因此，去中心化又是“多中心化”的辩证说法。互联网以及各种各样信息传递渠道的发现，又使得这种去中心化的趋势变得越来越突出。

在共享金融的发展趋势下，原有的机构、产品、市场等金融要素的边界变得更加模糊。例如，原有银、证、保等分业格局可能逐渐被打破，彼此共享模式架构占优势；金融产品的定制化、个性化与标准化、简单化倾向并存，机构不再只注重“供给创造需求”式的创新，而把金融资源需求方作为共享模式下的创新驱动者；在新技术促使不确定性降低和风险可控的前提下，金融市场的进入门槛逐渐降低，不再成为少数人的“神秘场所”，转而呈现跨时空、去物理空间和去中心集聚的特点①。例如，源自比特币的区块链技术价值远大于比特币自身，能够有效促进智能交易、分布式股权发布和资产转移，比特币背后的区块链技术，实际上就是意味着这种弱中心的、多中心的分布式的机制建设。借助于共享金融的“去中心化”，通过分布式记录与集体性数据维护，金融市场的交易成本将会得到大幅度削减。美联储开始关注金融机构间基于使用通用协议和标准发送与接受支付的公共 IP（internet protocol，网络之间互连的协议）网络直接清算，认为与通过中心辐射状网络结构清算

---

① 杨涛，姚余栋. 经济时代的共享金融理论与实践创新[J]. 浙江经济，2015，(19)：32-34.

交易相比，这种信息分布式架构减少了交易的环节、路径等，从而降低了交易成本。

假设在一个传统经济体中，存在诸多的金融中介为金融资源需求人提供金融资源，同时也存在规模、需求等不同的金融资源需求人[①]。将所有的金融资源需求人看作一个集合 X，在这个集合中，金融中介根据金融资源需求人的自身条件决定向哪些金融资源需求人提供金融资源。现实中，仅有部分金融资源需求人获得了满足，从而构成了一个新的集合中心 A 且 X 包含 A，该集合的边界就构成了金融交易边界，即图 3-5 中的不规则圆形。集合 A 以外的金融资源需求人，即集合 X–A，指目前的金融模式无法提供金融资源的金融资源需求人。通过共享金融影响集合中心 A 的边界变动，金融中心的边界得以拓展，原先无法得到融资的需求人也纳入交易集合 A={A_1，A_2，A_3，A_4，…，A_n}当中，金融资源需求得到满足的人数将会增多，参与交易的金融资源也会随之增加，形成规模经济效应，降低市场交易成本的价格，从而降低金融市场的交易成本。在此，将这种由参与主体剧增所带来的金融资源增多，从而可形成规模效应，显著降低传统金融市场规模不经济的现象称为降低规模成本。

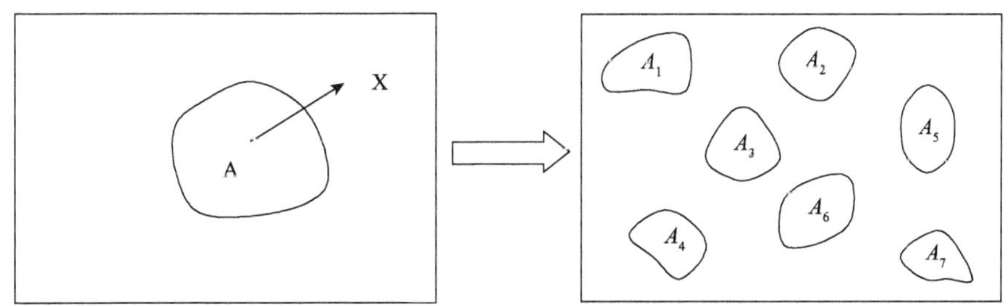

图 3-5　共享金融的去中心化

如果说，传统资源的交易模式都是中心化记录、中心化储存、中心化交

① 贾军，邢乐成. 信息通信技术与小微企业融资约束——基于金融制度边界的分析框架[J]. 中国经济问题，2016，(5)：123-134.

易、中心化反馈的，那么共享金融的交易模式则是分布式记录、分布式储存、分布式交易、分布式反馈的，即每个节点都负责数据的记录、储存、交易、反馈，没有中心化或第三方机构负责管理，从而大幅降低金融市场的交易成本。准确地说，“去中心”的最终结果更可能是多中心，从而弱化少数中心话语权过强所导致的规则失控。当万物互联使得所有个体都有可能成为金融资源配置、金融产业链中重要的中心节点时，或许就实现了最理想的市场状况，使得传统金融中介的中心地位可能会改变。这样，可以显著增加参与交易主体、容易形成规模效应并进一步降低交易财产的价值，从而形成金融市场上供求双方的帕累托最优。这种改变不是说传统金融完全被革命、被颠覆，而是从垄断型、资源优势型的中心和强中介转化为开放式平台，使其成为服务导向式的多中心当中的差异化中心，从而使得传统中介中心和新的中介中心获得共赢，并在共享金融时代获得一种新的发展定位。

3.2.3 去信任化降低信息成本

传统金融中介存在的基础是信息不对称和交易成本高等摩擦性因素[①]。由于金融交易是直接的，金融资源供给方需要根据金融资源需求方的信用状况和自身风险偏好进行正向选择。由于这种了解和判断过程的搜寻成本高昂，一般情况下，作为个人的金融资源供给方是无法完成这一任务的。这里的搜寻成本是指金融资源的需求方为找到适合市场金融资源的可接受价格而支付的各种费用、时间、精力及各种风险的总和，主要指搜寻信息过程中耗费的时间成本。可以说，交易成本中的大部分源自搜集信息的成本。这就需要通过可信任的中央节点或第三方通道进行信息的匹配验证和信任积累。信息不透明的程度越高，金融资源供给方在让渡金融资源时所要求的风险补偿就越

① Frederic M. The Economics of Money，Banking and Financial Markets[M]. New York：Harper Collins College Publishers，1995.

高，金融资源需求方获取金融资源就越困难，从而使得金融市场中金融资源的需求方和供给方的搜寻成本也都会相应增加。

在共享金融模式下，通过依靠非对称加密和可靠数据库完成了信用背书①，所有的规则事先都以算法程序的形式表述出来，参与方不需要知道交易对手的信用度，更不需要借助第三方机构来进行交易背书或者担保验证，而只需要信任共同的算法就可以建立互信，通过算法为参与者创造信用、产生信任和达成共识。这样，尽管共享金融参与方对彼此之间的身份并不知晓，但也不影响双方或多方的信任。由此，去信任化可以化解传统金融体系下信息、资源交互时，交易中的任意节点都无法信任对方的难题。共享金融平台可有效降低参与主体间的信息不对称性，实现去信任化，从而降低金融市场的搜寻成本。共享金融平台可积累交易数据，构建自己的信用数据库，将商业化的信用审核数据应用于其他金融机构、自身小贷业务以及上下游供应商和服务商的交易信用评价中；可充分利用互联网上企业和个人的信息分析与定价功能，开发企业信用量化工具和个人信用支付工具。此外，共享金融平台可依托央行、公安、工商、税务等职能部门信用数据与社区信用调查和采集所建立的第三方信用评级机构，第三方信用评级机构和自身信用评级机构共同组成了共享金融平台信用评级体系，如图 3-6 所示。而且，在共享金融平台上，大数据具有规模集成优势，为征信提供了可靠依据。

由此可以看出，共享金融平台的角色在于通过各种渠道降低金融资源供给方与需求方之间的信息不对称，它的作用体现在三个方面：首先，通过共享金融平台与上下游企业构建信誉链。通过与共享金融平台的合作，合作企业的信用等级得以提升的同时也提高了违约成本，它们能够通过供应链上的合作提高信誉度，但一旦违约，就会丧失与该共享金融平台合作的机会，业

① 张锐. 基于区块链的传统金融变革与创新[J]. 决策与信息，2016，(10)：49-59.

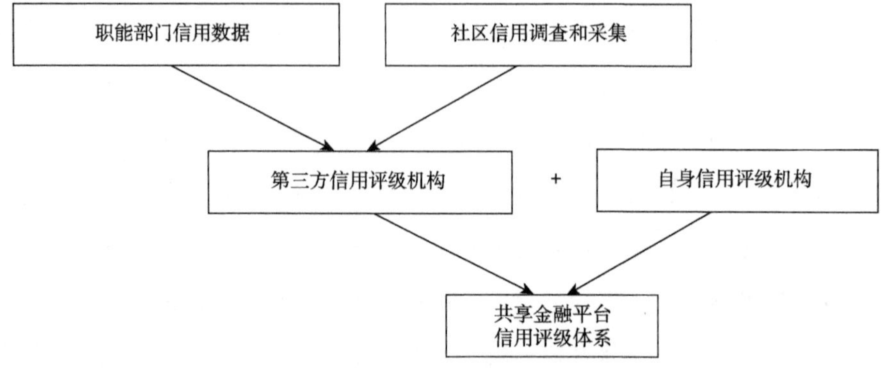

图 3-6 共享金融平台信用评级体系

务量将会减少。其次，严格筛选供应链上的成员。企业或个人要经过共享金融平台严格筛选才有资格成为参与主体，这在一定程度上对银行发放贷款起到了有效的促进作用，给银行提供一个比较真实可靠的参考标准，减轻了银行和企业间的逆向选择，也在一定程度上减少了银行对企业的错误判断。最后，严格监控、及时反馈交易的各个环节。所有信息都要经过共享金融平台的层层审核、认证，从而减少了金融资源需求方亲自调查、整理、分析的环节，真正实现了参与主体之间的去信任化交易，从而进一步降低了搜寻成本。

在此基础上，共享金融通过移动互联网技术、大数据和云计算等科技手段的应用，将海量信息汇集在共享金融平台之上，缔造了一个公开而透明的竞争环境，让该范式所通向的信用风险与信息，通过公开市场定价转换的过程，在可观测、可量化的范围内。基于严密强大的算法共识机制和分布式维护原则，大数据与区块链相结合，共享金融可以确保整个网络体系中的所有节点在可信的环境下，自动安全地交换金融资源。信息经平台认证后，不需要用户亲自进行调查，信息保持高度透明，极大地降低了金融资源的搜寻成本。共享金融从信息弱势方出发，赋予信息弱势方以信息甄别的主动权，让信息弱势方先行动，掌握规则设置权，不仅激励信息优势方披露信息，而且要求信息优势方披露真实的信息[①]，而且共享金融市场对提供虚假信息的信息优势方存在驱逐效应[②]。因而，可以有效预测、约束和考量信息优势方的逆向选择和道德风险，它们可以作为交易成本，被内化和分散在信息优势方的交易行为中。因此，信息弱势方诸如 P2P 投资者、股权众筹跟投人或接受第三方支付平台服务的客户，都可以自发提供或获得真实信息，从而降低金融市场的搜寻成本。总之，共享金融的去信任化有效地解决了金融资源的信息不对等、暗箱交易和难于监管等问题，简化了数据搜寻的流程，更降低了保持数据一致性和交易可追溯性的成本[③]，使得普通民众也能够享受到金融发展带来的红利。

3.2.4　去扰动化降低匹配成本

在传统的经济模式中，企业无法准确把握消费者需求，产能过剩、库存高压普遍存在，供需双方之间的匹配大部分是通过金融中介，这个过程十分缓慢。而在此过程中，金融中介往往采取某种固定的风险偏好进行金融资源的分配，而且在交易时较少关注单一金融资源供给方的风险偏好。当以某种平均水平对金融资源进行定价时，会造成金融资源的低效使用，风险低的金融资源供给方需要承担较高的成本，却只能获得一个较低的平均收益。只有小部分不借助金融中介，此时供需双方必须首先在现实世界中进行面对面接触，才可以实现交易的进一步延续。这些问题的存在，都增大了金融市场交易的难度，降低了交易的成功率，从而进一步增加了交易的成本。

在共享金融下，去扰动化能迅速解决上述难题，显著降低交易成本、交

---

① Spence M. Job market signaling[J]. The Quarterly Journal of Economics，1973，(3)：364-365.

② 杨东. 共享金融的法律规制——基于信息工具的视角[J]. 中国社会科学，2015，(4)：107-126.

③ 施婉蓉，王文涛，孟慧燕. 共享金融视角下的数字货币发展概况、影响及前景展望[J]. 华北金融，2016，(8)：20-25.

易价格以及信息不对称（图 3-7）。互联网算法速度远远超过人工计算[1]，提高风险定价和风险管理效率，拓展交易可能性边界，使金融资源的供需双方可以直接交易，从而带动了金融交易和组织形式向共享金融转变。具体来看，共享金融的去扰动化主要是指依靠大数据的收集、存储与分析，凭借共享金融平台巨大的技术优势、监控优势和交易撮合优势，金融资源可以在共享金融平台上按照其供需双方自主、按需交易、人人共享等内在规律运行，能够同时关注参与主体的风险偏好，以及与之对应的风险收益水平，实现匹配智能化、程序化。网络共享平台的匹配程序使得金融资源使用者可以就金融资源的金额、期限和风险等问题在线上直接匹配，金融资源得以全天候、不受地域限制地流动，带动参与主体进行交流互动，能够更高效地采集客户的场景信息，判别金融诉求的真实性，并结合客户当前场景的地理坐标、行为习惯、金融偏好等信息实现客户的精准营销与服务推送[2]。在完整规则约束和信息对称的基础上，共享金融平台不需要关注每一个参与者，亦不需要关注每一笔交易，金融资源的供给方和需求方能够自动完成撮合，进而达成交易。这样可以提高金融资源的配置效率，实现金融交易的低风险与低成本。同时，这也提高了金融资源的创新能力，以及共享金融平台的创新能力及其自动规范金融风险的能力。共享金融平台的匹配程度越高，受外界干扰的程度越小，达成交易所需的谈判成本越低，交易成本降低得越快。

正因为共享金融的去扰动化，其能够迅速整合各类分散的闲置金融资源、低效金融资源甚至高效金融资源，准确发现多样化需求，自主、快速、有效地将需求方和供给方进行最优匹配，实现了多点对多点的大规模的网状交易。这主要得益于互联网技术和移动通信的发展为实现共享金融平台

---

① 谢平，邹传伟，刘海二. 互联网金融的基础理论[J]. 金融研究，2015，（8）：1-10.

② 孙中东. 共享金融是什么样的一种未来[EB/OL]. http://opinion.caixin.com/2017-02-22/101057805.html，2017-02-22.

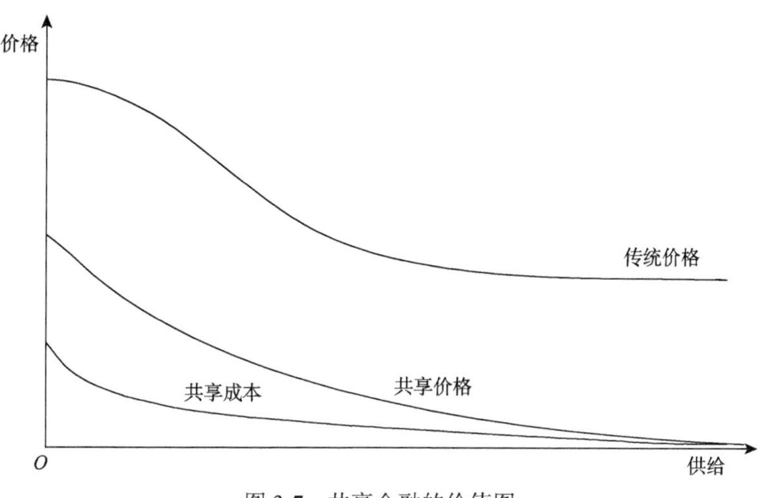

图 3-7　共享金融的价值图

战略提供了前所未有的机遇，赋予了平台快速、低成本处理和传递信息的能力，具备了进行大数据分析的基础，为能够实现去扰动化提供前提条件。具体而言，对于金融资源的供给方，基于互联网技术的匹配程序的搭建，取代了金融中介，提高了交易过程中信息透明度。通过在共享金融平台上发布金融资源信息，明示资源价格、期限等信息，并可以根据金融资源需求方的信用状况、资源用途等信息判断是否提供供给。对于金融资源的需求方而言，能够快速发现平台上哪些供给方在提供金融资源，能够快捷、低成本地掌握金融资源供给方的基本信息、金融资源数量、金融资源价格和出借周期，并根据自身需求，从而主动寻找能够承受的资源价格。只要金融资源的需求方与供给方对金融资源的价格达成合意，就可以完成交易。对于共享金融平台而言，共享金融平台是一个信息充分、地位平等、互动共享的自由市场，能够在匹配程序下配备完善的信息处理、分析和分享机制，快速处理并传递供需情况，及时、高效地实现供求的精准匹配，从而有效降低金融市场交易的成本。总之，在信息技术和移动通信的影响下，支付便捷、集中支付和个体移动支付相统一，信息处理和风险评估也通过网络化进行，市场信息不对称程度大大降低，金融资源供需双方在金融资源期限匹配、风险分担上成本更低、市场更有效，达到了高效的金融资源配置效率，大幅减少了金融市场交易的匹配成本。除此之外，这种去扰动化可以有效避免“金融巨鳄”的贪婪、政府干预造成的波动、金融资源错配、金融机构的脆弱性，最终推动金融健康可持续发展。

3.2.5 去单边化降低监履成本

在传统金融体系中，交易具有单边化，即供给方→金融中介（银行）→需求方。银行等金融中介在供需双方之间时不仅掌握着金融资源的分配权，也掌握着金融资源价格的定价权。金融中介与供给方之间，金融中介不了解供给方的具体情况，无法满足金融资源供给方的多元销售渠道。金融中介与需求方之间，由于信息不透明，无法满足长尾需求方的金融需求。

共享金融模式打破了传统金融体系直线式的价值链条，形成了多元化价值的网络链条：平台的每一个参与者既可以是“上游”，也可以是“下游”；既可以创造价值，也能够享受服务。共享金融平台的参与主体突破“供给”和“需求”的范畴，将第三方支付、保险机构、评估机构、征信机构以及监管机构等其他参与方也融入平台的网络中，和金融资源供给方、需求方、网络平台一起构成“多边性”平台结构。利润的产生也不再仅仅局限于金融交易，更多的是基于参与者之间的联结、互动带来的价值增值，破除了信息藩篱，向金融资源供给方、需求方提供了充分互动、沟通、交流的可能性，这不仅有利于多样化的金融资源需求与供给自动进行匹配，还可能在金融资源参与者的互动过程中挖掘出新的价值增长点。互联网的发展带来了一个全新的大平台经济时代，平台的参与主体越多，对于供给、需求、平台各方的利益和价值就越大，汇集的金融资源越丰富，金融市场的交易边界越模糊，从而激励越来越多的主体参与到金融资源的共享中，从而形成良性的闭环系统。实际上，共享金融就是利用多边平台理论，实现供给方→网络平台→需求方的新型交易模式，这里的网络平台包括共享平台企业、其他第三方、监管方等多方参与的规则完整、信息对称、保障完善、平等互利的有机金融生态体系（图 3-8）。共享金融充分激励参与者之间形成持续的互动，共享资源、信息、知识和经验的交流，从而节省金融市场履约监督约束成本，降低交易成本。

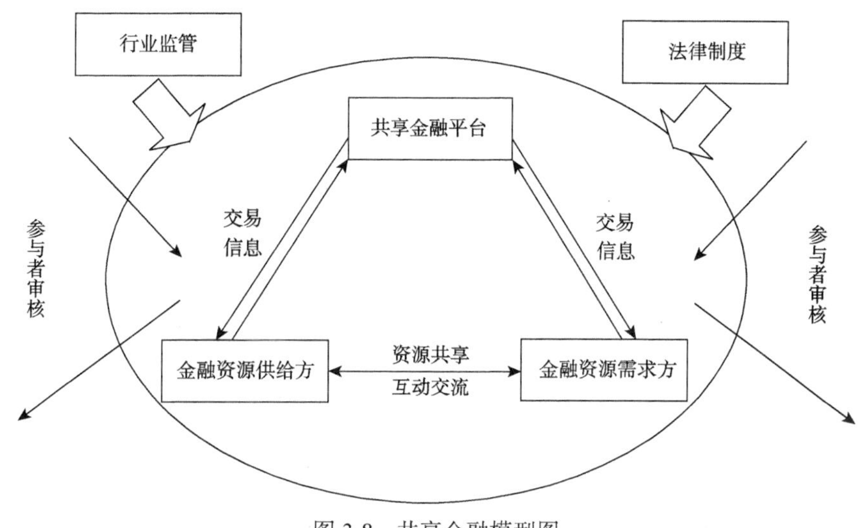

图 3-8　共享金融模型图

共享金融依靠平台为参与者提供了一个随时随地、快捷、低成本展示金融资源、表达金融资源供给与需求的机会。一个或多个金融资源供给方可以选择平台，可以选择将金融资源出借给一个金融资源需求方，也可以选择将金融资源拆分、按不同的资源价格出借给多个金融资源需求方；金融资源需求方可以在充分互动交流的基础上选择符合自身偏好的金融资源，促使金融资源供给方开始重视需求方的偏好与需求。此外，多边平台可实现供给方和需求方的直接交易，为各交易方提供更多的选择，从而实现生产要素的社会化，促进社会经济的可持续发展。例如，华瑞银行的“生态圈”银行直接向同行业、客户以及金融服务第三方等开放接口，凭借提供综合金融 SDK（software development kit，软件开发工具包）和定制 API（application programming interface，应用程序编程接口）功能，不仅直接服务终端客户需求，还为企业（尤其是小微企业）提供综合金融解决方案，为助力其服务自身的终端客户，打造了一个多维度、多层次、多触角的开放式平台。按照麦特卡夫定律[①]，共享金融平台的价值是用互联网节点数量的平方来衡量的，伴随金融资源参与主体的不断增长，共享金融平台产生的效益按照指数量级增长。共享金融的参与主体越多，开放程度越高，可共享的金融资源规模越大，共享金融平台的价值增长得越快，共享金融的效益越大、模式越规范，从而参与主体的履约成本越低、交易成本越低。以第三方支付为例，随着支付范围的逐步扩张，支付交易体系逐渐健全，交易更安全和便利，用户能直接享受到低价格、高品质的在线金融资源服务，用户的效用得到了提升。与此同时，带给消费者更加方便快捷的其他金融服务，从而大幅降低交易过程中的履约成本。

---

① 王馨. 互联网金融助解“长尾”小微企业融资难问题研究[J]. 金融研究，2015，(9)：128-139.

第4章

共享金融学理念与特征

在现实需求和移动互联技术条件快速发展的作用下，共享经济开始在世界经济舞台蓬勃发展起来，并且已经开始全面渗透到各个行业中，出行、短租、知识技能，甚至农业、制造业等，大有成为主流经济模式之势。金融作为现代经济的核心，支持着共享经济的发展，并伴随着共享经济的诞生和发展不断成熟，进而改变着传统金融模式。共享金融的快速发展与其理念和特征有着极大的关系，这些理念和特征对共享金融的发展起到巨大的推动和支撑作用。

4.1　共享金融学的理念

共享金融的理念是指共享金融这一崭新的金融模式所展现出来的不同于传统金融模式、具有自身典型特色的金融理念。这些理念蕴含于共享金融的方方面面，其中“人人共享”理念是共享金融的基础与原动力，强调人人都有权利享受金融发展带来的资源和红利；“消费主权”理念是共享金融发展中供求双方共同遵循的基本准则，强调人人可以自主选择和消费金融资源的权利；“大众参与”理念将大众参与金融活动的门槛大幅度降低，使金融资源的规模得到了极大的丰富；“平等自由”理念形成共享金融的自由、民主决策机制，强调人人都能自由参与金融活动；“人本利他”理念是最具有开拓意义的新兴理念，强调各参与者对价值的多层次需求和自身价值的实现，如参与金融活动的过程中获得精神层面的愉快和满足。

4.1.1 人人共享

共享金融的核心思想之一是“人人共享”金融资源，也就是各参与者都能享受金融发展的福利，无论是备受传统金融歧视的小微企业，还是家庭主妇、农民、学生等社会弱势群体都能通过参与共享金融活动而得到需求的满足和自身的发展，这使得金融不再成为少数“贵族”的特权。实际上，共享的理念由来已久，“不患寡而患不均”是中华民族历史悠久的社会心理，也是炎黄子孙对“共享”最早的理解。中国共产党第十八届中央委员会第五次全体会议首次提出“创新、协调、绿色、开放、共享”五大发展理念，其中“共享”理念为其出发点和落脚点，共享理念强调了“人人参与、人人尽力、人人享有”，意在促进社会公平，使经济发展的成果惠及每一个人，为经济健康有序的发展提供了新思路、新模式。随着共享经济时代的到来，人们生活中越来越多的领域开始趋于共享式发展，而金融是经济内容的重要组成部分，因此“共享”理念必然会融汇于金融领域之中，共享金融应运而生。共享金融中“人人共享”的理念，意味着共享金融依托于其低门槛、程序简单的特质，使人人皆可参与其中，从而实现金融领域的资源共享、要素共享、利益共享，实现金融资源优化配置。

基于“人人共享”理念的共享金融，强调“人人”皆可参与金融，尤其突出对广大弱势群体参与金融活动的包容。与传统金融模式下少数精英把握金融活动的节奏不同，共享金融平台以公平、开放的姿态，容纳每一位有意愿参与金融活动的个体，即便是一般意义上的“弱势群体”也不会在共享金融平台上遭受歧视。通过高效的大数据录入分析和广泛的信息对称，资金规模再小的小微企业，也会在共享金融平台上找到合适的融资方；即便是最普通的农妇，也可通过共享金融筹得资金修筑蔬菜大棚；同病相怜又无条件参保的中低收入者，可以通过共享金融的相互保险实现互担互助，降低自身的风险。可见，共享金融对每个个体都给予充分的尊重，使金融活动真正回归到“人”的范畴。

基于“人人共享”的理念，共享金融打破了以银行业、证券业、保险业为代表的传统金融行业以及少数精英阶层的垄断，如个人、企业等非金融机构的主体均可以发展金融业务。例如，P2P 借助于互联网，在资源、渠道、风险等方面实现了公众共享，表现出了典型的“共享”特征。P2P 为通过互联网平台实行的点对点的借贷，实现资金借贷双方在利率、期限等方面的匹配，在公正、公开、公平的互联网背景下，打破传统金融机构的垄断，降低融资门槛，使公众拥有平等的机会共享金融资源。上海陆家嘴国际金融资产交易市场股份有限公司（以下简称陆金所）便是共享金融领域 P2P 的代表企业之一，其参与者包括各大企业、金融机构和个人，以互联网为供需双方连接的媒介，从而将线上和线下资源加以整合，在共享金融平台上满足不同身份、背景的各方参与者的需要。通过类似于陆金所的平台，资金可以在不同阶层、不同时空之间自由流动，即便是身处中西部落后地区的小微企业和个人，在急需资金时也可以得到一线大型城市中投资者的资源[①]。因此，共享金融可促进资金在不同地区间的流动和分配，进而实现金融的人人共享。

“人人共享”理念对于共享金融有非凡的意义，其强调的“人人皆可参与金融”与高速发展的大数据互联技术相结合，将在金融领域迸发无穷的活力，为金融活动带来划时代意义的变革。当下，云计算、大数据、移动互联网的发展带来了全新的大平台时代，人人都可以借助于网络活跃于这个平台之上，充当金融活动的供给方、需求方、中介等角色。并且参与的人员越多，共享金融给予各参与方的利益和价值越大。由此，在“人人共享”理念的引导下，再平

---

① 孙语冰. 陆金所：品尝共享金融 P2P 的果实[J]. 网络传播，2016，（9）：36-37.

凡的“草根”群众也能参与其中，直接感知在金融领域的交互受益过程。进而使金融不再是“金融巨鳄”的专利，不再是某些病态的“自我游戏”式的交易，人人皆可参与金融活动，这将大面积盘活社会闲置资金，在分享与协作中进一步促使资源流动到更有效率的地方，也将改变金融厂商格局与金融供给方式，必然会促进金融行业结构优化改革，引领金融领域新的腾飞。

4.1.2 消费主权

1936 年，英国经济学家哈特提出消费者主权理论，认为在自由经济市场环境下，消费与生产相比较占据主导市场变化的地位，生产者需要根据消费需求的不断变化而组织生产，消费者对需求产品的选择不同，生产者就必须竭尽所能地为满足消费者行为变化而不断调整生产。哈特的消费者主权理论解释了自由市场经济体系发展过程中，应由消费者决定市场的走向。在厘清生产者和消费者的关系时，消费者主权理论具有标志性的意义，是市场经济运行中供需双方共同遵守的基本准则①。

共享金融较之于传统金融，充分践行了金融活动中“消费主权”的理念。共享金融的“消费主权”，是指将金融消费的主观能动性赋予消费者，即广大有意愿参与金融交易活动的平民百姓。从而打破笼罩传统金融模式已久的行业壁垒，使金融不再是少数“精英贵族”的特权。人人皆可参与金融，并且可根据自己的意愿主导金融活动，人人都拥有平等、公开的“消费主权”。

共享金融的“消费主权”理念是对传统金融的巨大突破。不可否认，在我国传统金融消费模式下，金融产品的创造者即金融机构处于强势地位，而广大的金融活动消费者普遍处于弱势地位。金融机构单方面决定着金融消费的形式、内容、价格等要素，消费者的金融活动大多囿于被动局面，这种不

---

① 闫寒，纪亚楠. 消费者主权理论和消费多元理念下流通模式创新[J]. 商业经济研究，2016，(23)：5-7.

对等的金融消费地位导致了公众在金融领域不同程度地存在消费主权缺失的情况[①]。例如，公众缺乏金融消费的自主权，存款与贷款中的利率及其他条件均由金融机构单方面决定，金融市场借贷双方协商定价难以实现；公众对金融活动风险性认识不足，对商业银行、邮政储蓄、信托投资机构的风险程度难以知晓等。共享金融打破了这种公众金融活动被动的局面，为走出这一困境提供了行之有效的新思路，使人人都有权利使用金融，实现真正的消费主权。首先，依托于交融交互的互联网平台与大数据处理等技术，金融活动双方的风险收益等要素可公开透明地列示于共享金融平台之上，消费者信息不对称的困境得以克服；其次，共享金融支持交易双方对金额、期限、利率等要素进行灵活的协商定价，激活了参与主体的自主选择权；最后，共享金融衍生出的众筹等模式，以极大的包容度来容纳每个个体的金融活动，即便是农村妇女、家庭主妇，也可以将自己的融资需求发布到平台上得到满足与实现，真正实现人人享有金融活动的消费主权理念。

总之，共享金融突破了当前金融活动由消费主权缺失引起的种种弊端，降低了公众参与金融活动的门槛，使得金融领域不再将大多数普通人拒之门外，也使金融活动避免了成为自我循环、自我服务的独立体系及“自我交易”式的游戏。从而将金融活动的主权与能动性真正赋予每一位公众，激发了金融的活力与潜能，进而能够有效地解决资金错配及配置效率低下的问题，尤其是助力实体企业走出融资枯井。与此同时，也可促使金融活动回归实体经济，有效减少金融泡沫的产生。

4.1.3　大众参与

“大众参与”是共享金融的典型特征，“大众”是从共享金融参与主体的

---

① 余隆炯，杨静. 金融消费中的消费者主权缺失分析[J]. 消费经济，2003,（6）：53-54.

角度对各参与方的描述，“大众参与”意为不论时间、空间、身份如何，社会中各主体都可以参与到金融活动中来。由于互联网平台的公众性与准入方式的简单化，实现了金融交易领域“去中心化”，广大群众都有进入共享金融平台的机会，同时共享金融对资源海量性的要求使得构建平台本身也需要大量的公众参与，且参与者越多，共享金融平台上的资源就越充沛，各方获得的收益也就越大。因此，共享金融突破了传统经济模式中的供给方和需求方的主体界定，模糊了参与市场竞争的主体的身份范畴，真正实现了大众参与。

需要强调的是，“大众”理念得以实现的物质基础是互联网平台的构建。首先，发展迅猛的互联网平台拥有无与伦比的开放性，这使得广大群众只要具有一定的网络操作技能、一定的金融资源及参与金融活动的意愿，就可以很方便地参与到共享金融中来，并且参与的供需双方人数越多，网络效应就会越发放大，金融活动的相互匹配就越高效，匹配成功的可能性也就越大，最终实现参与者的收益最大化。其次，随着智能设备的不断创新和互联网技术的发展普及，公众对网络的认识和操作逐年深入，电脑、智能手机等早已成为大众的必备之物。正因为有这种新技术的快速普及和移动互联技术的不断发展，才使得金融不再高高在上，真正地渗透到寻常百姓家。当人们进行借贷、支付、财富管理时，不再受时间、空间的限制，只需要登录互联网络设备并完成相应的金融操作即可，因此大众可以随时随地实现金融活动的参与，享有任何金融权利和服务。

“大众参与”的理念使传统的金融部门与非金融部门的边界进一步模糊，越来越多的主体参与到金融产品和服务的提供中，激发了金融领域的活力。众筹很好地体现了这一理念，众筹即大众筹资，是一种由一方在网络上发起，社会大众均可向其项目投资支持的融资方式。众筹使得分布在各地的零散资金很容易地聚集起来，也提供了较之于传统金融模式更为灵活的机制，尤其能更有效地服务于中小微企业和个人这种弱势群体。借助于网络平台传播范围广、速度快、操作便捷的特质，人人皆可选择自己看好或感兴趣的项目进行投资，从而使中小微企业不必只依赖于银行等传统机构进行融资。这种通过互联网实现“人人参与”金融的模式使“大众参与”的理念被发挥得淋漓尽致。

总之，基于“大众参与”的理念，一方面，任何符合条件的个体，无论何种身份，都可以通过互联网共享平台参与到金融活动中来，从而使金融资源极大地丰富，同时优化金融领域结构，实现可持续增长。另一方面，正是共享金融平台的构建使得原本难以共享的闲散资金发挥其功能，使得越来越多的个体活跃于市场经济领域。由此，在“大众参与”理念指导下，各方可最大限度地发掘出社会潜能，在各个层面上开拓、带动金融领域全新的发展。

4.1.4　平等自由

共享金融“平等”“自由”理念是相辅相成的，共享金融以其自由的准入机制、自主透明的信息共享、完善的评价体系实现了金融活动各个环节的平等，而其提供的平等参与的平台，又激发了各方自主参与的积极性，充分反映、印证了共享金融活动的自由特质。

1. 共享金融中的“平等”理念

共享金融中的“平等”理念，指共享金融的各参与方，无论是公司白领、医生、教师，还是家庭主妇，无论身处北上广等发达地区，还是在三、四线不知名的小城市，都拥有平等的权利参与金融领域的竞争、交易、决策、收益，使金融活动不再是“金融巨鳄”的专利。这在一定程度上剔除了行业垄断壁垒，使更多的弱势群体能够享受到平等的金融服务和金融产品。

共享金融“平等”的理念，是普惠金融的突出体现。普惠金融是指让世界上的每个个人或组织具有同等的机会，获得平等的金融服务或金融资源。在“平等”理念指导下的共享金融，正在推动普惠金融的发展。例如，中小微企业融资困难是长久以来的难题，由于其自身资金规模小、经营风险大等弊端，传统银行尽量避免向中小微企业借贷，而更加青睐于大型企业。但是现实的企业中，资金需求者呈现长尾分布的态势，小规模资金的借贷者占企业大多数，这就使得传统模式下，大量处于尾部的资金需求者无法获得金融资源。以众筹、网络借贷为代表的共享金融形式，与传统金融仅着眼于大项目、大企业不同，它们更能有效地服务于中小微企业或个人等“弱势群体”。共享金融为中小微企业融资提供了便捷的融资渠道，随着社会信用体制的不断完善，信用条件良好、经营业绩优异的私营经济都可以平等地进入共享金融平台，很好地践行了共享金融的“平等”理念。近些年，随着互联网金融的爆发式增长，更多的金融产品和金融服务被提供给“长尾客户”，使“平等”逐渐深入人心，加快了金融普惠化的推进进程[①]。

综上，基于互联网平台的包容性和开放性，共享金融通过现代信息技术平台，显现了“长尾效应”，弱化了“马太效应”，实现了金融领域参与各方的平等交易。一方面，拓展了融资机会，特别是助力位于尾部的广大中小微企业走出融资困境；另一方面，赋予公众平等自由地参与金融活动的权利，大大拓展了大众的投融资范围，进而最大限度地实现“每一个人在有需求时都能以合适的价格享受到及时、有尊严、方便、高质量的各类型金融服务”的“平等”共享金融理念。

2. 共享金融中的“自由”理念

共享金融中的“自由”理念，指共享金融平台以其准入模式的简单化和退出机制的自主性，令参与主体在进入退出、选择对象、时间空间等三方面实现了自由，为各方参与金融活动、优化金融资源配置带来极大的便利。

（1）进入退出自由。共享金融中各参与方自主进退、自愿参与的理念是

① 张晓燕. 我国普惠金融发展与产业结构升级——基于共享金融视角[J]. 农村金融研究，2016，(5)：19-25.

"自由"理念的最初体现。个体在共享金融的平台上可以自主进退，更加灵活地调整工作计划、生活节奏，共享金融降低了个体对传统组织的依赖程度，赋予个体参与金融活动极大的自由度。

（2）选择对象自由。共享金融创新了组织金融活动的模式，使金融活动由线下转为线上，使金融活动不再单纯依靠线下来进行各方交互和信用审核，这在某些方面打破了传统金融模式的局限性，解决了金融资源在配置过程中产生的诸多问题。共享金融甚至互联网金融出现之前，个体只能通过传统金融机构进行金融活动。共享金融的出现赋予大众选择金融交易活动模式的自由，公众可以根据自己的实际情况需要自由选择金融活动方式，如中小微企业会通过共享金融解决其困扰已久的融资难问题，而大型企业组织仍会更倾向于传统融资模式。

（3）时间空间自由。移动智能、大数据等高新技术的广泛应用使万事万物、随时随地的互联互通得以实现。人们不再囿于传统金融模式下对于时间、空间的限制，越来越多碎片化的时间得以利用起来，通过电脑、手机等通信设备就可以实现随时随地的金融投资、交易，时空自由颠覆了传统金融的运作模式，提高了金融资源配置效率，给予共享金融各参与方很大的便利。

4.1.5　人本利他

对人的内心需求的满足和对人性的思考是传统金融模式所缺失的，共享金融的"人本利他"的理念，从对人的尊重的角度进一步揭示共享金融的运作区别于传统金融范式的地方，这也正是共享金融在现代化经济、文化协同发展的时代中所独具特色的特征，这种以人的自由、人的解放为考虑标准之一的共享金融模式极大地契合现代人对价值的多层次需求和对自身的认可，是社会进步的充分体现。

1. 共享金融中的“人本”理念

一般来说，“人本”理念通常应用在社会福利、政策制度等领域，而在传统经济学领域，很少涉及人本思想。共享金融基于对共享平台各个参与方的相关需求的满足来最大限度优化对资源的配置，其满足的不仅仅是经济实体的经济利益需求，而且注重满足经济利益之外的各项非量化需求。例如，个人的成就感、参与感，强调个体对社会公众的奉献，从而实现对自我价值的认同共享。总之，共享金融中的“人本”理念是指在金融领域的活动之中强调对个体的尊重，依靠全部个体的分享交流，充分开发人的潜能，并尊重每一个参与共享金融平台的个体的合法权益，尊重参与方的内心意愿，给予多个个体自主权利，最终充分调动每一个个体参与共享平台积极性的同时，实现“人的自由”和“人的解放”。共享金融对人的价值满足，对平台参与主体给予充分的自由，这都是现代经济社会环境中人本主义理念的典型体现。没有契约约束，没有业绩压力，平台参与主体可以实现自由进退，每个人都可以在平台中实现自己的价值，获得参与感、荣誉感、成就感。人本，是共享金融得以保持旺盛的生命力的关键所在。

2. 共享金融中的“利他”理念

“利他”理念是共享金融模式中显著特性之一，而且明显区别于新古典经济学的“利己主义”经济人的假设，从这个角度来说，共享金融“利他”的理念对传统经济学理念提出了颠覆性的挑战。

共享金融中“利他”的理念，指随着经济水平的提高及社会资源配置的日趋完善，越来越多的公众不再仅仅为了获得物质利益而参与金融活动，其参与金融活动是为了满足自我价值的实现，可能是出于兴趣而进行投资获得参与感，也可能是在金融活动过程中实现了帮助他人的愉悦感。例如，共享金融的众筹模式正在改变慈善事业，类似于“轻松筹”的“互联网+慈善”平台，将人们的捐助方式由线下转变为线上，公众向募捐发起人资助，并不能获得物质回报，但可以出于同情心、提升自我价值来进行参与，从而获得精神上的满足。

实际上，这与传统经济学领域的“经济人理性行为”理论并不矛盾，甚至殊途同归。尽管传统经济学领域强调在经济生活中，人人都是“理性的经济人”，但这并不代表“经济人”只会追求物质方面的经济利益。马斯洛需求层次理论指出，人的需要达到最高层次便是尊重和自我实现，而不仅仅是经济方面可以满足的生理需要，人的更高层次的需要往往更加受到现代人的推崇，且很难通过经济利益来满足。共享金融平台的构建从人本、自由、平等的角度出发，恰恰满足了人的自我实现需要和尊重需要，其中对更高层次需要的满足离不开利他行为的渗透。个人为了实现对自身更高层次需要的满足，在很大程度上会做出利他的行为举动。

因此可以认为，共享金融的“利他”理念并不是对传统经济人“利己”假设的否定，而是在共享经济时代下对“利己”主义内涵的扩大与发展。共享金融存在的社会环境是一个飞速发展的、强调合作创新、协同共赢的新技术时代，在这个时代中，每个人仅仅追求狭义的“利己”行为，难以实现个体的成功和社会总体福利的提高，只有参与共享金融平台的各个主体基于自由、自愿、共享的理念，积极分享其所拥有的资源，满足需求方的相关需要并获得物质回报或精神满足感，才能最终在互惠共赢中推动社会资源更加有效的利用与生产能力的进一步扩大。

4.2　共享金融学的特征

从金融资源的需求来看，由于传统金融模式需要高额且固定的运行成本、中介成本及信息搜寻成本等，传统的商业银行等金融机构有“大客户”偏好，而现实的资金需求者却是呈现“长尾分布”的态势，这就意味着相当一部分位于尾部需求者的资金资源无法得到满足[①]。而共享金融模式具有小、众、美、活，易、简、快、低，等特征，这些特征使得众多的中小微企业，乃至农民、家庭主妇、学生等社会弱势群体都可以获得金融资源，从而进一步促进了金融资源公平、合理的流动，实现整个社会金融资源的优化配置。

4.2.1 小、众、美、活

共享金融的快速发展与其可以适应无论规模大小、人人可以共享金融资源、人人可以按需求获得金融资源的“小、众、美、活”的特征有非常紧密的关系。任何人，只要有一定的资金成本承担能力；无论资金需求的规模有多大，哪怕是只需要一万元；不管资金需求期限多长，哪怕是一周；不管资源需求类型，哪怕是实物，都可以通过众筹获得，这更好地适应了长尾客户的需求。

1. 小——规模小而精致

在传统金融模式下，中小微企业等融资主体往往因为信息内部化、风险大、融资规模小等而被银行等金融机构拒之门外，面临着严重的融资困境，而共享金融平台因其适应融资主体资金需求“小”的特点，可以有效地缓解融资困境。随着互联网的快速发展，互联网环境必然将越来越多元化、开放化、个性化。在这种环境趋势下，大平台未必一定强，平台大小已不太重要，反而小而美的平台将会慢慢成为主流。共享金融中“小”的特点，指相较于传统金融行业的“大而全”所表现出的规模“小而精”，具体可以从借贷规模小、聚焦特定服务对象、风险控制能力强三个方面来体现。

（1）借贷规模小。通过共享金融平台，资金借贷双方可实现信息的公开

---

① 吕丹. 共享金融：小、众、美[J]. 中小企业金融，2015，(12)：40-42.

透明与迅速匹配，与传统金融的大额贷款相比，共享金融可令小额贷款的交易快速高效实现。因此，小额借贷将不再被金融拒之门外，尤其是中小微企业等借贷规模较小的单位，其融资需求也能很好地满足，从而助力中小微企业走出融资困境，激发国家经济活力。

（2）聚焦特定服务对象。共享金融具有“小而精”的特点，这样的平台可以更好地聚焦特定服务对象，精耕细分各个领域，使得金融真正为有需求之人服务，真正回归实体经济。“小”是指共享金融平台服务的发展趋势是做精做细，服务可以聚焦到某一有明确目标的消费群体中，如现代农业、大学生消费贷款、旅游服务业等。

（3）风险控制能力强。传统金融模式下，大额的资金借贷必然带来资金运营的高风险，相比之下，共享金融模式拥有更加完善的风险控制机制。一方面，其利用大数据处理技术使资金借贷双方的信息进一步公开透明；另一方面也得益于共享金融的小规模借贷金额及特有的匹配机制分散了融资风险。

2. 众——大众皆可参与

共享金融与传统金融的显著区别之一，是其可实现最大限度的大众参与。在传统商业模式中，垄断企业以强大的市场势力，凭借较高的行业壁垒阻止了竞争者的侵入，同时获取超额垄断利润。而在共享金融模式下，由于社会多个主体积极参与，供需双方共同形成了巨大的“金融资源供需池”，传统金融模式下的垄断势力被这种庞大的资金容量打破，每个企业或个体只要拥有闲置资金和投融资意向，都可以成为金融资源和服务的供给方或需求方。我们相信，随着互联网技术的普及和进步，共享金融将打破金融行业的垄断，大众参与得以真正实现。

在传统社会经济模式下，人们的工作形式一般依赖集体进行，而随着社会的进步和科技的发展，人们工作的形式将越来越多元化，同时工作的选择也更加自由。共享金融平台的普及及大众参与的特征，将会极大地调动起个体参与的主动性，并改变社会就业结构，引起大量自由职业者的出现，同时也为社会各阶层人才提供多种多样的兼职机会，使得大众在共享金融平台广泛参与，灵活地调整自己的工作时间、工作地点、工作方式，充分利用碎片化时间与闲置资金，实现资源、人力的高效优化配置。

3. 美——适应广泛群体

共享金融很好地体现了普惠金融的理念，作为共享金融核心理念的互联网金融显现了“长尾效应”，放大了“鲶鱼效应”，弱化了“马太效应”，同时也将助力推动“普惠金融”的发展。共享金融之“美”也体现于此，它为公众创造了高效、便捷、低门槛、低成本的金融平台，对最广泛群体展示出金融的包容性与平等性。

共享金融之“美”，美在普罗大众皆可参与其中，金融不再由商业精英专享，弱势群体也可以在共享金融平台上受益；美在资金的供应方不再只由物质利益驱动而进行投资，出于兴趣爱好或帮助他人而获得的自我实现，也可促成一桩交易。2016年，电视剧《西游记》插曲和主题曲作曲家许镜清在“摩点网”为实现自己多年的心愿——举办西游音乐会而发起众筹。项目上线后，瞬间引爆互联网，两小时内获得10万元筹款，三天筹得300万元，万余公众参与其中，超过一半参与者是出于情怀的无偿支持。得益于共享金融的众筹方式，音乐会如期在人民大会堂举行。这一事件使公众见证了共享金融的力量，它可以让弱势群体快速筹得资金达成自己的目的，也可以瞬间汇聚无数平凡人的闲置资金来实现更大的价值。进而促进个体间的平等，激发人性之善，金融让人类社会更加美好。

4. 活——要素调整灵活

与传统金融单一的借款期限、利率、规模不同，共享金融平台赋予了资金供需双方更加灵活自主的选择，参与者可以根据自己的实际情况选择相应的借贷规模、利率及期限。以网络借贷为例，全球首家 P2P 平台 Zopa 利用互联网平台取代了传统银行，将拥有不同风险偏好、不同资金规模的资金借款人和出借人联系到一起。Zopa 的出借人在网站注册后，可以根据自己的喜好选择“灵活的短期投资”或“高收益率的长期投资”，并可随时更改投资偏好，资金转入账户后自动进入序列匹配，资金会被拆分成小额发放给不同借款人以分散投资风险，借款人还本付息后投资人可随时取回投资；Zopa 的借款人满足注册条件后，相应的也可灵活选择借款利率、期限及借款规模，资金借贷双方通过互联技术及大数据进行准确快速的匹配，实现金融交易。

共享金融的灵活特性不仅给资金借贷双方带来了便利，还在传统金融行业中引发了“鲶鱼效应”，撼动了长久以来传统金融机构的运作模式，吸引了越来越多的公众加入共享金融平台，传统商业银行、交易所产生了危机感，开始做出改变。例如，越来越多曾经收取跨行转账手续费的银行开始免费转账，各大银行都加大力度建设大数据平台，开始在网上设立“网上银行”以拓宽服务渠道。这正是共享金融这条“鲶鱼”搅动了金融市场，促使以主要开展金融中介服务的传统金融机构给客户提供更好的服务。

4.2.2　易、简、快、低

中小微企业占我国企业主体的大多数，是促进我国经济发展的重要组成部分。然而由于中小微企业自身弊端及我国现有金融体制的制约，其面临融资手续繁杂、融资周期长、门槛高等一系列问题。在我国，中小微企业融资难问题一直是制约企业发展的焦点问题，且至今仍未得到有效解决。与此同时，随着社会经济发展和科技水平的进步，共享经济的时代已经到来，进而催生了共享金融。突破传统金融运作体制的共享金融，将“易、简、快、低”特征赋予融资活动，为中小微企业走出融资困境提供了一条新的行之有效的思路。

1. 易——资源易获得

通过共享金融，大众可以更加容易地获得资金等资源。传统金融下，金融资源的汇聚往往会形成“马太效应”，规模越大的企业吸纳资金会越多越快，财产越多的“商业精英”们会更容易地筹集更多的资金，再加上传统银行业往往充当资金“蓄水池”的角色，大量的金融资源难以惠及平民百姓，大众参与金融活动阻力重重。共享金融赋予每个个体平等的机会，再普通的个体，再渺小的项目，在共享金融平台上都会找到相对应的支持者或合作伙伴，融资活动将摆脱以往的重重阻力和高壁垒，资源的获得将越来越简单便捷。

共享金融中资金资源易获得的特性，为解决中小微企业融资困境提供了一条新的有效思路。私营经济难以做大做强，主要原因是由于融资困境。因为大型、国有企业信贷水平高、风险较低和政策因素的影响，银行等资金借贷机构更加青睐于此类客户，而中小微企业融资却往往困难重重。共享金融依托于大数据处理平台，可以将投资方的风险偏好和融资方的风险程度同时呈现，并使各方风险收益水平高效准确地匹配，实现投资项目的高风险高成本、低风险低成本，无论筹集的金额、期限、利率、风险如何，各种信息都会透明地汇聚在共享金融平台之上，各资金供需方可根据自身风险喜好和承受能力各取所需，由此任何企业都可以借助共享金融平台筹得所需要的金融资源。

2. 简——运作程序简

随着大数据、云计算、互联网移动技术的飞速发展和广泛应用，我们正逐渐进入万事万物互联互通的新时代。这种互联互通的态势正逐渐打破社会专业化分工的壁垒，各行各业开始进行内部结构改革或与其他行业形成横向的互通，由此，去中介化的趋势逐渐显现。得益于共享金融平台的去中介化，共享金融的运作程序较之传统模式更加简单便捷。在共享金融模式下，资金的供需双方仅需要一台电脑，就可以越过传统模式的中介过程，互联网进行资金的直接匹配，直接拉近各参与方的距离，使资金流动更加高效、各行业的活动创造更大的价值。

共享金融是去中介化的过程，共享金融在本质上是整合线下金融资源，优化匹配金融资源供求双方，实现直接交易[①]。共享金融这种资金供需双方直接交易的模式，使供需双方的交易不再依赖于传统金融模式下的银行、交易所、证券公司等中介机构进行，资金的借贷可以通过互联网直接进行数量、期限等的匹配。节省了中间繁杂的手续环节，共享金融模式极大简化了各方在金融平台上的交易程序，简易的操作程序不仅使共享金融的受众范围扩大，也提高了资源配置的效率。

3. 快——交易速度快

与传统金融模式相比，共享金融的交易速度更加快捷。首先，共享金融是去中介化的过程，省去中介机构这一中间环节，可以实现资金供需双方直接交易，从而避免了中间繁杂的手续过程，简化了交易程序，提高了交易速度；其次，以互联网技术、大数据为基础的共享金融平台可实现信息的高速整理与交互，从而降低了传统金融下的信息不对称程度，使供需双方的资金能够高效地匹配；最后，得益于互联网技术的发展和网络的普及，人们随时随地都可实现利用网络进行金融交易，省去了通勤时间，一定意义上也加速了交易的过程。

依托于这种独特的交易特性，共享金融成为解决金融体系脆弱性的有效方法。以银行证券等金融机构为代表的现代金融体系，其本身存在一定的脆弱性。一方面，它们在运作资金上有“借短放长”的特性，当经济形势不乐观或者金融领域遭遇恶性留言从而引发恐慌时，这些机构就会产生“流动性

---

① 陈华，边玉晶. 共享金融的发展路径[J]. 企业管理，2016，(8)：119-121.

危机”；另一方面，委托代理关系的存在使逆向选择和道德风险存在于金融体系之中，这种逆向选择和道德风险会使金融领域中高风险产品的价格进一步升高，进而使金融泡沫聚集，当泡沫变大到一定程度就会导致严重的金融危机。而共享金融依托它独有的特性，可实现资金供需双方的直接交易，因此不存在“期限错配”和“委托代理”的问题，从而克服传统金融下的种种弊端。

4. 低——门槛成本低

“低门槛”是共享金融的显著特征之一。金融服务的目的是满足广大客户的投资、融资和支付这三类需要。传统金融模式下，出于对自身利益最大化的考虑，金融机构对这三类服务的进入门槛要求都较高，因此广大中小微企业等弱势群体很难享受到优质的金融服务。但如果运用互联网发展共享金融，就可以破解这个难题。一方面，随着社会的发展和互联网技术的普及，互联网已融入了公众的生活，可以说，能够使用互联网，就具备了参与共享金融的基本条件；另一方面，在社会信用机制与共享金融进入退出机制逐步完善的情况下，日趋完善的共享金融平台向公众提供了众多在传统金融模式下难以实现的交易机会，尤其给予了相较于企业集团内部专业化人士和相对处于弱势的公众个体平等的参与机会。现在我们看到，人们可以通过互联网平台实现快速的资金借贷，每个人都可以通过网络参与财富管理，这些是在传统金融模式下难以实现的。因此，金融不再是“金融巨鳄”的专利，再平凡的公众个体，都可以参与到共享金融活动中来。

共享金融可通过两个途径极大地降低融资成本。首先，共享金融可以省去大量中介成本。共享金融平台依托于现代科技的发展，依靠计算机和网络信息技术，通过云计算、大数据进行资金供需双方直接交互，无须通过传统金融中介就可以进行交易。因而与传统的中介成本相比，在共享金融模式下，各种冗杂的手续费、资料费、交通费，甚至灰色费用都可以减免。其次，共享金融可以降低金融交易的搜寻成本。共享金融平台利用自身存储的海量企业信息，通过大数据、精准算法，可以很容易地挖掘到所需要的企业信息，使资金供需双方信息可以直接匹配，从而省去了传统金融模式下，资金贷方对借方企业进行实地调查等信息搜寻成本。

4.2.3　资源共享

“人人皆可共享金融资源”是共享金融的典型特征，共享金融所展现的资源共享，无论是有形的物质资源还是无形的技术智能，都得以公开透明地展现在共享金融平台之上，每个个体都有权利及能力获悉各类资源信息并使其为己所用。由此，资源共享最突出的价值就体现在其跳出了传统金融中“自我游戏”式的模式，金融资源摆脱了错配与不对称交易，实现了人人可以参与到资源共享中来。资源可以被任何人共享，从而实现资源最大化地高效利用。

共享金融具有“资源共享”特征，其首要意义在于金融资源可以为人人所享用，尤其是为绝大多数普通人打开了融资渠道。例如，巨额资金也不再必须由大型企业、商业精英融通，共享金融平台可以将这笔巨额资金分成若干小份贷给所需之人，这样既分散了资金供方的风险，又使得金融资源惠及了尽可能多的人。通过这种互联互通的融资机制，共享金融打破了传统金融模式下部分行业的资源垄断，使得金融资源高效地流向最需要它的地方。

拥有“资源共享”特征的共享金融可有效解决金融资源错配的问题，中国社会科学院原副院长李扬在 2016 年 3 月举办的博鳌亚洲论坛年会上指出，当下中国正在面临一项棘手难题，虽然我们国家的货币供应十分充足，但是相当多的资金资源却越来越难以获得，尤其是对中小微企业或个人等弱势群体而言，获得资金贷款越来越难。毋庸置疑，这是金融资源错配的明显表现。共享金融将所有金融资源，无论大小，一并放到共享金融平台上，这种共享机制的确立为从根本上破解资源错配提供了思路。在传统金融模式下，资源错配的问题日趋显现在融资方面，对于大型企业而言，其无论是股权融资、债券融资还是从银行借贷都十分容易，而为广大的中小微企业或个人提供的金融产品或服务却少之又少，此类弱势群体的融资难、融资贵问题依然十分严峻。另外，由于信息不对称、自身金额小等因素的影响，普通老百姓的限制资金难以通过股权、债权等形式进行理财，一般人仍没有合适的理财渠道和金融服务产品，银行储蓄仍是不得已的选择；在金融服务覆盖方面，发达地区特别是大中城市金融网点密集，竞争激烈，而一些偏远农村特别是山区网点少，服务种类单一，大多只有简单的存取款服务，甚至空白。而共享金融凭借其独有的低门槛、个性化、种类齐全的“草根性”金融服务，很好地弥补了传统金融服务的不足。例如，P2P 服务拥有在线运作、实时引用风险评估、与第三方担保线上随时合作、线上线下结合等运营特点，因此它可以突破时间、空间、人员、数量等诸多因素的限制，使陌生人之间实时资金交易成为现实。可以说，共享金融脱去了传统金融西装革履的外衣，其身着便装，以开放共享的姿态融入寻常百姓家。

除此之外，共享金融平台上所共享的资源不仅仅局限于金钱等物质资源，共享金融使很多无形的资源共享成为可能。例如，在传统金融下，一方面，很多人拥有杰出的技术智能或是对项目独到的见解，但苦于信息不透明、沟通不畅，自身的聪明才智无法最大限度地施展；另一方面，中小微企业吸引人才能力弱，企业搜寻适配人才的成本巨大，此类“技术智能资源”同样难以实现共享与匹配。但若依托于共享金融平台高效的信息交互，技术智能资源供需双方的信息得以公开、透明、无中介地展现，个人就可以很快找到与自己技术智能相匹配的组织，双方可以打破时间空间限制，通过网络直接、随时地进行交流，进而可以以技术智能入股，凭技术智能获取相应回报，实现个人与企业的双赢。

共享金融实现了包括资金、技术智能等资源的人人共享，为每个个体打开了资源共享之门，有效解决资金错配问题，也激发了大众参与金融活动的热情和创造力，从而充分实现了人力、财力、物力的价值发挥，使金融领域迸发出崭新的活力。

4.2.4　信息共享

共享金融使得海量信息共享成为可能，共享金融下，所有满足经济法律规范的主体不受行业壁垒、个体规模、个体属性的限制，不受时间、空间的约束，在广阔的共享金融平台中可以自由地进行资金交易。将大数据、各种算法、高速网络运算等手段应用于信息处理，共享金融极大地提高了信息传播效率、风险定价和风险管理效率、获取和处理信息的能力，所有人都可以无偿地获得在传统经济模式下不能得到的信息。

共享金融平台中海量信息的汇聚，可有效解决当代金融领域信息不对称的问题。信息不对称出现的原因是金融市场中资金供需双方掌握的信息量不同，掌握较多信息的一方可以凭借其信息优势在金融市场中处于主导地位，从而在金融交易中获益，而掌握信息较少的一方总会努力从另一方或者其他渠道获取信息，试图改变信息不对称导致的其在交易中的劣势地位。信息不对称导致经济市场并非完全合理与充分竞争，根据以往经验，信息不对称主要通过市场信号的调节、政府的政策调节得到缓解，从而在一定程度上克服由信息不对称带来的金融市场运行效率低下、不公平的问题。共享金融的出现为改变信息不对称的现状打开了新的思路，共享金融区别于传统金融模式的突出之处在于互通互联技术和大数据处理的广泛应用。例如，在传统金融模式下，银行向企业进行贷款，其掌握的企业信息量很少，尤其是中小微企业存在经营不稳定、财务记录不健全、缺少抵押物等弊端，其信息更加不透明，银行若想获得更多的信息，则要付出极高的信息取得成本。例如，通过市场调研、收集客户反馈等方式获得信息都需要投入大量成本，因此，出于自身资金安全性与利润最大化等因素的考虑，银行更倾向于为大型企业贷款。而基于互联网平台的共享金融模式使得资金供需双方的信息都全面、透明地公布于网络平台之上，借贷双方可根据自身实际情况自主进行金额、期限、利率的匹配，平台还会配合相应的评级方法，对金融领域的各个参与者按诸多因素进行评级，并将每个人的信贷能力充分披露于共享金融平台上。由此，资金借贷双方都会充分掌握对方的信息，很好地解决了信息不对称的难题。

共享金融也推动了财务信息共享。随着大数据、智能化、移动互联网和云计算的发展，共享金融也正在推动着社会、产业、管理、技术的实时创新，财务共享服务中心正是在此背景下应运而生的财务信息共享。财务共享服务中心是指将企业各种财务信息进行汇总，将财务流程集中在一个特定的地点和平台完成。即在实现企业财务信息共享的基础上，将企业单位分散的、重复性的、非核心财务业务整合起来统一进行处理。这种财务信息共享服务管理模式的构建与应用，有助于大型集团企业降低成本、提高管理效率、加强管控、规避风险、增加企业价值[①]。

总之，共享金融平台实现了信息共享，尤其是突破了信息不对称的局限，为解决信息不对称继而缓解融资约束提供了一个新的出路，同时也催生了以财务共享服务中心为代表的一系列信息共享体系。可以说，共享金融平台的构建使海量信息共享成为可能，为市场主体提供了更多交易机会，整个金融市场的资源配置更加自由、透明。

4.2.5 利益共享

利益共享是共享金融的独有特性，共享金融打破了金融行业的垄断，激

① 王小琛. 集团企业财务共享服务中心的构建及实践研究[D]. 首都经济贸易大学硕士学位论文，2016.

发了金融领域的活力和潜能，优化了金融资源配置，扩大了金融活动的参与主体，使得公众都能享受到资金、股权等财富物质利益。除此之外，共享金融带来的利益共享，不仅仅是有形的财富，更重要的是包括诸如参与一个项目的体验感、帮助他人的成就感等无形利益。共享金融不单单是一个概念的创新，其更多的是要创造一种全新的金融模式。互联网金融只是它的运作方式，理想中的普惠金融更要依靠共享金融来实现，可见共享金融拥有更加丰富的内涵和更为广阔的前景。共享金融有互联网金融未包含的特性，互联网金融作为一种操作手段只拥有营利性，但是共享金融除了具有营利性之外，更多的拥有公益性的内涵，其强调各个参与者的利益共赢、风险责任共担，这种利益共享的特征也与普惠金融的理念不谋而合。

共享金融有利于更多更快地获取有形利益。一方面，由于互联网平台的公众性与准入方式的简单化，实现了人人共享金融资源，每个个体都有进入共享金融平台的机会，且参与者越多，共享金融平台上的资源就越充沛，各方获得的收益也就越大。另一方面，共享金融依托于大数据、各种算法及高速网络，实现了信息匹配效率的最大化，充分调动了资金尤其是闲置资金的活力，提高了资金配置运营效率，这是传统的金融模式不能相比的。由此，共享金融衍生出网络借贷、众筹、供应链金融、相互保险等诸多金融交易模式，开拓出创新性的资金融通方式，以极其包容的姿态为每个参与个体创造了获取有形利益的条件，共享金融打破了金融精英们的垄断，平民百姓也可在金融领域自由活动、获取利益，从而实现全民金融。它将闲散于各处的资金有效地汇聚起来，加速了金融资源的优化配置，也实现了资金、股权等利益的人人共享。

共享金融更加强调无形利益的获得。随着社会经济的发展及人民素质的提升，越来越多的人群不再把金钱当作奋斗的唯一目标，开始表现出利他性。人们开始自愿地进行一些无偿活动，如为素昧平生的弱者进行捐助、资助失学儿童、对医疗或环境保护等社会公共事业做出贡献等。虽然在这种自愿的活动中人们不会得到金钱等直观的回报，但是精神层面的满足感往往可充分地由这种公益慈善行为得到满足，如自我价值实现、出于兴趣对活动的参与感、自身消极情绪的释放等。现阶段，共享金融中的众筹模式正在改变慈善事业，《2016年全国众筹行业半年报》指出，到 2016 年 6 月末，中国正常运营中的众筹平台数量已达近 400 个，成功筹得资金近 80 亿元，较两年前相比有飞速的发展。其中，慈善众筹项目达到近 5 000 个，平均每个项目能筹得善款 4.1 万元[①]。在慈善众筹的活动中，虽然绝大部分参与者没有物质方面的回报，但收获了帮助他人、自我价值实现这种精神上的“无形的利益”。

共享金融平台的搭建，为大众提供了参与金融活动的新思路，开辟了平民百姓利用金融来创造财富的诸多路径，使最大范围的个体实现了财富的共享。除此之外，共享金融为广泛大众获得精神上的无形利益创造了机会和条件，升华了金融的概念和主旨，体现了金融的普惠性。由此，共享经济背景下的共享金融已不只是一种金融模式和功能的变革，还扩展了人性之善，同时将对未来生活方式的思考引入了公众的生活，逐渐为社会经济、人与环境之间的生存关系探索出一条新出路。

① 陈鑫杰，楼天阳. 慈善众筹：何时人们更愿捐助？[EB/OL]. http://www.sohu.com/a/131187291-611460，2017-03-30.

第5章

共享金融学理论体系与模型

随着经济与技术的不断发展，大数据、云计算等技术成熟应用于各个行业，越来越多的经济实体通过互联网进行信息沟通与资源交换，众筹、P2P等新兴金融方式蓬勃发展。然而，在共享金融不断发展的同时，关于共享金融的理论研究只是在现象描述层面，并没有形成完整的理论体系和深层次的探索规律。从内涵上看共享金融学是研究金融资源供需主体通过云计算、大数据、移动互联网等现代信息手段实现金融资源与服务的融通和交易，是以人人共享、消费主权、大众参与、平等自由、人本利他为理念，以解决融资约束、资源整合、资源错配、优化资源配置为目标的一门学科。据此搭建共享金融理论框架，构建共享金融理论模型，以期为共享金融的发展奠定理论框架基础。本章将从共享经济理论、普惠金融理论、分享盈余理论、长尾理论和多边平台理论（multisided platforms theory）方面对共享金融理论框架进行具体分析。

5.1　共享经济理论

共享经济理论是指由于现代信息通信技术和网络技术的发展，信息、知识、智力等资源和生产资料具有可复制性、迅速扩散性、低成本搜寻性、高效率获取性的特征，从而使交易成本降低甚至为零，使人们可以低价或免费使用资源的经济现象及其发展规律的理论体系[1]。共享经济的出现是社会发展到一定阶段的必然产物，其发展是建立在社会范围内产能过剩、互联网技术得以飞速发展、人们产权理念转变的基础上。共享经济的发展打开了社会关于“共享”的大门，催生了共享金融的发展。

5.1.1 共享经济理论的内涵

共享经济是指拥有闲置资源的机构或者个人有偿让渡资源使用权给他人，使让渡者获取回报，分享者利用他人分享的闲置资源来创造价值的一种新型商业模式，共享经济的这一概念最早在 20 世纪 70 年代被提出。随着社会的不断发展，共享经济成为业界和学者讨论的热点。闫德利认为共享经济是将闲置资源提供给他人使用的不涉及所有权转让的有偿活动[2]。郑志来从共享经济的实现路径出发，将共享经济的内涵定义为去中介化和再中介化的过程[3]。传统商业组织不再成为某些交易所需要的中间环节，而被共享经济平台替代，这涉及去中介化和再中介化的过程。共享经济的实现平台是互联网平台，指共享经济是利用移动互联网将闲置或者未充分使用的资源等就近向需求者提供，利用互联网平台对供需资源进行合理配置和合理调度的过程。更进一步的，共享经济学研究的不仅是一种经济现象，还体现了一种社会发展模式和社会消费观念的转变。杨帅将共享经济定义为一种绿色发展模式，他指出共享经济需要借助共享平台分享住房、汽车、知识以及技能和其他的闲置能源，这种模式可以在满足社会需求的同时提高社会资源配置效率从而实现一种绿色发展模式[4]。

共享经济具有全要素、全时空、全开放、低投入与高产出、低成本与高

---

① 张玉明，等. 共享经济学[M]. 北京：科学出版社，2017.

② 闫德利. 共享经济的内涵、特征与发展情况[J]. 中国信息化，2016，(6)：91-92.

③ 郑志来. 共享经济成因、内涵与商业模式研究[J]. 现代经济探索，2016，(3)：32-36.

④ 杨帅. 共享经济类型、要素与影响：文献研究的视角[J]. 产业经济评论，2016，(2)：35-45.

收益的特征。共享经济理论认为，所有的生产资料或要素都可以在共享平台上进行分享，只要它能够通过共享经济平台提高使用率，包括物力、人力、知识技能、生产能力、自然资源等。全时空特质是指共享经济突破了原有时空固定的限制，将原有的束缚割断，分别碎片化了时间和空间并重新连接，从而将时间与空间进行无缝隙对接，节约了各项资源要素无用的时间，节省了各项资源分配不均的空间，从而有利于提高资源的配置效率。全开放则是指参与对象的全开放和参与主体的全开放，两者全开放相互促进影响。另外，低投入与高产出、低成本与高收益是共享经济的另外两大显著特征。共享经济中，企业或个人能够通过共享平台按需获取各种服务、产品和技术的创新，这能够极大地减少组织在生产、销售、运输各个阶段的投入与成本。同时，共享经济通过更高效的研究开发、更快速的生产销售，丰富了交易种类、提高了交易频率，实现了高产出与高收益。

共享经济的目标在于突破资源约束、降低信息不对称性、提升资源配置效率、优化资源配置。其本质是通过资源的公用化、交易风险的降低、交易频率的增加、共享平台的构建来降低市场交易成本。发展共享经济，有助于提升创新主体的适应性，突破资源约束，降低信息不对称，实现合作剩余和突破式创新，并形成“可持续”的增长，最终实现资源配置效率的提升。

5.1.2　共享经济是共享金融强有力的支撑

共享经济的发展，使得社会更加能够接受“共享”这一理念，为共享金融的发展提供了发展的环境、氛围和强有力的支撑。在共享经济理论下，任何闲置的资源和生产资料都可以拿出来共享，无论汽车、房屋等实体资产，还是知识、想法等无形资产，更不用说资金等金融资源，这些都使得共享金融资源成为社会大众所普遍接受的，促进了共享金融的发展。

共享经济环境下，资源具有“碎片化”的特征。碎片化在金融领域的表现首先就是资金的碎片化。处于金融弱势群体的资金需求方需要资金，按照传统金融模式很难寻找到合适的投资方，就算能找到，往往也需要很长时间的谈判撮合。但在共享金融中，利用共享平台聚集起额度小但数量众多的资金，并将其合理分配给众多需要资金的需求者。这既满足了小额资金供给者的分享意愿，也满足了小额需求者的资金需求，加速了资金的流动和使用效率，降低了投融资交易成本。其次，是风险的碎片化，如果资金需求者利用不当，资金就难以回笼，传统的投资者由于大额集中投资，往往面临很大的风险。而共享金融下每个投资者资金额度较小，面临的风险也相对减小。以阿里巴巴为代表的互联网公司以技术创新实现金融产品创新（余额宝），将大众手中“碎片化”的资金整合起来，化零为整完成金融有效投资，最低投资金额低至 1 元，普通老百姓都可以参与，从而形成分享大众投资收益。继余额宝之后，百度“百赚”、网易“现金宝”、微信“理财通”、京东“小金库”等不断推出，丰富了普通大众“碎片化”理财需求的产品选择。

共享经济时代，金融资源的共享已被大众普遍接受，互联网金融成为金融资源共享的最直接表现。通过在线金融平台直接向个人或项目放贷，节省了大型金融机构以高利率向借贷人收取的中间费用，同时平台集聚的资金投向选择多元化，可以是项目投资、基金增值，抑或是公益捐赠。利用互联网金融技术创新的同时拓展了金融资源共享的广度和深度。P2P 就是一种通过互联网平台实现的个人对个人直接借贷的金融新模式，宜信是一家本土化的 P2P 模式代表，于 2013 年成立线上 P2P 网贷平台“宜人贷”。宜信采用线上和线下相结合的方式针对借款人和出借人客户提供营销推广和各项服务，同时引进了平台的增信措施，让平台与客户的利益一致，更好地保护客户的利益。除了宜信外，陆金所、红岭创投、网信理财、人人贷等平台在贷款规模、平台人气、安全运营等方面均有出色表现，堪称 P2P 平台中的典范。P2P 是一种能够为用户提供比传统金融机构更加简单快速的贷款服务的新型金融中介，在一定程度上解决了中低收入人群的资金短缺问题，是发展共享金融的重点之一。

阿里小贷是国内网络借贷领域的典型，也是共享经济中金融资源共享的代表。阿里小贷由阿里金融出品，以纯信用为衡量指标，为阿里巴巴的会员提供贷款，以借款人的信誉发放贷款，借款人不需要提供任何抵押担保。初期，阿里小贷实际上是将前端（淘宝、天猫、阿里巴巴等）供应商及其客户的商品流转化为中端（支付宝、阿里云）的信息流，再通过终端（阿里金融）将信息流转化为资金流，并进入前端的供应商，从而实现了商品流、信息流和资金流的融合与循环，并完成贷款业务（图 5-1）。网络小额贷款最为突出的特征是无担保、无抵押、流转快、数额小，阿里小贷以不到 130 亿元资金、每笔贷款平均约 4 万元在 2013 年全年实现累计超过 1 000 亿元的网络小额贷款，支持了其电商平台上无法从传统金融中得到资金的商户。随后，阿里小贷平台在互联网金融的推进下成为阿里蚂蚁金服旗下的网商银行贷款平台“网商贷”，同时推出的还有专注于农民生活、农产品产销的旺农贷。2016 年杭州・云栖大会上，马云提出了五新的概念，其中有一条就是新金融。他认为，过去传统银行只需要服务好 20%的大型企业就可以活得很好，但是未来支撑 80%的中小微企业和年轻人将成为重点。互联网金融会使金融业变得更为透明，更为公平。让每个人需要用到钱，都能够得到钱。

图 5-1　阿里小贷运行模式图

5.2 普惠金融理论

普惠金融是指立足机会平等要求和商业可持续原则，以可负担的成本为有金融服务需求的社会各阶层和群体提供适当、有效的金融服务，尽可能做到在每一个人有需求时都能以合适的价格享受到及时、有尊严、方便、高质量的各类型金融服务[①]。实际上，普惠金融理论的本质可以在共享金融中得以充分体现，共享金融的“人人可以共享金融资源”的理念体现了普惠金融的本质。

5.2.1 普惠金融理论的内涵

普惠金融理念的兴起源于金融排斥的存在，金融市场中，营利能力强又有良好信用的客户总是能够得到银行的青睐，而缺乏有效抵押物的客户，违约风险较高，银行为其提供金融服务的交易成本较高，很难从银行得到他们想要的金融资源。普惠金融的实现过程，就是由最初的金融排斥，发展到最终的金融包容乃至金融公平。

普惠金融一词源于 Inclusive Financial System，国际上通常称为包容性金融。星焱认为普惠金融理论是一门研究金融发展与金融福祉的经济理论[②]。具体而言，它是以金融福祉分配的公平合理为原则，对金融发展的演化路径及其优劣予以分析和评价的经济理论。在 20 世纪 70~80 年代，小额信贷在南亚、拉美等地取得广泛成功，成为普惠金融的“燎原星火”。2005 年，联合国在宣传国际小额信贷年时首次提出，普惠金融体系是指一个持续的，能有效、全方位为社会所有阶层和群体提供服务的金融体系。自 2011 年金融包容联盟

---

① 文件起草组.《中共中央关于制定国民经济和社会发展第十三个五年规划的建议》辅导读本[M]. 北京：人民出版社，2015.

② 星焱. 普惠金融：一个基本理论框架[J]. 国际金融研究，2016，353（9）：21-37.

（Alliance for Financial Inclusion，AFI）全球政策论坛举办到 2016 年，已有 57 个国家加入《玛雅宣言》，开始构建国家层面的普惠金融体系。2016 年初，国务院下发了《推进普惠金融发展规划（2016—2020 年）》，将发展普惠金融上升为国家级战略规划。

联合国 2006 年发布的《建设普惠金融体系》蓝皮书中提出，普惠金融服务的客体主要是指弱势群体，通常包括低收入者、中小微企业、老年人和残障人士等特殊人群。这些特殊人群出于收入少、财富少、能力弱、居住偏远等自身原因，或信息不对称、法制不健全等外部环境因素的影响，受到金融机构的排斥，很难从金融机构获取所需金融资源。

普惠金融提倡为全社会成员提供金融服务的同时，强调金融机构自身的营利水平和财务可持续性，其内涵具有五个核心要素，即可得性、价格合理性、便利性、公平性和全面性。其中，可得性是普惠金融最基本的度量指标，它衡量了金融服务的覆盖密度或者说在人口中的获得比率。而价格合理性则是指金融服务要以消费者和金融机构可负担、商业可持续的合理价格定价，适当的营利水平是普惠金融得以持续发展的基础。针对富足者受银行青睐而低收入者却很难得到金融服务的不平等情况，普惠金融旨在为全体有需求的社会成员提供金融服务，而不受经济条件的制约，实现普惠金融的公平性和全面性①。另外，经济的发展，农户经营活动的多样性和劳动力跨部门、跨区域流动等，使得传统单一的信贷服务已经不能满足低收入群体的金融服务要求，低收入群体对金融产品提出了多元化需求。全面性不仅包括服务受众全面，还包括金融服务和金融产品供给的多样性和金融服务机构的多层次性。

对于普惠金融的衡量，国内外学者进行了多方面的研究。Sarma 指出普惠金融的发展状况可从银行渗透度、金融服务可得性和使用情况三个维度来

---

① 朱民武，曾力，何淑兰. 普惠金融发展的路径思考——基于金融伦理与互联网金融视角[J]. 现代经济探讨，2015，（1）：68-72.

评价，银行账户拥有率、营业网点数和存贷款与GDP之比可对这三方面进行定量测度[①]。Arora则从银行服务范围和便利性方面来考察金融服务可得性在发达国家与发展中国家中的差异，并使用了更便于比较的相对性指标[②]。我国学者大多从农村金融排斥入手，间接衡量普惠金融现状，如许圣道和田霖建立了计数模型[③]，陈莎和周立以行政、地理、人口、经济四个维度的金融密度来考察我国农村地区金融排斥的差异[④]。而王婧和胡国晖认为，可用存贷款这两种中国市场份额最大的金融服务来代表中国普惠金融的现状，在此基础上纳入人口和地理因素，运用变异系数法构建了中国的普惠金融发展指数[⑤]。

普惠金融在消除贫困、促进信贷市场可获得性、促进金融市场竞争与深化等方面具有重要的作用[⑥]。Kapoor认为，金融包容性是一个均衡器，它可以促进经济增长并使得所有公民从中获益[⑦]。世界银行的报告中指出，普惠金融可以帮助贫困人口获得储蓄和借款，并得以积累资产，建立个人信用，从而建立更有保障的未来。Schreiner通过研究证明，普惠金融组织对提高农民收入、减少农村贫困、填补农村金融服务的空缺具有重要作用[⑧]。就我国而言，在金融服务欠发达地区，综合运用行政和经济手段着力填补信贷空缺，有利于改善我国的城乡二元结构，以此实现区域均衡发展[⑨]。

---

① Sarma M. Index of financial inclusion[C]. Indian Council for Research on International Economic Relations New Delhi Working Papers，2015.

② Arora R U. Measuring financial access[C]. Griffith University，Department of Accounting，Finance and Economics，2010.

③ 许圣道，田霖. 我国农村地区金融排斥研究[J]. 调研世界，2010，(2)：195-206.

④ 陈莎，周立. 中国农村金融地理排斥的空间差异——基于“金融密度”衡量指标体系的研究[J]. 银行家，2012，(7)：106-109.

⑤ 王婧，胡国晖. 中国普惠金融的发展评价及影响因素分析[J]. 金融论坛，2013，(6)：31-36.

⑥ 肖翔，张韶华，赵大伟. 金融包容指标体系的国际经验与启示[J]. 上海金融，2013，(8)：28-31.

⑦ Kapoor A. Financial inclusion and the future of the Indian economy[J]. Futures，2013，(56)：35-42.

⑧ Schreiner M. A Cost-effectiveness analysis of the grameen bank of bangladesh[J]. Development Policy Review，2013，21(3)：357-382.

⑨ 王曙光，王东宾. 双重二元金融结构、农户信贷需求与农村金融改革——基于11省14县市的田野调查[J]. 财贸经济，2011，(5)：38-44.

5.2.2　普惠金融使共享服务更精准

普惠金融体现共享金融的“公平性”和“全面性”，这是普惠金融的本质。普惠金融的目标是使社会所有阶层都能够享受到低成本、有效、全方位的金融服务，体现了共享金融人人共享金融资源的本质，即每一个人、每一个阶层、每一个群体都能及时、有效、有尊严、精准地获得金融服务，尤其是被大型金融体系排斥的贫困农户、边缘地区、弱势群体。《世界人权宣言》第一条宣称：“人人生而自由，在尊严和权利上一律平等。”公平性应体现在享有社会各种权利、资源和机会等方方面面，其中也包括平等地获取金融服务供给，平等地享有改善经济条件的机会。普惠金融强调的公平和全面，不仅体现在帮助资金需求者获得暂时性的资金使用权，更强调帮助弱势群体获得持续发展和参与社会竞争的机会和能力。在普惠金融理论的指导下，共享金融平台接纳每一个拥有金融资源需求的个体，不以其是否拥有可抵押的资产判断其是否能够得到资源的匹配。任何有金融资源需求的组织或个人，都可以以近乎为零的成本将自己的需求分享在共享平台中，平台只评价需求的真实性与价值性，不评价需求者是否有资产或能力。针对当前农村 ATM（automatic teller machine 自动提款机）配备基数较低、分布不均、金融服务环境较为落后等情况，政府陆续出台了各类支农补贴、新型农村社会养老保险（简称新农保）及新型农村合作医疗（简称新农合）等惠农政策，并依托银行卡进行资金发放。县域以下 ATM 的数量逐年扩大，网络银行、手机银行等终端服务也逐渐进入人们的视野中。随着人们对网络和自助金融服务的熟悉，银行卡以及网银等便捷的金融服务的使用率得到迅速提高。

同时，普惠金融体现共享金融的“匹配性”和“效率性”，即金融机构可以因地制宜、因人制宜地设计出差异化、个性化的金融产品，从而提高对金融市场中弱势群体金融服务的精准性、可得性和满意度。共享平台通过第三方机构所提供的信息，将最合适的金融资源以最低成本提供给每一个资源需求方，减少供求双方信息搜寻与磋商洽谈的时间，实现更高效的资源匹配。中国邮政储蓄银行把发展普惠金融放在改革发展的首要位置，在市场中精准定位于服务三农、服务中小微企业和服务社区，并针对不同服务对象提供不同的服务内容，如针对服务三农铺设的约 3 万个县域以下网点、15.1 万个助农取款点；针对中小微企业提供的纯信用信贷产品、小微信贷专属产品；针对服务社区提供的代发最低生活保障金、代发养老金等便民生活服务。

另外，普惠金融体现共享金融的“可持续性”，即金融机构可以通过利率定价来有效规避、防范金融风险，同时贫困农户也可以以合理的价格获得信贷资金和金融服务，从而达到弱势群体与金融市场的均衡状态。商业银行的发展需要考虑营利性的要求，因此商业银行在选择服务对象时主要考虑有较高营利能力的中高端客户。而分布于小城市和农村、营利能力较低的“低端客户”，其个体对银行的营利贡献比较低，在一定程度上会提高银行交易的成本，降低其营利性，因此银行考虑到自身发展不会为其提供足够的服务。共享金融中，利用大数据、云计算等新兴技术，可以实现对服务对象信贷风险的把握与监督，有效降低交易成本和提供服务后的管理成本。共享金融中，边际交易成本远低于传统商业银行提供金融服务的成本，以阿里金融为代表，其单笔授信的操作成本仅为 2.3 元。金融机构通过降低交易成本增加自身营利，实现让客户获得物美价廉的金融服务的同时，满足普惠金融“可持续性”的发展要求。

5.3 分享盈余理论

分享盈余理论是指将拥有一定闲置金融资源的，掌握一定知识、技能并且拥有自由支配时间，愿意将这些资源分享的人汇聚在一起，利用一定的平台将知识、技能、金融资源等分享给他人，从而增加社会整体福利、产生更大的社会效益的理论。分享盈余使闲置金融资源得以集中，是实现共享金融的基础。

5.3.1　分享盈余理论的内涵

分享盈余理论是认知盈余理论的深化与发展。克莱·舍基在 2011 年首次提出了“认知盈余”的概念，认为认知盈余是指将那些受过教育（在某些方面有丰富的知识背景），并且拥有自由支配时间，同时具有强烈的分享欲望的人的自由支配时间汇聚在一起，利用一定的平台分享给他人，产生巨大的社会效应[①]。若将全部受过教育的人的自由时间看成一个集合、一种全新的资源，随着参与其中共享其自由时间的人越多，就会创造出更多的认知盈余，甚至会改变人们熟知的商业模式。从本质上来看，认知盈余就是将人们的时间、智力等资源看作社会资源的集合体。在以前，这些资源在投入人们的日常工作、学习中之后，剩余部分则大多被娱乐消耗；而在移动互联时代，网络媒介迅速发展，使得剩余的时间、智力等资源能够通过人们参与协作等行为成为一种公共性的社会资源。在认知盈余背景下，产生了大量诸如维基百科、知乎、百度百科等群众智慧的产物。认知盈余是互联网技术革命的“生产力”，带来了一个鼓励分享的网络时代。随着社会的不断发展，社会生产极大丰富了人们的物质生活，除了时间、智力、技能等无形资源外，还存在大量闲置的物质资源，人们愿意将这些资源集中到一个平台中进行共享并加以利用，从而产生更大的社会价值，认知盈余也进一步深化为全要素层面的分享盈余。

人们同时生活在市场行为和公益行为之中，市场行为和公益行为代表人

---

① Shirky C. Cognitive surplus：creativity and generosity in a connected age[M]. New York：Penguin Press，2010.

的两种不同动机外延。市场行为源于利己基因，是至今为止最有效率的组织形态。而公益行为源于利他基因，更多的出于兴趣、分享或同理心等动机。人们产生分享的意愿，主要的原因来自非经济利益，是利他基因指导下的行为。利他主义是指作为行为的个体所获得的好处少于行为的接受者[①]。王雁飞和朱瑜认为，利他主义具有以下特征：他人有利、自愿、有明确目的、以为他人带来收益为目的、不期望给自己带来外在的回报[②]。分享盈余的驱动因素既有为了长远利益考虑的原因，也有单纯帮助他人的意愿。首先，分享盈余能够产生直接或间接互惠。共享盈余可以创造出更多的社会财富，能够有效地实现不同参与者之间长远的合作和互惠。分享盈余的参与者在分享拥有的闲置资源的同时，也能够使用他人分享的闲置资源。共享平台上有来自各个地域、从事各种职业的众多参与者，在使用共享资源的同时，参与者还能获取各类信息，有助于参与者实现自我提升。另外，内在动机（如满足感、社交需要、声誉、想要分享等）能够让参与本身就成为一种回报。在分享资源的过程中，人们可以获得自我实现的满足感，可以通过他人对自己分享行为的感谢实现自我认同感。拥有闲置资源和空闲时间的人通过分享的行为，能够寻找志同道合的好友，获得交流的机会，实现社交的需要。人们也通过分享实现帮助他人的愿望，通过自己的努力推动社会的进步。截至 2016 年底，沃伦・巴菲特向盖茨基金会累计捐款 172 亿美元，用于支持全球健康与发展，而盖茨在 2017 年的年信中写道，慈善投资比投资微软或是谷歌的“回报”更为可观，因为能够提升人类的生存条件。

在分享盈余理念的影响下，人们根据自己自利他利的目的，将自己的资源拿出来进行分享，在实现自我需求的同时，也使得共享金融资源更加富足，

① 郭琨，周静，王一棉，等.个人特征、社交网络信息分享态度和分享行为—— 一项基于人人网的研究[J]. 现代情报，2014，(1)：159-166.

② 王雁飞，朱瑜. 利他主义行为发展的理论研究述评[J]. 华南理工大学学报（社会科学版），2003，5(4)：37-41.

实现共享金融的同时产生更大的社会效益。

5.3.2　分享盈余富足，共享金融资源

生活水平的提高和整个社会的大规模生产造成的产能过剩，使得个人资源占有与使用需求得到满足的同时，在社会中出现大量资源闲置，这是共享金融得以产生的最基本前提。同时，互联网技术和公共媒介的发展，使得人们不再局限于时间和空间，而是可以自由地在共享平台中分享信息、知识和资源，这为共享金融的发展提供技术支持。另外，生产力的不断提高，机械化、智能化生产的运用，使得教育水平不断提高的社会大众拥有足够的空闲时间，能够促使他们推动分享活动。基于上述前提，分享盈余理论成为实现共享金融的理论依据。

分享盈余理论能够指导社会实践，它使人们认识到，将手中闲置的金融资源汇集到一起，一份资源供给多方需求者使用，能够创造出更多的社会价值。UGC（user generated content，用户生成内容）产品就是对认知盈余理论的实践。不同于以往门户网站的是通过外部激励来形成内容创作，现在诸如豆瓣、优酷、YouTube、Facebook、维基百科等网站的内容，主要来自用户的内部动机生成。正是如此，在共享金融中，供给方愿意将其拥有的闲置资源拿出来共享到平台中，供金融资源需求者使用，从而得到利息、权利、体验、社交、声誉、满足和愉悦。共享金融平台满足了供给者的分享意愿，使闲置金融资源得以有效利用。

北京轻松筹网络科技有限公司于 2014 年 9 月成立，先后推出“众筹空间”“诺筹”等品牌。同年，基于社交圈的、面向广大网民日常生活的“轻松筹”正式上线。轻松筹是一款基于社交的全民众筹平台，平台上的众筹项目与生活密切相关，目前轻松筹注册人数 1.24 亿人，筹款项目超过 154 万个，支持

次数超过 2.5 亿次[①]。轻松筹平台主要包括三大频道：尝鲜预售、梦想清单和微爱通道，这三大频道几乎体现了金融资源供给者愿意提供资源共享的所有市场与内在动机。通过尝鲜预售频道，人们将闲置资金投资到农鲜产品、私房菜、点心零食等项目中，帮助农民、家庭主妇、私房菜主等筹集继续生产的资金。同时，获得相应的项目发起人提供的诸如水果、点心、菜品等实物收益。通过梦想清单频道，人们将资金投放到自己感兴趣的项目中，获得的可能是演出的门票、旅店的住宿权，更多的是了解到感兴趣的领域的相关信息，并在投资的过程中找到志同道合的朋友，实现社交的需要。而微爱通道则完全展现了共享金融中，人们单纯地想要分享闲置资源来帮助别人的意愿，每个共享者可能只提供自己闲置的 10 元、100 元，却能帮助生命受到威胁的人，得到数倍于共享金额的满足和愉悦感受。

分享盈余理论使更多的人将自己的金融资源拿出来进行分享，从而创造和丰富更多可供分享的金融资源，满足多样化的金融需求，实现更大范围的金融共享。

5.4 长尾理论

长尾理论是指在市场中，存在少量需求旺盛的产品和大量需求不旺的产品，只要存储和流通的渠道足够大，大量需求不旺或销量不佳的产品共同占据的市场份额甚至会超过那些数量不多的热卖品所占据的市场份额。在金融市场中，存在少量金融资源需求旺盛的企业和大量需求不旺、资源需求无法得到满足的个体，只要有足够大的平台，大量由于需求较小无法得到满足的个体占据的金融市场份额甚至能够超过传统金融“大户”。共享金融的发展，

---

① 资料来源：轻松筹，http://www.qschou.com/.

正是为了开拓金融“长尾”市场，满足金融“长尾”需求。

5.4.1　长尾理论的内涵

“长尾”或译作“长尾效应”“长尾理论”，最初是由美国《连线》的总编辑克里斯安德森于 2004 年首先提出的。该理论诞生于网络技术和电子商务高速发展的背景下，一经问世便引起了世界各国学术界和商界的热烈讨论。所谓长尾实际上是统计学中 PowerLaws 和 Pareto 分布特征的一个口语化表达。简单地说，长尾就是数量、品种二维坐标上的一条需求曲线，由于看上去这条曲线像一条长长的尾巴，向代表“品种”的横轴尽头延伸，所以直观地称为长尾（图 5-2）。正如图 5-2 所描述的那样，在由“数量”和“种类”所构成的正态分布曲线上，处在靠近纵轴的“主体”的商品将较大的销量集中在少数几个商品品种上，处在靠近横轴延伸的“长尾”的商品虽然个体销量较少，但商品种类无限丰富，将所有“长尾”商品销量加总，很可能等于甚至超过“主体”商品销量的总和，也就是说，少数“热卖商品”创造的经济价值与大量“冷门商品”创造的经济价值其实大致相当。

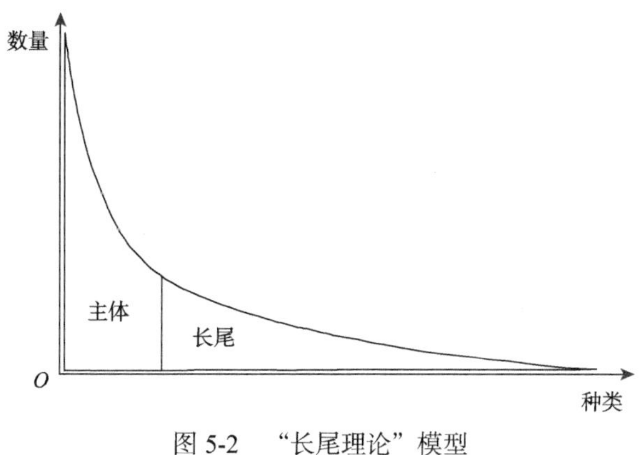

图 5-2　“长尾理论”模型

最初，长尾理论被用来解释零售商销售数据与营销模式：只要存储和流通的渠道足够大，需求不旺或销量不佳的产品共同占据的市场份额就可以抗衡数量不多的热卖品所占据的市场份额。随着理论研究的不断深入，长尾理论被业界和学者广泛应用于各行各业。图书馆是被业界和学术界普遍认为的长尾。在互联网和搜索引擎为人们所熟知之前，图书馆已经构建了许多资源长尾，如“大而全”的馆藏建设模式、系统、地区和范围内的联合目录等，都是对资源进行了最大范围的汇聚、梳理和揭示，形成“原始形态”的资源长尾①。互联网的发展为图书馆的资源聚合提供了更为有利的条件，图书馆利用互联网来链接电子资源、馆际互借和其他数字图书馆资源，大大延展了这种资源长尾。在出版业，练小川发现图书出版从本质上讲是一个“小众商品”行业，闪电之源（Lightning Source）、英格拉姆（Ingrain）和兰登书屋等出版公司根据长尾原理提供客户个性需求服务的经营模式取得成功②。黄孝章和刘双双认为“长尾效应”给媒体带来了良好的发展机遇，重视和发展长尾“小众产品”将是媒体经营单位新的经济增长方式③。

长尾市场是利基市场，是一个具有持续发展潜力，但其需求尚未被有效满足的市场④。长尾的存在主要受三个因素影响：生产工具的发展和普及、传播工具的普及以及供给和需求两端的有效连接。在信息和科技高速发展的时代，每个人都可以提供更加丰富的产品和服务，消费者有了更大的消费选择空间。由于网络的普及和应用，传播的空间扩展、时间缩短、成本降低，利基产品更有可能接触到潜在消费者，长尾市场流动性大大提高，提高了长尾曲线的尾部，曲线下面积扩大，长尾市场份额提高。长尾理论补充了原来的二八法则。二八法则强调的是少数重要原则，即 20%的人群带来了 80%的价

---

① 周军兰. 长尾理论与图书馆[J]. 图书情报工作，2007，51（4）：30-33.

② 练小川. 幂律、长尾理论和图书出版[J]. 陕西师范大学学报（哲学社会科学版），2007，36（3）：110-116.

③ 黄孝章，刘双双. “长尾效应”给媒体带来的发展机遇[J]. 全国商情·经济理论研究，2008，（3）：3-4.

④ Anderson C. The long tail：why the future of business is selling less of more[J]. Journal of Product Innovation Management，2010，24（3）：274-276.

值，而长尾理论则强调在后面的那些被认为不能带来盈利的尾巴里寻找盈利点。从需求曲线可以看出，“二八法则”和“长尾理论”其实只是一条曲线的前后两个相连的不同部分：“长尾理论”的出现是互联网商业运营环境变化的结果，是对“二八法则”的有益补充和完善。使“头尾”相连，互为一体。兼顾“头部”和“尾部”，从经济角度来说，将会开拓蓝海市场；从文化角度来说，将会促进文化的多元性，促进整个社会文化的繁荣发展。

5.4.2　共享金融满足长尾客户需求

在共享金融中，金融资源的供求双方均存在“长尾”。金融市场中，存在大量分享意愿得不到满足的供给“长尾”和资源需求意愿得不到满足的需求“长尾”。供给方中，除少数拥有大量金融资源，专门进行信贷业务的传统金融机构外，大量小额闲置金融资源分散在机关单位、企业、个人等主体手中。为了实现利益、体验、社交、自我满足等需要，他们乐意将手中的闲置金融资源分享出来，只要吸纳的平台足够大，这些金融资源的份额甚至可以超过金融服务机构。而需求方中，大量金融市场中的弱势群体，如中小微企业、农民、创客等，受到金融机构的排斥，并不能从传统金融机构得到他们所需要的资源。例如，占据全国企业 99%的中小微企业中，资金匮乏的中小微企业占到 80%，其中严重缺乏者为 20%，是金融市场中绝对的需求“长尾”。供求“长尾”都需要一个能够共享金融资源的平台，将他们的意愿进行汇总、挖掘和整理，实现供求双方一对一、一对多、多对多的金融资源共享。尽管“长尾”中每一个主体的闲置资源或需求可能很小，但将数量庞大的“长尾”个体汇总产生的社会效益，将远超传统金融机构与企业间进行的金融服务。在网络时代，由于关注成本的大大降低，人们有可能以很低的成本关注正态分布曲线的尾部，而关注尾部产生的总体效益甚至会超过主体，这使得“长尾”成为共享金融关注重点成为可能。

长尾理论在共享金融中表现显著，关键在于共享金融低门槛、低成本的特点，能够适应广泛弱势群体，吸引更多的小额消费者。不同于传统金融的大额信贷，共享金融将注意力放在把“长尾”蛋糕做大上，通过鼓励更多用户尝试，将众多可以忽略不计的零散资金供需汇集成巨大的金融资源云。

目前，借助长尾效应，已有众多企业获得了丰厚的利润。例如，著名的Google（谷歌）公司的主要利润并不是来自大型企业的广告而是小公司的广告（广告的长尾）；电商 e-Bay 的获利也主要来自长尾商品。此外，一家大型书店通常可摆放 10 万本书，但亚马逊网络书店的书籍销售额中，有 25%是依靠排名 10 万以后的冷门书籍。余额宝的成功也正是得益于长尾理论。互联网“开放、共享、平等、民主”的精神，使互联网金融有了更加广泛的参与度与更高的透明度，交易的可能性边界大大拓展，借贷市场参与更显民主化与普及化。余额宝的用户大多消费额度很小，但数量很多，众多小企业、贸易公司以及个人用户为其提供了巨大的收入。传统基金理财户均 7 万~8 万元的投资额，余额宝用户的人均投资额仅为 1 912.67 元。虽然每个用户仅有几十元、几百元，但 8 亿用户的“长尾”让这笔钱变成巨款。几天时间，数以亿计的客户让天弘基金“草鸡变凤凰”。

一方面，共享金融通过金融服务创新，拓宽了融资渠道，增加了服务方式，使长期处于金融市场弱势的大量“长尾客户”的金融资源需求得到了满足。对于拥有盈余资金的供给方而言，其投资门槛降低，融资的供给容量大为扩大。另一方面，共享金融利用普惠的优势，将众多具有不同个性需求特点的长尾需求客户纳入信贷市场中，提高了金融服务的宽度与广度，为享受不到传统金融服务的资源需求方提供了融资可能性。

5.5　多边平台理论

共享经济的发展依赖于共享平台，而共享平台得以高效、有序运行的关键是该平台是由供求双方、平台方、其他第三方等构成的多边平台。多边平台理论是指将两个或两个以上相互依赖但又有明显区别的客户群体集合在一个平台中，相互服务、相互制约，从而实现整个平台的平稳健康运行。实际上，共享金融平台也是由资金供求双方、平台方、其他第三方、监管方等构成的多边平台，该平台构建的理论基础是多边平台理论。

5.5.1　多边平台理论的内涵

随着网络经济和电子商务的发展，针对 Google、Facebook、Apple、Amazon 等新兴平台巨头的崛起和重大影响力，国内外学者对基于平台的联盟和交易产生了极大的兴趣，直接催生了平台理论的诞生。多边平台理论是在双边市场概念的基础上延伸和补充的结果。Rochet 和 Tirole 于 2003 年最早把双边市场定义为“价格总水平保持不变，价格结构变动会影响平台交易总量的具有双边结构的市场”[①]。传统双边市场理论（two-side-market theory）认为，在一个双边市场上，有两个不同类型的参与者，其中，供给者构成一边，需求者构成另一边，通过一个中介机构或平台来发生作用或进行交易。其中，一边参与者的决策或收益会受另一边参与者数量或行为的影响，也就是说，每一类用户通过平台与另一类用户相互作用而获得价值。也就是说，双边平台是能够使归属于其中的两类用户通过直接互动创造价值的组织。随着技术与经济的不断发展，双边市场数量较多且形式复杂，国内外学者分别从市场功

① Rochet J C，Tirole J. Platform competition in two-sided markets[J]. Journal of European Economic Association，2003，(1)：990-1029.

能、市场复杂程度、平台竞争情况、平台的功能、平台的所有权等方面对双边市场进行了分类研究。

随着经济的不断发展，双边平台理论不足以解释市场中出现的经济现象，Wright 在双边市场理论基础上提出，多边平台是在不同消费群体间进行交易的平台[①]。相较于传统单边平台，多边平台的特征表现为间接网络效应、交叉网络外部性、价格非中性、需求的互补依赖性等。间接网络效应是指一边客户对于交易效用的预期由于另一边客户规模的增加而增加。这意味着如果多边平台的一边价格上涨，导致这一边市场需求下降的同时也会导致另一边市场需求下降，两边市场互相作用，使价格上涨可能无利可图。因此，间接网络效应限制了平台运营商提高价格的能力，也反映出多边平台各边需求间的互补依赖性。多边平台必然涉及群体间的互动合作，这符合共享金融中多元主体互动参与、合作共治的意指。

多边（双边）平台还具有如下特征：第一，规则和流程的公平顺畅，为平台运作和发展提供公正有序的环境；第二，开放性与共享性，即涵盖资源、标准、信息、业务流程、基础设施在内的全方位开放，更体现在供给、监督、参与等权利的开放共享；第三，要素的多元性、协作性与整合性，即平台的多元用户群体的协作性，资源的共享性与能力的整合性。因此，从整体上看，平台结构稳固、可扩展，具有平坦通畅、开放共享、信息透明、公平合作、协商互动、资源整合、可重复使用等特征。多边平台的优良属性为平台的价值创造与功能发挥奠定了基础，也为公共平台的价值创造提供理论依据和实践借鉴。

平台的存在是广泛的，它们在现代经济系统中的重要性日益明显，平台已遍布各行各业，电子商务平台、门户网站、操作系统与应用平台、电子支

① Wright J. One-sided logic in two-sided markets[J]. Review of Network Economics，2004，3（1）：42-63.

付平台、求职平台、媒体平台、购物平台、娱乐平台等，无不影响着我们生活的方方面面，当然也是对共享金融衍生发展的重要支撑。

5.5.2　多边平台保障共享高效运行

共享金融是一个多边参与协作的复杂系统，其主体主要有金融资源供给方、金融资源需求方、共享平台方和其他第三方机构。共享金融平台公司是共享服务的提供方以及供给方、需求方直接交易的组织者，他们形成了最初的双边平台，实现闲置资源的有效利用。随着监督机构、征信机构、广告商等其他第三方的加入，双边平台形成多边平台，实现多边共治。

金融资源供给方是指那些拥有闲置金融资源，并有意愿进行共享的主体，包括机关单位、银行、上市公司、网贷平台、风险投资、个人等；金融资源需求方则是指有金融资源需求，而在传统金融环境下无法得到满足的所有主体，包括中小微企业、创业团队、农民、妇女、学生等。共享平台则通过征信机构、监管机构、评估机构、媒体等第三方获取数据、信息和资源，包括：来源于中央征信体系下银行、工商财税、公检法、行业协会等积累的数据；来源于互联网征信中电子商务、支付平台、社交媒体、网贷融资、注册账户等积累的数据；来源于中介机构、信用评级机构等的服务支持，再通过技术供应商获得维持平台运行的技术支持，形成信息云数据库和信息匹配与处理机制。总的来说，多边平台模式的存在，使得供需双方能够快速、低成本的建立与对方的信任对接。需求方获得金融资源的使用权，而供给方则利用闲置的金融资源获得收益与满足，减少了整个社会金融资源的闲置情况，实现了金融资源合理有效配置。

多边平台理论中的网络效应和互补依赖性在共享金融中表现突出。在共享金融平台中参与的需求方越多，投资人（供给方）进行选择的范围越大；反之，进入平台的投资人（供给方）越多，需求方越容易在既定期限内实现事先设定的资金需求。可见，共享金融平台中，供给方和需求方具有“鸡蛋相生”的特征。因此，共享金融平台在运营早期，需要一些特殊方法来解决用户基础和起步难题，供给方和需求方用户数量一旦突破临界规模，就可以通过正反馈效应迅速聚集大量用户。

除了共享金融的各参与主体外，共享金融平台本身也对共享金融的稳定发展发挥了巨大作用，这主要得益于共享金融平台形成的多边相互依赖、相互制衡的运行机制，保障了共享金融平台的高效、有序运行。首先，共享金融平台拥有公平流畅的规则和流程，为共享金融的运作和发展提供公正公平、规则有序的环境和条件。例如，共享金融平台规定，金融资源的需求方想在平台上发布自己的需求，必须在平台上提交申请，并经过一定时间的审核，平台根据第三方提供的数据进行审核，审核通过后，才会在平台上发布。其次，共享金融平台具有开放性与共享性，表现为：资源开放，即所有供给者可以根据自己的想法选择想要投资的项目；信息开放，即共享金融平台将供需双方的信息，公开提供给有意愿达成共享的双方，降低双方信息搜寻的成本；业务流程开放，即申请流程开放、资源使用流程开放等，更体现在供给权利、监督权利、参与权利的开放共享，任何有共享意愿、监督意愿、参与意愿的主体，都能在平台中找到自己的位置。另外，共享平台将资源进行整合，可重复使用，使闲置的金融资源不断产生更多的社会效益。

5.6 共享金融学理论模型

共享经济的发展为共享金融打开了思路、提供了方法；长尾理论帮助市场识别大量需求较小的金融需求者，确定了共享金融的服务对象；共享金融的发展能够实现普惠金融人人共享金融资源的本质；分享盈余理论提供并丰富了共享金融资源的种类和数量，保证了共享金融得以实现；多边平台理论指导共享金融平稳高效运行。通过相关理论的梳理，结合共享金融学概念特征，本书构建共享金融理论模型（图 5-3）。下面将从理论模型的构建机理、模型构建和模型应用方面分别进行阐述。

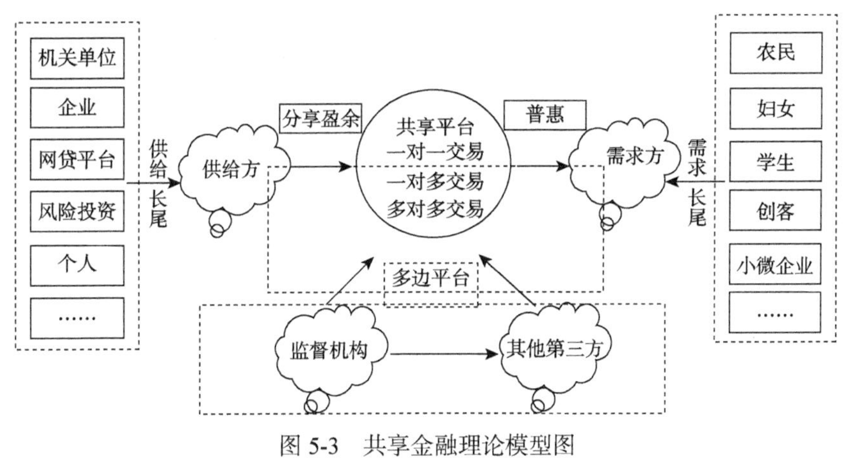

图 5-3　共享金融理论模型图

5.6.1　共享金融学理论模型基础

共享金融是由多种理论共同支撑的，共享经济的蓬勃发展催生共享金融应运而生，其更愿意关注处于金融市场“长尾”的供给者与需求者，分享盈余理论使得供给方有意愿将自己的金融资源共享给需要的人，普惠金融的理念使得所有需求方能够平等地得到他们需求的金融资源，多边平台使得共享金融稳定运行。

共享经济孵化共享理念，分享盈余实现资源共享。近年来，UBER、Airbnb 等新经济模式分别为出租车业和酒店业带来了革命性改变，为共享经济在可持续商业模式的构建上提供了样板。与此同时，网络、信息及大数据技术的飞速发展，使得信息收集、处理、传递的机制发生了根本性改变，触发了“互联网+”时代的经济与金融变革。共享经济的时代已经到来，人们越来越习惯骑着共享单车完成上班路上的最后两公里，随着越来越多的闲置资源被拿出来共享，金融资源的共享自然而然地被人们接受。

实现普惠是共享金融得以发展的基础。共享金融的基础在于：使得金融活动回归“草根”和公开透明，金融消费者从被动变为主导，能够参与到金融交易决策之中，金融产品和服务更加便利。共享机制的建设成为核心问题就在于金融产品和服务的设计能实现商业可持续和普惠目标的共存。

关注“长尾”，打开共享金融新市场。在新技术促使不确定性降低和风险可控的前提下，金融市场的进入门槛逐渐降低，不再成为少数人的“神秘场所”，转而呈现跨时空、去中介的特点。关注长尾，使得共享金融中的供给方增加、需求方增加，交易规模较之传统金融大为扩大，更有机会实现多对多的交易，能够从根本上提升交易效率、降低交易成本。各种各样基于 P2P 原则的网络金融服务的创新，正是其中的典型表现，这有助于实现“长尾”形投资者与融资者的资源共享。

多边平台打破平台界限，实现优势共享。平台经济具有正外部性和多归属性，前者意味着当越多的主体进入平台中，平台对于各方实现共赢的价值越大，后者则表明平台能给消费者带来效用最大的多重选择。在共享金融中，原有金融要素的边界变得更加模糊，各单位打破原有界限，形成彼此共享模式架构与比较优势。通过信息、数据、运营模式等各方面共享，降低交易成本，提高共享效率。“海纳百川”的开放型、包容性、多元化的共享金融平台，更能适应新经济时代的需要。

平台通过制定交易规则，实现数据挖掘、征信、信用评级、客户资源的延伸，从而保证资产价格的公平性，解决交易双方的信任问题，实现去信任化的共享金融特征。同时，共享金融平台只提供交易场所，并不是交易中介，实现共享金融不同于传统金融的去中介化特点。另外，共享金融是面向整个社会的金融服务平台，不仅仅局限在经济发达地区、金融服务便利地区，只要有金融资源需求和供给意愿的地方就可以产生交易平台进行金融资源共享，实现了共享金融的去中心化特点。金融资源的供需双方并不是固定的供给方或需求方，同一个企业或个人，既可以在共享金融平台上分享自己的金融资源，同时也可以发布自己的金融需求，供需不再局限在单边，实现了共享金融的去单边化。

共享经济理论、普惠金融理论、分享盈余理论、长尾理论和多边平台理论，共同指导共享金融的建立和发展，实现共享金融去中介化、去中心化、去单边化等优势和特点。

5.6.2　共享金融学理论模型构建

本节构建以共享经济理论、普惠金融理论、分享盈余理论、长尾理论和多边平台理论为基础的共享金融理论模型（图 5-3），以理论为纽带连接共享金融各主体，从理论上揭示共享金融的运行机理与内在关系，力图为共享金融的发展与应用提供新思路和新方法。

共享金融理论模型中，位于左侧的为共享金融供给方，共享金融中的资源供给方不再局限于传统金融服务机构，可能是机关单位、企业、网贷平台、风险投资、个人所有拥有金融资源和共享意愿的主体，他们手中拥有大量零散的金融资源。传统金融中，这些金融资源可能简单地存入银行甚至放在家中，没有起到应有的产生社会价值与效益的作用，长尾理论指导共享金融关注这部分金融资源的利用和价值，分享盈余理论指导这些拥有金融资源的主体将资源集中在一起，在共享金融平台上形成了共享金融资源供给方。

理论模型右侧则是共享金融需求方，拥有金融资源需求的主体绝不仅仅是大规模的企业，农民、妇女、学生、创客、小微企业等都有他们自己的金融需求，有可能是引进新的生产线、有可能是创办自己的小公司，甚至是农产品、菜品、小发明的推广，都需要金融资源的支持，然而这些金融需求在传统金融中往往并不能得到满足。长尾理论指导共享金融关注这些金融市场

“弱势群体”的资源需求，并在普惠金融理论的指导下，尽可能实现每个人的需求意愿。

理论模型下方是监督机构和其他第三方，这些机构为共享金融的实现提供信息和技术等基础保障，与供给方、需求方、平台方在多边平台理论的指导下，相互制约与监督。在理论模型中心共享平台中信息和资源交流共享，实现高效稳定的共享金融一对一、一对多、多对多交易，最终实现整个社会金融资源的高效利用。

5.6.3 共享金融学理论模型应用

共享金融理论模型的构建，理顺了共享金融发展思路，在理论研究和实践发展过程中，都具有借鉴价值。

从理论上看，本书所构建的理论模型可以广泛应用于共享金融进一步的理论研究中，通过理论模型的构建，本书为接下来共享金融的研究提供了充实的理论基础与视角。例如，从供给方来看，可以从分享盈余理论出发，研究共享金融中供给方共享意愿的产生；从需求方来看，可以探索共享金融实现普惠本质的运行机制；从整个平台来看，可以从多边平台理论出发，研究共享金融平台运行机制；等等。

从实践上来看，本书所构建的理论模型对指导共享金融稳定发展，真正实现共享具有重大意义。首先，该模型通过长尾理论指出数量庞大的金融资源和金融需求存在于传统金融机构与企业之外，这也是共享金融存在的必要之处。共享金融要想健康稳定发展，就不能只将视线放在传统金融机构能够服务到的对象上，只有共享的“蛋糕”足够大，有足够多的人参与进来，共享金融才能真正保持鲜活的生命力。其次，该模型通过分享盈余理论和普惠金融理论确定共享金融供给方与需求方的参与依据，那就是只要有共享意愿的人就能参与，只要有需求意愿的人就能在共享金融中得到平等的评价和资源配给。这从根本上保证了普惠金融的覆盖面，降低了由参与度不够而造成的运营不善，使得共享金融真正成为惠及大多数人的好金融。最后，该模型通过多边平台理论，指出共享金融稳定运行的关键在于多边主体共同参与，降低供给方与需求方之间的信息不对称程度，从而降低交易成本。普惠金融的健康发展，必须集合监督、评估、第三方支付等多方力量，方能实现平台的低成本、高效率和安全性。

第6章

共享金融市场

共享金融是通过大数据支撑下的技术手段和金融创新，构建以人人共享、资源共享、要素共享、利益共享为特征的金融模式。一切金融资源皆可共享、人人可以共享金融资源。共享金融能够创造更富足的金融资源，共享金融能够实现金融资源的优化配置、防范金融风险和金融机构的脆弱性。共享金融市场则是在这种金融模式下以各类金融资产为交易对象而形成的供求关系及其机制的总和，是现实货币借贷、金融资产融通、办理各种票据、进行有价证券和非有价证券交易活动的场所。由于金融资产分布是不均匀的，需要在金融资产盈余者和金融资产短缺者之间进行金融资产调剂，这就需要一种精巧的制度安排来促进金融资产在余缺者之间进行流转，实现金融资产的融通。共享金融市场正是发挥这种作用的一种机制，在共享金融市场上，通过各种金融工具的交易活动，推动金融资产的流转，实现储蓄向投资的转化。共享金融市场区别于传统金融市场的几个特征：第一，共享金融市场的交易对象不仅是货币，还包括使用权、分享权、股权、知识技能，甚至实物众筹等金融资产，交易范围更广。第二，共享金融市场的网络化、无形化特征显著。

6.1 交 易 主 体

交易主体即共享金融市场的参与者。从目的看，交易主体主要有金融资产供给者、金融资产需求者、共享金融平台、金融中介及共享金融市场（交易监管者）五类。金融资产供给者是金融资产盈余单位，为了转嫁自己所承担的风险，赚取差价收入或者股息、利息收入而购买各种金融工具。金融资产需求者是金融资产赤字单位，通过提供金融工具来获取金融资产。共享金融平台是通过云计算、大数据、物联网、移动互联网等现代信息技术整合线下金融资源，优化匹配金融资源供需双方，实现其直接交易的平台。它既是一种交易平台，又是一种特殊的金融中介。金融中介已不是传统意义上的金融中介，而是以信用评价和征信、资产评估、第三方支付等机构为特征的“其他第三方中介机构”，不再是金融资产供需双方交易的媒介，而更多地发挥着为金融交易提供信息平台和支持性服务的作用，即实现了去金融资产中介化并向信息和服务再中介化的转变。共享金融市场（交易监管者）是对共享金融市场实施宏观调控和监管的中央银行与政府部门。这五类主体如图 6-1 所示。

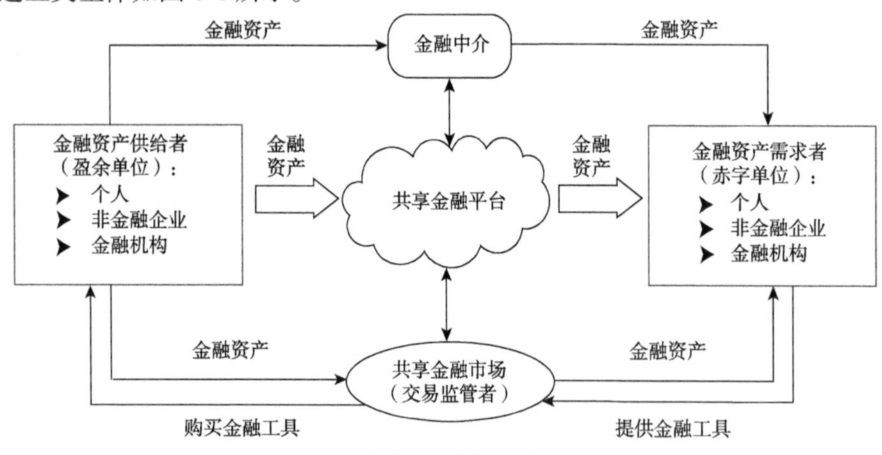

图 6-1　共享金融市场运作流程图

6.1.1　个人

共享金融无处不在,不是本国居民的所有个人都可以以其合法拥有的金融资产参与共享金融活动。传统金融市场中，个人一般是金融市场上的主要金融资产供应者。个人购买房屋、汽车等大件物品或者为了紧急情况时所需或是养老，会存储一定的金融资产，自然也会希望手中金融资产可以保值甚至增值。所以，为了在日常生活中能正常使用，又可以获得金融资产增值，个人在金融市场中通过购买适当的证券工具进行投资。个人投资既可以是直接购买债券或股票，也可以是通过金融中介机构进行间接投资，如购买共同基金份额、投入保险等，最终都是向金融市场提供金融资产。个人有时也有金融资产需求，但数量一般较小，常常是用于耐用消费品的购买及住房消费等。而在共享金融市场中，个人不仅仅扮演传统的角色，还有更广义的作用。个人提供传统金融资产的同时，也提供专利、使用权、实物等类金融资产。例如，个人 A 有一项独家专利技术，在共享金融市场上发布供给信息，而需求方 B 企业生产新产品刚好需要这项专利技术，通过共享金融平台等媒介进行该项专利技术的交易，从而实现了资源的有效共享和最大化利用。另外，在共享金融市场中，个人不再主要是供给方，同时还是需求方，还需要各类金融资源，尤其是像开篇案例中的农女王、社会弱势群体等，金融资源的需求更是多样化。普惠金融的出现则很好地体现了这一点，是指以可负担的成本为有金融服务需求的社会各阶层和群体提供适当、有效的金融服务，小微企业、农民、城镇低收入人群等弱势群体是其重点服务对象。根据世界银行估算，2016 年仍有超过 15 亿成年人无法享受到最基础的金融服务。其中，农民和城镇低收入人群作为市场中的重要交易主体——个人，其对金融资产的需求有着较大的缺口。

6.1.2 非金融企业

非金融企业是共享金融市场最重要的参与主体之一，不仅是共享金融的供给方，而且是需求方。在不少国家，国有或私营的非金融企业是仅次于政府部门的金融资产需求者，他们既通过市场筹集短期金融资产从事经营，以提高企业财务杠杆比例和增加赢利；又通过发行股票或中长期债券等方式筹措金融资产用于扩大再生产和经营规模。另外，非金融企业也是金融市场上的金融资产供给者之一。其在生产经营过程中暂时闲置的金融资产，为了使其保值或获得赢利，也会暂时让渡出去，以使金融资产的运用发挥更大效益。非金融企业中尤其是大量的小微企业、农业企业等面临着非常严重的金融需求缺口，急需分享到合适的金融资源。截至 2015 年末，全国银行业金融机构小微企业贷款余额仅占贷款总额的 23.9%，而当前我国小微企业占企业总数的 99%。小微企业每年可以为国家提供 41%的税收、44%的 GDP、59%的专利、73%的城镇就业。可见，当前我国小微企业贷款余额占贷款总额的比重与小微企业在国民经济中创造价值的地位明显不相称，导致小微企业普遍面临着融资约束难题。《中国普惠金融发展报告（2016）》显示，服务于“三农”和小微企业的贷款只占全国贷款总额的 8%左右。传统金融市场中其需求难以得到填补，而在共享金融市场中，共享金融平台作为一种创新型金融的融资途径，为我国小微企业提供金融资产支持，可以有效地满足小微企业等非金融企业的融资需求。

6.1.3 共享金融平台

共享金融平台是共享金融运作的主要载体，将不同的市场参与主体、不同的金融功能、不同的中介服务集合在同一平台上，能够高效、智能地提供多样化、综合性的一站式服务，并且能够实现信息的交互共享，具有大众性、综合性、高效性、互动性、智能性等特点。共享金融平台为金融资产供需双方提供了直接匹配交易平台，不但满足了金融资产需求方的融资需求，大大缓解了财务压力，而且满足了金融资产供给方多元投资的需求，将拥有的金融资产分开投资，分散风险。例如，在互联网众筹融资中，融资者为了使项目能够吸引更多投资者，借助互联网平台进行融资，每位投资者只需投入少量的金额就可以从融资者那里以实物或股权的形式取得回报。共享金融平台有助于消除产业与金融之间的信息不对称，降低两者之间道德风险和逆向选择，从而降低交易成本，实现产业与金融的多元化经营，拉近金融与实体的内在联系，使得产融双方更多考虑长期合作共赢，而不是短期交易行为，进而打造战略共享的新型产融关系，共享金融平台不仅是各类金融资源交易的平台，同时也是特殊的金融中介机构，是去中介化、再中介化的过程[①]。去中介化就是金融资产供需双方由依赖于传统金融机构进行金融资产调配向金融资产供需双方直接匹配转变，实现去金融资产媒介的过程；再中介化就是金融资产供需双方依托于共享金融平台，通过共享金融平台实现金融资产供需双方直接匹配。阿里小贷、拍拍贷、趣店等互联网金融平台以及商业银行互联网化、平台化的金融机构，均可以视为共享金融平台企业。随着共享金融的发展，这类平台企业将发挥越来越重要的作用，是共享金融市场极其重要的组成部分。

6.1.4　金融机构

金融机构是指从事金融服务业有关工作的金融中介机构，为金融体系的一部分。金融机构通常提供一种或多种金融服务，如接受存款、经纪和交易、承销、咨询和信托。根据各金融机构是否吸收公众存款、提供金融产品的品

① 郑志来.“互联网+”背景下共享金融发展路径与监管研究[J]. 当代经济管理，2016，(8)：86-91.

种、在共享金融市场中的角色和功能不同划分为以下几种类型：银行业存款类金融机构（银行、城市信用社、农村信用社、农村资金互助社、财务公司）；银行业非存款类金融机构（信托、金融资产管理、金融租赁、汽车租赁、贷款公司、货币经纪公司）；证券业金融机构（证券公司、证券投资基金管理公司、期货公司、投资咨询公司）；保险业金融机构（财险、人身保险、再保险、保险经纪、保险代理、保险公估、企业年金）；交易及结算类金融机构（交易所、登记结算公司）；金融控股公司（中央金融控股、其他金融控股）；其他（小额贷款公司、村镇银行等）。其中，银行业存款类金融机构是指由中国银行保险监督管理委员会（简称银保监会）监督管理的，吸收公众存款的金融机构。银行业非存款类金融机构是指由银保监会监督管理的，不吸收公众存款的金融机构。这两类机构在共享金融市场中扮演着重要的角色。银行业存款类金融机构，如商业银行，其在共享金融市场中充当信用中心，实现对全社会的资源配置，表现为吸存放贷连接金融资产供需双方，实现储蓄对投资的转化，提高社会资源的配置效率，为客户办理各种转账结算，减少现金流通，加速了金融资产周转速度，对经济稳定和增长发挥重要作用。它们承担信用创造，在宏观经济调控中扮演重要角色，并且可以提供各种便利服务，满足资源共享中各种金融服务需求。而银行业非存款类金融机构，如信托，业务的专业化程度高，业务之间存在较大的区别，需要专门的金融人才进行专业化服务，同时由于特定的服务对象和市场不同，业务运作也大不相同，业务差异较大。经济的快速发展，使商品生产和交换关系日益复杂，多样化的金融需求越来越多，共享金融的发展为银行业非存款类金融机构的发展拓展了业务范围，提升了市场竞争力。随着共享金融的发展与普及，大量的金融、经济信息可借助电子网络获取，弥补了传统金融市场中银行业非存款类金融机构的劣势，同时也提高了运营效率。本章选取了几种较典型的金融机构进行介绍。

1. 商业银行

商业银行是金融机构中最主要的一种。早期的时候，一般只接受活期存款，并主要为一些工商企业提供短期贷款。但如今的商业银行在金融领域中业务广泛、规模庞大。商业银行既是金融资产的供给方，也是金融资产重要的需求方，在金融市场的全部活动中都有所参与。作为金融资产的需求者，商业银行利用其可开支票转账的特殊性，大量吸收居民及企业和政府部门暂时闲置不用的金融资产，还可以发行金融债券、参与同业拆借等。作为金融资产的供应者，商业银行主要通过贷款和投资来提供金融资产。此外，商业银行还能通过派生存款的方式创造和收缩货币，对整个金融市场的金融资产供应和需求产生巨大的影响。我国目前的商业银行主要是指四大国有商业银行、新兴的股份制商业银行、城市商业银行等。

2. 储蓄机构

在西方国家有一种专门以吸收储蓄存款作为金融资产来源的金融机构，这就是储蓄机构。储蓄机构的大部分金融资产都是用来发放不动产抵押贷款，投资于国债和其他证券。与商业银行相比，储蓄机构的资产业务期限长，抵押贷款比重高。政府常利用储蓄机构来实现其某些经济目标，其中多为房地产政策目标。因此，一些储蓄机构得到了政府的扶持。储蓄机构在各国的名称不一样，如在美国是储蓄贷款协会、互助储蓄银行，英国是信托储蓄银行、房屋互助协会，法国、意大利和德国则为储蓄银行等。在金融市场上，它们与商业银行一样，既是金融资产的供应者，又是金融资产的需求者。

3. 信用合作社

信用合作社是由某些具有共同利益的人们组织起来的、互助性质的会员组织。其金融资产来源主要是会员的存款，也可以来自非会员。其金融资产运用则是为会员提供短期贷款、消费信贷、票据贴现及从事证券投资，也有部分金融资产用于同业拆借和转存款等。信用合作社在经济生活中起着广泛动员社会金融资产的作用，它们遍布大银行难以顾及的每一个角落，进一步促进了社会闲散金融资产的汇聚和利用。由于金融竞争的影响及金融创新的发展，信用合作社的业务有拓宽的趋势。其金融资产来源及运用都从原有的以会员为主逐渐转向多元化，因而其在金融市场上的作用也越来越大。

4. 保险公司

保险公司包括人寿保险公司及财产和灾害保险公司。人寿保险公司是指为人们因意外事故或死亡而造成经济损失提供保险的金融机构。财产和灾害保险公司是指为企业及居民提供财产意外损失保险的金融机构。保险公司的主要金融资产来源于按一定标准收取的保险费。一般地说，人寿保险具有保险金支付的可预测性，并且只有当契约规定的事件发生时或到约定的期限时才支付的特征，因此，保险费实际上是一种稳定的金融资产来源。这与财产和灾害保险公司不同，财产和灾害事故的发生具有偶然性和不确定性。它们之间的差别决定了其金融资产运用方向的不一致。人寿保险公司的金融资产运用以追求高收益为目标，主要投资于高收益高风险的证券，如股票等，也有一部分用作贷款。这样，人寿保险公司成为金融市场上的主要金融资产供应者之一。在一些西方国家，人寿保险公司是金融市场上最大、最活跃的机构投资者。财产和灾害保险公司在金融资产的运用上则注重金融资产的流动性，以货币市场上的金融工具为主，还有一部分投资于安全性较高的政府债券、高级别的企业债券等。

5. 养老基金

养老基金是一种类似于人寿保险公司的专门金融组织。其金融资产来源是公众为退休后生活所准备的储蓄金，通常由资方和劳方共同缴纳，也有单独由资方缴纳的。养老金的缴纳一般由政府立法加以规定，因此其金融资产来源是有保证的。与人寿保险一样，养老基金也能较精确地估计未来若干年应支付的养老金，因此，其金融资产运用主要投资于长期公司债券、质地较好的股票和发放长期贷款上。养老基金也是金融市场上的主要金融资产供应者之一。

6. 投资银行

投资银行是资本市场上从事证券的发行买卖及相关业务的金融机构。最初的投资银行产生于长期证券的发行及推销要求，随着资本市场的发展，投资银行的业务范围也越来越广泛。目前，投资银行业务除了证券的承销外，还涉及证券的自营买卖、公司理财、企业购并、咨询服务、基金管理和风险资本管理等。投资银行在金融市场上的功能是：一方面，它为需要金融资产的单位，包括企业和政府部门提供筹集金融资产的服务。另一方面，投资银行充当投资者买卖证券的经纪人和交易商。投资银行适应市场发展的需要而产生，又以其长期在资本市场上运作而形成的丰富的市场经验及专长为金融资产的供应者和需求者提供优质服务，从而促进金融资产的流动和市场的发展。在当今世界上，投资银行已成为资本市场上最重要的金融中介机构，无论是在一级市场还是二级市场上都发挥着重要作用。

7. 投资基金

投资基金是向公众出售其股份或受益凭证募集金融资产，并将所获金融资产分散投资于多样化证券组合的金融中介机构。投资基金的当事人有四个：委托人是基金的发起人；受托人是基金经理公司即代理投资机构，经营基金所募金融资产；受益人是投资者，即持有基金份额的人，基金份额的持有者可以按其持有比例分享基金的投资收益或资产净值；信托人负责基金资产的保管，一般由投资银行、信托公司和商业银行等大金融机构充当。投资基金可以按多种方式分类，最常见的是按基金份额的变现方式划分为开放型基金和封闭型基金。

6.1.5 政府

共享金融市场中的政府是广义的，主要包括三方面：一是作为共享金融的市场供求主体。中央政府与地方政府对金融资产有着大量需求，为了建设基础设施、弥补财政预算赤字，会发行债券等筹集资金。与此同时，政府也是金融资产的供应方，在金融市场中积极参与交易，如中东的一些石油出口国家就是金融市场上的供应方。二是作为货币当局（中央银行、国家外汇管理局）行使职能。随着政府增强对经济的调控，中央银行的货币发行职能不仅要维持货币的稳定，还承担促进经济增长和增加就业的职责，保证货币的供应量适应经济发展的需要。金融环境成为决定经济正常运行的重要因素，公布货币供应量各层次的数据已经成为中央银行的义务，并且也同时成为政府和企业经营者做决策时的重要依据。三是作为监管当局（监管方）行使职能。本章重点介绍了前两个方面，第三方面将在第 13 章展开介绍。

6.2 交易对象

共享金融市场的交易对象是指交易过程中的交易内容或资源。区别于传统的金融市场，这里将交易对象按照三类标准划分为货币金融资源和非货币类金融资源两大类。首先，看交易对象是否为直接的货币。如果以直接的货币作为交易对象，进行交易的就是货币金融资源；直接货币以外的其他对象，如供应链金融中核心企业的信用、实物众筹中的实物、捐赠众筹中的捐赠物、无形资产质押中的无形资产、订单融资中的订单使用权，以及电子货币、虚拟货币、社区货币、替代货币等，也参与到交易中，这些参与交易的对象就是非货币类金融资源。其次，看该交易对象是否通过互联网进行交易。货币不需要借助互联网就可以直接进行交易；而诸如网络融资，从交易对象上看是直接的货币作为交易对象，但是由于有了新的通道（互联网）的使用，所以也将网络融资中的金融资源作为非货币类金融资源。最后，看是否由央行法定发行。这一点针对中国人民银行即将推出的“数字货币”，其虽然通过移动互联网使用，但由于其法定发行的特殊性，具备和现行纸币同样的功能，所以本书仍专门将数字货币作为货币金融资源。

6.2.1　货币金融资源

共享金融的货币金融资源是指以直接的货币在金融市场中进行交易的对象。通常意义上是指我们日常生活中所使用的货币。但是，随着金融需求和交易的复杂化，日益受到各国政府关注的数字货币也因其法定发行的特性，具备了和现行货币同样的交易特征，从而也将其归为货币金融资源中。

1. 货币

货币本质上是一种所有者与市场关于交换权的契约，根本上是所有者相互之间的约定。吾以吾之所有予市场，换吾之所需，货币就是这一过程的约定，它反映的是个体与社会的经济协作关系。货币的契约本质决定货币可以有不同的表现形式，这里的货币主要指直接交易的实体货币。实物货币是专门在物资与服务交换中充当等价物的特殊商品，是人们的商品价值观的物质附属物和符号附属物。既包括流通货币，尤其是合法的通货，也包括各种储蓄存款。货币区是指流通并使用某一种单一的货币的国家或地区。不同的货币区之间在互相兑换货币时，需要引入汇率的概念。在现代经济中，货币起着根本性和基础性的作用。

2. 数字货币

目前，数字货币的概念较为模糊，也容易与电子货币、虚拟货币混淆。

其实，从广义来看，数字货币包含的方面比较广阔，包括电子货币、虚拟货币和法定数字货币。数字货币是电子货币形式的替代货币。数字金币和密码货币都属于数字货币。它不能完全等同于虚拟世界中的虚拟货币，因为它经常被用于真实的商品和服务交易，而不仅仅局限在网络游戏等虚拟空间中。目前国际上尚无统一定义。本书这里所说的是法定数字货币即央行即将发行的数字货币。央行科技司副司长兼数字货币研究所筹备组组长姚前认为，央行研究发行的数字货币是指数字化人民币，从各国方案看属于法定加密数字货币，其本身是货币而不仅仅是支付工具。而与之对应，虚拟货币也称为非法定数字货币。法定数字货币必须由国家主权保障，我国数字货币在设计时的初步考虑是，由央行主导，在保持实物现金发行的同时发行以加密算法为基础的数字货币，流通现金的一部分由数字货币构成。为充分保障数字货币的安全性，发行者可采用安全芯片为载体，来保护密钥和算法运算过程的安全。央行要推出数字货币，这意味着未来数字货币产业将朝着更加规范、更加理性的方向发展。而由于数字货币有效缩短了交易结算的链条，其将为网络时代的消费者提供更加便捷、安全的支付手段。

6.2.2 非货币类金融资源

共享金融的非货币类金融资源是指以非直接的货币在金融市场中进行交易的对象。即除了货币和数字货币外的其他交易对象。这里按照是否借助了货币的形式、是否需要通过互联网进行交易等将其分为非法定货币、分享使用权、股权、知识技能四类。

1. 非法定货币

这里的非法定货币，是指与法定货币（包括货币和数字货币）相对应的、不是实物货币也不是央行法定发行的货币。主要是指电子货币、虚拟货币、社区货币、替代货币等，常见于网络融资中。如电子货币，是指用一定金额的现金或存款从发行者处兑换并获得代表相同金额的数据或者通过银行及第三方推出的快捷支付服务，通过使用某些电子化途径将银行中的余额转移，从而能够进行交易。严格意义上是消费者向电子货币的发行者使用银行的网络银行服务进行储值和快捷支付，通过媒介（二维码或硬件设备），以电子形式使消费者进行交易的货币。非法定货币虽然不具备法定身份，但由于其应用广泛，与传统纸币相比具有较高的安全性，并且在借助互联网快速发展后，在共享金融市场交易中占据重要地位。

2. 分享使用权

使用权是指不改变财产的本质而依法加以利用的权利。通常由所有人行使，但也可依法律、政策或所有人的意愿而转移给他人。分享使用权其实是共享金融市场特有的一种交易对象，供应链金融中核心企业的信用的使用权、实物众筹中的实物的使用权、捐赠众筹中的捐赠物的使用权、无形资产质押中的无形资产的使用权、订单融资中的订单的使用权等，都是可以用来分享和使用的，是共享金融市场中特殊的交易对象。例如，在喜马拉雅山下进行别墅众筹，投资者投入金融资产后获得的回报是每年可以免费住一段时间，获得的是别墅的使用权。又如，点名时间和追梦网，这些平台为有创意的项目融资，如小发明、创意小店等，投资者没有报酬或者是获得会员资格等非现金性报酬。再如，开篇案例中的农女王，在建蔬菜大棚的过程中，除采用众筹方式获得货币类金融资源外，也可以对建大棚所需的钢筋、塑料薄膜等进行实物众筹，这样将会在吸引更多参与者的同时降低货币众筹的数额和难度，更容易获得所需的金融资源。

3. 股权

股权主要是股权众筹的回报形式之一。股权众筹是指融资者借助互联网上的众筹平台，将其准备创办或已经创办的企业或项目信息向投资者展示，吸引投资者加入，并以股权的形式回馈投资者的融资模式。简言之，股权众筹是共享金融市场下新兴起的一种融资模式，投资者通过互联网众筹平台挑选项目，并通过该平台进行投资，进而获得被投资企业或项目的股权。2012年4月，美国颁布了乔布斯法案，对认定的新兴成长企业在私募、小额、众筹等发行方面改革注册豁免机制，增加发行便利性。在我国，《中华人民共和国公司法》《中华人民共和国证券法》（简称《证券法》）《中华人民共和国刑法》等法律中的限制性或禁止性规定，让股权众筹寸步难行。截至2014年5月30日，股权众筹已经明确归属于中国证券监督管理委员会（简称证监会）监管，筹备中的“对股权众筹平台指导意见”提出，公司股东不得超过200个，单个股东投资金融资产额不得超过2.5万元，整体投资规模控制在500万元以内。所以，现在来看，股权众筹也逐步开始得到国家政策的支持。

4. 知识技能

知识技能主要是指共享金融市场中交易主体的专业知识与技能。其表现为对自己专业知识的运用能力，一般针对各个行业领域里的专业人才。例如，汽车修理工能够在较短时间内快速修理好汽车以方便车主正常使用的能力，软件工程师检查之后能够准确修复安全漏洞恢复文件使用的能力等。如果没有该项知识技能，这些事情就会占用大量的精力，变得十分棘手。而有了这项知识技能，能在短时间解决问题，“技”尽其用。在共享金融市场中，知识技能是可以作为交易的对象存在的，有需求者需要这种能力，可以通过互联网发布需求，具有这种知识技能的供给者则满足该需求，双方通过共享金融平台达成交易。

6.3 交易工具

共享金融市场的交易工具是指在共享金融市场上进行金融资产融通的各

类凭证或契约，包括有价证券，也包括非有价证券。金融工具有以下基本特征：一是偿还性，金融工具到期时，融资方要承担偿还责任，因而金融工具一般都要标明到期偿还的时间。二是权益性，金融工具是金融资产供给者获取利益的工具。三是流动性，流动性是指金融工具转变为货币的能力。流动性是通过金融工具的买卖来实现的，买卖差价或交易成本以及交易规模是衡量流动性的重要指标。四是风险性，风险有多种内涵，主要包括市场风险和信用风险。市场风险属于系统风险，主要是指金融工具的价格波动。信用风险是指债务人无法履约或不履约的可能性增大给债权人带来损失的可能性。

6.3.1　有价证券

共享金融市场中的有价证券是指传统的证券交易工具，是指标有票面金额，用于证明持有人或该证券指定的特定主体对特定财产拥有所有权或债权的凭证。有价证券是虚拟资本的一种形式，它本身没价值，但有价格。按其所表明的财产权利的不同性质，既包括本身能使持券人或第三者取得货币索取权的证券，如商业汇票、银行汇票等。也包括与金融投资有直接联系、持券人对发行人有一定的收入请求权的证券，如股票、债券及其衍生工具等。

1. 票据

广义的票据包括各种有价证券和商业凭证，狭义的票据仅包括本票、汇票、支票。票据是具有一定格式，载明金额和日期，到期由付款人对持票人或指定人无条件支付一定款项的信用凭证。票据的一般行为有出票、背书、承兑、保证、贴现等。

除标明现金字样的银行票据外其他票据均可背书转让。其中，银行汇票、银行本票、银行支票主要用于支付结算，银行汇票用于异地支付结算，银行本票、银行支票用于同城结算。虽然可以转让，但并未形成交易市场。商业票据具有较强的信用功能，商业本票是大企业筹集金融资产的工具，商业汇票主要用于延期支付。商业汇票和商业本票都是金融市场上交易的工具。

2. 大额可转让定期存单

大额可转让定期存单是 20 世纪 60 年代产生的一种金融工具，它既是银行的存款单，又与一般存款单不同。其特点是：①存单面额固定且面额大，在美国的存单有 100 万美元面额的，也有 10 万美元面额的不等。②存单期限固定，有批发和零售业务。未到期以前不能提前兑现，但可以转让流通。③期限较短，如美国的存单期限最短的为 14 天，最长的达 1 年。④收益较高，高于同期限政府债券的收益。

3. 央行票据

我国中央银行发行的期限在一年以内的短期债务凭证。

4. 债券

债务人向债权人承诺在一定时期内还本付息的债务凭证，是发行人（债务人）依照法定程序发行，并约定在一定期限还本付息的有价证券。

按发行主体分为：一是政府债券，是政府为筹集金融资产而发行的债务凭证。它是一种国家信用工具，一般包括中央政府债券、地方政府债券、政府机构债券。二是公司债券（企业债券），是公司依照法定程序发行的、约定在一定期限还本付息的有价证券。公司债券一般可分为抵押公司债、无担保公司债、偿债基金公司债、可转换公司债等。在我国，公司债券是指公司制企业发行的债券，企业债券是由中央政府部门所属机构、国有独资企业或国有控股企业发行的债券，它对发债主体的限制比公司债券狭窄得多。三是金融债券，是银行及非银行金融机构依照法定程序发行并约定在一定期限内还本付息的有价证券。

5. 股票

股票是股份有限公司签发的，证明股东按其所持股份享有权利和承担义务的所有权凭证。也就是说，如果谁拥有某公司一定比例的股票，谁就在公司拥有一定比例的资本所有权，并凭此所有权定期分得股息收益。股票的基本特征包括非返还性、流动性、股东权、风险性、投机性。股票的分类：股票最基本的分类是普通股和优先股。普通股是上市公司最基本和最主要的股本。普通股股东享有以下基本权利：公司决策参与权、利润分配权、优先认股权、剩余资产分配权、检查账册权、股票可转让权。优先股是公司发行的优先于普通股股东分取股利和公司剩余财产的股票。优先股与普通股相比有以下特点：股息约定且固定支付，优先分配公司剩余财产，受限制的股东权益。

我国目前的股票种类主要有普通股票、面额股票和记名股票。此外还有 A 股、B 股、H 股、N 股之分。A 股是以人民币标明面值，以人民币认购和进行交易，供国内投资者买卖的股票。B 股又称为人民币特种股票，是指人民币标明面值，以外币认购和进行交易的股票。H 股是指由中国境内注册的公司发行，直接在中国香港上市的股票。N 股是指由中国境内注册的公司发行，直接在美国纽约上市的股票。按投资主体划分，我国上市公司股票可分为国有股、法人股、社会公众股。按是否可在二级市场流通分为流通股和非流通股。社会公众股为流通股，法人股中部分可流通，国有股为非流通股。在全流通改革后，我国股票将不再分流通股和非流通股。

6. 金融衍生工具

金融衍生工具是指其价值依赖于原生金融工具价格的金融合约，如远期、期货、期权、互换等。金融衍生工具是“任何价值取决于相关比率或基础资产之价值或某一指数的金融合约”。

金融衍生工具按交易形式的不同分为四类，即远期合约、期货合约、期权、互换。第一类是远期合约，是指交易双方约定在未来某一确定时间，按照事先商定的价格，以提前约定的方式买卖一定数量的某种资产的合约。远期合约不是标准合约，而是为了规避现货交易风险而产生的合约。远期合约的主要优点是更加灵活。缺点是远期合约的交易对手难以寻找，并且违约风险较大，价格变动使一方不利，或合约到期时一方已破产，该远期合约将会无法履行。第二类是期货合约，是指协议双方同意在约定的将来某个日期按约定的条件（价格、交割地点、交割方式）买入或卖出一定标准数量的某种金融工具的标准化协议。合约中规定的价格就是期货价格。期货合约实际上是标准化的远期合约。它的合约规模、交割日期、交割地点等都是标准化的。期货交易每天进行结算，买卖双方在交易之前都必须在经纪公司开立专门的保证金账户。第三类是期权，是指具有在某一限定时期内按某一约定的价格买进或卖出某一特定商品或期货合约的权利。这种权利是买进者拥有的一种权利，对卖方而言是一种义务。期权是以买方的角度定义的，如看涨期权、看跌期权、实值期权、虚值期权、权利的放弃等。买方取得的是买卖的权利，而没有必须买进或卖出的义务。买方有执行的权利，也有不执行的权利，完全可以灵活选择。第四类是互换，是指约定两个或两个以上当事人按照商定条件，在约定的时间内，交换一系列现金流的合约。一般有两种互换形式，一种是利率互换，是双方同意在未来的一定期限内根据同种货币的同样的名义本金交换现金流，其中一方的现金流根据浮动利率计算出来，而另一方的现金流根据固定利率计算。另一种是货币互换，是将一种货币的本金和固定利息与另一货币的等价本金和固定利息进行交换。

6.3.2　非有价证券

除了传统的有价证券外，共享金融市场上交易工具也包括非有价证券。这里主要指提货单、仓库栈单、运货单等。持券人拥有商品所有权或使用权，取得这种证券就等于取得这种商品的所有权，它是一种物权。这里的物是指占有一定空间，有一定使用价值和交换价值，并且可由民事主体所支配，以满足人们生产或生活需要的一切客观存在的物质资料，其拥有者对该证券上所载明的商品享有合法权利。例如，仓单。首先，仓单是保管人应存货人的请求签发的。其次，可以在各个交易主体之间自由流转，可流通性高。最后，仓单是提取货物的凭证，这是仓单最重要的作用。保管人有见单即付的义务，一旦仓单持有人持仓单要求放货，保管人不得以提货日期尚未到为由而拒绝。存货人在收到仓单后可以基于自己对货物的所有权对仓单进行处分。在共享金融市场中，仓单具有相应的物权凭证功能，一般作为一种使用权进行转让。如前所述，仓单是提取仓储物的凭证，其存在着提取货物的请求权，但提取货物必须要出示仓单，其权利的行使与仓单的占有和转移如影随形。在使用权的转让关系中，如果转让人到期不能偿还金融资源供给方相应资产，供给方作为仓单的持有人，有权行使仓单质权，即将仓单项下的仓储物变价并就所得价款优先受偿。这种证券，从本质上讲是一种使用权利的转让，交付的是所有权的凭证，仓单持有人实际上并未直接占有动产。在我国仓储业务实践中，仓单、入库单和提货单都被称为“仓单”。与传统金融市场相比，共享金融市场中的仓单、入库单和提货单等都可以作为金融交易工具进行使用权的转让和分享。仓储业务中使用的入库单是保管人出具的证明存货人存放在保管人处的某批特定货物为存货人所有的凭证，其形式较为简单，有的仅记载有仓储人、入库时间、存货人、货物简单数量或者记载其中一部分。提货单通常是由保管人出具或由存货人出具（须为经保管人事先认可的表单样式和签章）的需由存货人本人或其指定代理人到保管人处提货的凭证。

传统金融市场中这些单据仅限于仓储物入库、提货等单一用途，是不可以进行质押的。但在共享金融市场中，交易主体、交易范围的拓展使得这些单据作为非有价证券的一部分，也可以根据供需双方的自由选择在共享金融平台上进行交易。在共享金融市场中，这些单据通过共享金融平台，不仅具有票面面值，可以兑换商品，也可以用作融资的信用证明等，有效地提高了信息的对称性，促进了金融资产的流通，为金融市场注入新鲜血液。

6.4 交易价格

传统的金融市场中，交易价格即市场化利率。货币在金融市场上是作为一般商品存在的，金融资产需求方买入的是货币一段时间的使用权，在这段时间内支付的成本就是利率。金融工具买卖、转让的不是货币，而是货币的使用权。买方购买使用权后，可以投资于各种经营活动，以获取更多的利益。金融市场的交易价格——利率的波动，比较客观地反映了市场银根的松紧。金融市场中商品的单一性决定了利率的一致性。不论借钱的目的是什么，在期限一致、金额相同时，利率基本相同。但在共享金融市场中，交易价格不仅仅是利率，也有非利率，包括声誉、参与感、体验、愉悦、意义等。因为共享金融有普惠金融的性质，所以除“利率”之外的其他收益方式也可通过金融资源的“分享”获得，丰富了金融市场交易的定价方式。

6.4.1 利率（收益率）

在日常经济生活中，利率总是一个备受关注的重要经济变量。对于个人而言，利率水平的变动会影响人们消费支出和投资决策的意愿，如是把钱存入银行还是增加消费支出，是购买股票还是购买债券，是现在借钱购买住宅还是等将来赚够了钱再买，等等。对于企业或公司而言，利率水平的变动会影响其融资成本，投资项目机会成本的变化对企业或公司的投资决策往往会产生非常重要的影响。此外，利率水平的高低是衡量经济形势好坏、信用状况松紧的一个重要经济指标；而且贴现率更是作为一个重要的货币政策工具，被中央银行用来控制和调整货币供给量。

在物价水平不变的前提下，不同的名义利率反映投资者所获得的实际收益率水平的差异。为了计算各种不同金融工具的利率水平，我们必须对金融工具进行简单的分类。在日常生活中，我们经常可以接触到各种各样的金融工具，如商业票据、银行承兑票据、可转让银行存单、国库券、股票、抵押贷款、企业债券等，它们大致可以分成以下四种类型。

（1）简易贷款。工商信贷通常采用这种方式。这种金融工具的做法是：贷款人在一定期限内，按照事先商定的利率水平，向借款人提供一笔金融资产（或称本金）；至贷款到期日，借款人除了向贷款人偿还本金以外，还必须额外支付一定数额的利息。例如，某个企业以 10%的年利率从银行贷款 100 元，期限 1 年。那么，1 年贷款期满以后，该企业必须偿还 100 元本金，并支付 10 元利息。

（2）年金。年金是指在一段固定时期内有规律地收入（或支付）固定金额的现金流。它是最常见的金融工具之一。养老金、租赁费、抵押贷款等通常都采用这种方式。当第一次收（付）刚好在一期（如 1 年）之后，这种年金称为普通年金。例如，某人以这种方式借入银行贷款 1 000 元，期限为 25 年，年利率为 12%。那么，在未来 25 年内，该借款人每年年末都必须支付给银行 120 元，直到期满为止。

（3）附息债券。中长期国库券和公司债券通常采用这种形式。这种金融工具的做法是：附息债券的发行人在到期日之前每年向债券持有人定期支付固定数额的利息，至债券期满日再按债券面值偿还。在这种方式下，债券持有者将息票剪下来出示给债券发行人，后者确认后将利息支付给债券持有者。例如，一张面值为 1 000 元的附息债券，期限为 10 年，息票率为 10%。债券发行人每年应向持有人支付 100 元的利息，在到期日再按面值 1 000 元本金并加最后一年的利息 100 元偿付。

（4）贴现债券。美国短期国库券、储蓄债券以及所谓的零息债券通常采用这种形式。这种金融工具的做法是：债券发行人以低于债券面值的价格（折扣价格）出售，在到期日按照债券面值偿付给债券持有人。贴现债券与附息债券不同，它不支付任何利息，仅仅在期满时按照债券面值偿付。例如，一张贴现债券面值 1 000 元，期限 1 年，债券购买者以 900 元的价格购入该债券，一年后，债券持有人可以要求债券发行人按照面值偿付 1 000 元。

这四种类型的金融工具现金流产生的时间不同。简易贷款和贴现债券只在到期日才有现金流；而年金和附息债券在到期日之前就有连续定期的现金流，直至到期为止。因此，在使用这些金融工具进行投资时就存在一个选择的问题。哪种金融工具可以为投资人提供更多的收入，需要运用现值的概念，计算不同类型金融工具的利率。现值与终值概念是计算各种金融工具利率水平的基础。由于到期收益率的概念中隐含着严格的经济含义，因此经济学家往往把到期收益率水平的高低作为最精确指标。

到期收益率概念有一个重要假定，就是所有现金流可以按计算出来的到期收益率进行再投资。因此，到期收益率只是承诺的收益率，它只有在以下两个条件都得到满足的条件下才会实现：①投资未提前结束；②投资期内的所有现金流都按到期收益率进行再投资。如果投资提前结束，则会产生不可预见的资本利得或损失，从而影响实际收益率。而如果利率随时间而改变，则现金流就无法按到期收益率进行再投资，这就是再投资风险。显然，期限越长、中间的现金流越多，再投资风险就越大。

金融创新和金融监管相伴而生，利率管制和不完全市场化引致共享金融创新发展。研究表明，共享金融与货币市场利率有关联性，长期来看两者同向变动，短期来看共享金融产品收益率有正效应且持续时间长；共享金融与银行存贷利率关联性不明显，主要因为共享金融发展规模还小，不足以对银行存款市场形成实质性冲击。因此加强共享金融行业自律，保持健康可持续发展；加速利率市场化进程，形成统一的市场化利率体系；转变中央银行货币利率调控方式，加快金融机构创新驱动是未来市场发展的方向①。

6.4.2　非利率

与传统交易价格——利率，相对应的是非利率的定价方式。金融资产提供者通过提供金融资产，收获声誉、参与感、体验、愉悦、意义等非利率化回报。共享金融市场中，人们通过“分享”，不再仅仅追求收益率的回报方式，而是一些满足自身情感和情绪的需要。人们通过捐赠、帮助他人、创意投资等，能够获得需求者的感谢、声誉的提高、参与项目的乐趣、愉悦的情绪和精神世界的丰富。它们不是传统意义上的收益方式，也难以像金钱、绩效、战略等对企业的运营带来立竿见影的促进，但它们是交易主体在共享金融市场中经营所不可或缺的要素，共享的发生也正是源于这些独特的收益与体验，也可以说正是这些特殊收益的存在，才让交易主体有动力参与到共享金融市场中。例如，开篇案例农女王的众筹参与者，可能获得回报的方式是有机蔬菜，也可能是个人及家人参与的体验、参与农田劳作及收获的快乐，哪怕有一天发生天灾而导致没有收成的情况下，也可以获得帮助农民发家致富的“意义”“心理满足”等。这种收益，远比货币的收益更大。

例如，声誉的提高，顾名思义就是供给方在共享金融市场中获得的声望、荣誉、赞赏。对于个人而言，体现为个人知名度或者受欢迎程度的提高；对于企业而言，则是指企业在公众认知方面获得公众、社会与其他企业的认可。与传统金融市场中企业通过提高生产经营水平获得的声誉不同，在共享金融市场中，声誉是可以通过资源的共享获得的。通过对于闲置、低效资源的共享交易，不仅可以使企业绩效获得提升，更可以通过为资源的需求方提供他们需要的金融资产来获得更广泛的社会认同；而对于优质资源的共享，可以

---

① 龙勇，牛润盛. 互联网金融与利率市场化关系分析与实证研究[J]. 上海金融学院学报，2016，(1)：69-80.

在共享金融市场中展示企业良好的运营状态与未来前景，更可以体现企业积极共享的态度，这样在提升企业声誉的同时，会通过显示与提升企业潜在价值来吸引资本方更大规模、更频繁的投资，这种对于资本的吸引对于未来的发展前景也是一种助力。对于个人来说同样如此。个人提供了独有的资源帮助需求方解决问题，这种专业高质量的知识技能提升需求方的满意度，将使其收获需求方甚至周围更多人的认可和赞赏，带来极大的满足感。

又如，愉悦的情感体验。霍桑试验认为，在现代社会，每一个人都是“社会人”，即人是有思想、有感情、有人格的活生生的人，是复杂社会的成员之一，人际关系对于人具有重要意义。这一假设已经成为现代社会人文学科研究的基本前提之一，在共享金融市场中同样如此。在共享金融学的假设中，人具有“超理性”，不再单纯追求经济利益，在参与这一市场交易的过程中，除了追求财富、绩效与声誉，更注重作为一个社会人在情感、社交、信任、尊重等个人情感上的满足。通过共享金融平台，人们在与他人分享自己的资源的同时，直接建立了供需双方的互动联系，而一个需求方可以同时面对多个供给方，一个供给方可以同时分享资源给多个需求方，这种多对多的瞬时性交易模式建立了一个巨大的交易网，使金融交易活动具有更为广泛与更为灵活的交易方向，也使得交易活动更具有效率。参与主体会有更多的机会与相熟或不熟甚至是素未谋面的其他参与主体进行社交，他们的社交范围随着共享金融市场交易的发展不断扩展，满足了人们的社交需求。除此之外，在交流的过程中，通过人与人之间在兴趣爱好、地域习俗甚至性格世界观上的共鸣，人们还能获得比传统金融交易中更为广泛的认可、信任与尊重，甚至情感上的满足。

非利率的交易价格所带来的回报是利率价格所不能给予的，供给方在预期能达到需要的非利率交易“价格”时，会有意愿将自身的金融资源提供给需求方，以此达成交易。这是共享金融市场相比传统金融市场的丰富化、普惠化的体现。

总之，共享金融市场在需求端、供给端、金融机构等三方面对传统金融产生了重大影响。在需求端，传统金融受制于人员、时间、交易成本等因素从而在金融资源配置时出现了客户之间的不均衡，传统金融市场中出现了“长尾客户”问题，即小微企业、农民、城市低收入人群等“长尾客户”很难获取金融服务；而共享金融市场的服务对象和主体正是这些具有小额融资需求的“长尾客户”，解决这些弱势群体金融服务需求很难得到满足的问题。在供给端，传统金融机构以商业银行债务融资需求为主体，一方面导致了企业债务成本过高，债务融资为主的传统金融供给模式不利于“双创”时代金融需求；另一方面很难满足金融资产供给者多样性的金融需求，金融资产供给者金融需求投资渠道比较有限，而共享金融市场则解决了金融资产供给者多样性的金融需求，使得社会整体债务融资比例有所下降，股权融资比例有所增加，进而满足社会“双创”时代的融资需求。在金融机构方面，传统金融市场以商业银行为金融中介的主体，商业银行负债业务、资产业务和中间业务等三大业务核心就是在金融资产供给者和需求者之间进行中介；而共享金融市场的去中介化，主要就是解决金融资产供给者和需求者之间信息不对称问题，进而对金融资源进行更高效率的配置，金融资源供需双方不再依附于传统商业银行，通过共享金融平台实现金融资源供给者和需求者之间自主匹配，金融资源供给者根据其风险偏好选择其金融产品，金融资源需求者根据其信用评价和融资需求选择其融资模式。共享金融在一定程度上冲击了传统金融市场，但同时也促进了传统金融系统的转型，形成新的共享金融市场，通过双方的和睦发展及在实践中的探索与磨合，最终打造具有现代化特征的中国特色金融体系[①]。

---

① 郑志来.“互联网+”背景下共享金融发展路径与监管研究[J]. 当代经济管理，2016，(8)：86-91.

第7章

共享金融中介

金融中介是指在金融市场上进行资金融通的过程中，在资金供求者之间起媒介或桥梁作用的人或机构。弗雷德里克·米什金指出，金融中介机构的产生和发展主要基于两个方面的原因：第一，金融中介机构可以凭借专业化技术和规模化交易降低交易成本；第二，金融中介机构可以凭借信息收集和信息处理能力的优势解决金融交易中存在的信息不对称问题[①]。而相比于传统金融中介，共享金融中介能更好地解决以上两个问题。共享金融是人人皆可参与、一切金融资源皆可共享的金融模式。作为一个金融资源供求双方的直接交易系统，其本质是一个去中介化和再中介化的过程。与传统金融体系中的中介机构的功能有所不同，共享金融体系下的中介机构不再是资金供需双方交易的媒介，而是更多地发挥着为金融交易提供信息平台和支持性服务的作用，即实现了去资金中介化并向信息和服务再中介化的转变。在过去，金融中介机构就是一个简单的金融厂商，它以一定的利率购买资金，再将资金作为产品放在金融市场中进行销售，并作为中间人从中赚取差额。但在共享金融模式下，中介机构不再经手资金，而是为资金供需双方提供供需信息匹配以及交易所需的信用评级、审计、评估、法律、担保等专业性服务。共享金融中介是指从事共享金融活动以及为共享金融活动提供相关服务的各类金

① Mishkin F S.The Economics of Money，Banking，and Financial Markets[M]. New York：Harper Collins College Publishers，2004.

融中介机构，是共享金融的重要参与主体之一。共享金融中介主要包括共享金融平台以及信用评价与征信机构、审计与资产评估机构、法律服务与担保机构等第三方中介机构。共享金融中介凭借其独立性、客观性、公正性和专业性在资金供需双方的直接交易中发挥着重要作用，并服务于共享金融体系。其中共享金融平台是一种特殊的共享金融中介机构，也是最重要的共享金融中介机构之一。

7.1　共享金融平台

共享金融的本质是一个去中介化和再中介化的过程。去中介化就是资金供需双方由依赖于传统金融机构进行资金调配向资金供需双方直接匹配转变，实现去资金媒介的过程；再中介化就是资金供需双方依托于共享金融平台，通过共享金融平台实现资金供需双方直接匹配①，共享金融平台作为一种特殊的中介机构，其本身相当于直接融资的中介市场，发挥类似于交易所的作用②。共享金融平台是一种特殊的金融中介机构，也是最重要的共享金融中介机构、共享金融市场的核心构成要素。本节主要探讨共享金融平台的定义、技术基础、特点和功能，共享金融平台的运行机制将在第 8 章进行详细探讨。

7.1.1　共享金融平台的定义

共享金融平台是依托于云计算、大数据、移动互联网等现代信息技术手段，实现金融资源共享，为金融资源供需主体搭建直接融通交易桥梁并提供相关综合性服务的网络交易平台系统。

---

① 郑志来．“互联网+”背景下共享金融发展路径与监管研究[J]．当代经济管理，2016，38（8）：86-91．
② 田光宁．互联网金融发展的理论框架与规制约束[J]．宏观经济研究，2014，（12）：42-48，111．

在共享金融平台的概念中，“共享”是一种资源利用方式，即充分、有效地将供需两端的资源有机结合起来，提高社会资源的有效利用率。例如，共享单车所共享的资源是单车这一出行工具，它的出现有效地对接了人们的出行需求，大大提高了出行工具这一资源的利用效率。共享金融平台所共享的资源既包括货币化的资金等传统金融资源，也包括股权、使用权、知识技能，甚至实物等类金融资源。对于资金这一金融资源的供需双方而言，一方有借款需求，另一方有投资需求，共享金融平台就是通过对线下金融资源的整合，有效地将二者结合在一起。

“平台”是实现资源共享所依赖的环境或工具。金融资源的共享需要借助于一定的平台实现。共享金融平台作为典型的多边平台，将金融资源供需双方、监管方等相互关联的客户群体连接在一起，而平台独立于各个客户群体存在，通过促进不同群体间的互动而创造价值，随着参与共享金融平台的用户数量的增加，各用户群体的参与成本降低，平台价值也相应增加。随着越来越多的用户进入平台，供需双方的交易成本也随之降低。就运行模式而言，共享金融平台与传统金融中介有所差别，金融资源提供方不是把资金等资源存入平台，从平台方获取收益，金融资源需求方也不是从平台获取资源，向平台方支付利息，而是金融资源供需双方直接发生借贷关系，实现金融资源的直接融通[①]。即通过共享金融平台，金融资源供需双方不再依附于商业银行等传统金融中介机构进行资源调配，而是通过共享金融平台实现自主匹配，资金供给者根据其风险偏好选择金融产品，资金需求者根据其信用评价和融资需求选择融资模式，共享金融平台则主要起到金融资源供需信息收集、匹配、对接等作用，并不实质性介入双方的交易过程。

总之，共享金融是借助于共享方式并依托于平台工具的新型金融运作模

① 李耀东，李钧. 互联网金融框架与实践[M]. 北京：电子工业出版社，2014.

式，但金融的本质属性并没有因为方式和工具的改变而变化，共享金融平台在本质上是对线下金融资源进行优化整合，进而对金融资源供需双方的供求信息进行匹配，实现供需双方直接交易的金融平台。目前，典型的共享金融平台有 P2P 平台、众筹平台、财富管理平台等。借助共享金融平台，人们不仅可以实现资源共享，而且可以进一步实现资讯共享、经验共享、机会共享等，创造一个人人皆可参与、资源皆可共享的金融世界。

7.1.2 共享金融平台的技术基础

近年来，以陆金所为代表的投资理财平台，以格上理财为代表的互联网金融平台，以点名时间为代表的众筹平台等“互联网+”平台的兴起构成了共享金融平台的雏形，为构建共享金融平台提供了经验借鉴①。在此基础上，搭建共享金融平台并实现其高效运作还需要有相应的技术与系统支撑，移动互联网、第三方支付、大数据和云计算技术构成了共享金融平台的技术基础。

第一，移动互联网技术。根据工业和信息化部统计数据，2016 年，在 4G 移动电话用户数量大幅增长、移动互联网应用加快普及的带动下，我国移动互联网用户数量达到 10.93 亿人，比上年末增长 13.38%，接入流量消费达 93.6 亿吉比特，同比增长 123.7%。移动互联网技术的迅速普及，为共享金融平台上信息的实时交换、平台参与各方的实时联通提供了条件。

第二，第三方支付技术。比达咨询（Big Data-Research）数据中心监测数据显示，2016 年中国第三方互联网支付交易规模达到 19.3 万亿元，增长率为 62.2%；第三方移动支付交易规模为 38.6 万亿元，增长率为 216.4%，在中国，移动支付已经成为日常生活中的主要支付方式，为共享金融平台交易的实现提供了结算基础。

---

① 郑志来.“互联网+”背景下共享金融发展路径与监管研究[J]. 当代经济管理，2016，38（8）：86-91.

第三，大数据和云计算技术。新一代信息技术的发展及信息服务需求的不断升级，使得大数据成为当前显著的时代特征，大数据的广泛应用正开启着一个全新的智能时代。云计算与大数据技术深度融合，有效地提升了数据的采集、存储和计算效率，为共享金融平台提供了大规模数据处理的技术保障。

7.1.3　共享金融平台的特点

共享金融平台将不同市场参与主体、不同金融功能、不同中介服务集合在同一平台上，能够高效、智能地提供多样化、综合性的一站式服务，并且能够实现信息的交互共享，具有大众性、综合性、高效性、互动性、智能性等特点。

1. 大众性

共享金融平台是一个开放的、大众参与的平台，金融市场的各个参与主体，即以个人、企业、政府和其他组织为代表的资金供需双方，除平台本身以外的其他中介服务机构以及监管机构均可通过共享金融平台各取所需，更好地实现各自的目的和功能。作为典型的多边平台，共享金融平台具有正外部性，即当越多的主体进入到平台之中，平台对于参与各方实现共赢的价值就越大。就资金供需双方而言，通过平台实现投融资需求的直接对接大大降低了融资成本，同时还可以直接获取交易所需的信息和其他服务，提高了效率；就中介服务机构而言，通过平台提供即时服务减少了对经营场所的需求，降低了服务成本，并且可以通过平台实现客户信息、交易信息的直接对接，提高了服务效率和准确度；就监管机构而言，平台为其提供了实现实时监管、混业监管的可能性，提高了监管效率。

2. 综合性

共享金融平台将不同金融功能、与金融交易相关的多维度信息和支持性服务集成在自身网络平台之中，将传统金融体系中需要通过不同机构实现的交易集合起来，为用户提供一站式解决方案。综合性是共享金融平台区别于网上银行系统、网上证券系统、基金代销平台等单一互联网金融服务平台的最显著特点。具体而言，共享金融平台的综合性体现在信息的综合性、服务的综合性和功能的综合性三个方面。信息的综合性是指共享金融平台上综合了供需信息、信用信息、监管信息等金融交易所需的多维度信息，对于解决传统金融交易结构下的信息不对称性问题有重要意义；服务的综合性是指共享金融平台集合了信用评价、审计、资产评估、法律服务、担保等与金融交易相关的支持性服务，不同职能的中介机构都可以在共享金融平台上提供即时服务，资金供给者在比较和选择不同资金需求者时，可以在平台上直接获取借款人的信用评价服务、担保服务等作为决策支持，而不需要另外寻找相应服务，提高了交易效率和成功率；功能的综合性是指除了最基本的资金融通功能，共享金融平台还可以集合资产管理、保险等不同金融功能，在共享金融平台下，不同金融功能的界限模糊化，原本需要由不同金融机构实现的功能，在同一平台即可实现，满足市场主体对不同金融功能的需求，或在此基础上提供定制化、综合性的金融解决方案，真正提供一站式服务。

3. 高效性

共享金融平台能够提供便捷高效的服务，在时间、成本、操作上具有高效性。第一是利用互联网便捷高效的即时信息传输功能，通过网上交易和服务的方式减少交易双方的时间成本，提高时间效率；第二是通过去中心化和去中介化的直接交易对接方式降低融资成本和交易费用，提高成本效率；第三是依托于综合性产品和服务的提供使客户免于在不同金融机构的交易系统中频繁跳转，简化操作，从而使客户能够更加方便地开展金融活动，提高操作效率。

4. 互动性

共享金融平台将金融服务场所从物理网点转移至网络，通过互联网实现平台与客户之间、客户与客户之间、客户与服务提供商之间的互动交流。第一，共享金融平台能够通过简洁清晰的交互界面以及信息披露的方式使客户充分地了解金融资源供需状况和相关服务，客户也可以在平台上发布信息，实现平台与客户之间的互动；第二，有初步交易意向的资金供需双方可以在共享金融平台上进行即时的互动通信交流，或者通过平台依托的社交网络来实现进一步沟通，即实现客户与客户之间的互动；第三，客户在寻求与交易相关的支持性服务时，在需求信息自动对接的基础上，可以通过平台与服务提供商直接互动交流。

5. 智能性

在强大的大数据、云计算、机器学习、人工智能等先进互联网技术的支持下，共享金融平台可以实现智能化服务。共享金融平台能够搜集和挖掘网络中的海量数据，并结合平台自身的历史交易数据，对客户信息和市场信息进行综合分析与处理。例如，平台可以对资金供需双方的教育背景、地理位置等基本信息和信用等级、不良还款历史、社会活动参与情况以及需求紧迫性等方面进行综合分析，从而对双方的风险承受能力、偏好等进行类型化判断，并进一步由系统进行高效匹配，同时平台还可以在此基础上提供投资组合、理财策略、中介服务商选择等建议，甚至能够实现由计算机替代人工来完成交易活动。

7.1.4　共享金融平台的功能

共享金融平台是共享金融运作的主要载体，其功能主要体现在三个方面。

一是发挥平台经济功能，推动普惠金融的实现。平台经济具有典型的正外部性，正外部性是指参与到共享金融平台之中的主体越多，各参与主体的交易成本越低，共享金融平台对于各参与主体实现共赢的价值就越大，从而吸引越来越多的参与主体特别是低阶层的社会群体参与到金融活动中来，推动普惠金融的实现。

二是进一步推动产融结合，即产业与金融业在经济运行中相结合。在共享金融平台的作用下，金融与非金融产业的边界进一步模糊化，金融与实体产业间的信息不对称得到缓解，从而使交易成本降低，拉近金融与产业的内在联系。一方面，共享金融平台的发展满足了产业的融资需求；另一方面，产业的健康发展则降低了金融风险，使得产融双方实现长期共赢、良性循环。

三是促进金融参与者的学习和成长。共享金融平台是大众参与的、互动的开放式平台，在平台上，参与者不仅能够高效地传递、获取信息，还可以进行互动交流。参与者通过实践和交流来丰富金融知识，增强金融风险意识和自身权益保护意识。

总体来说，与传统金融模式相比，共享金融平台的根本优势不仅仅局限于提供低成本的融资渠道，还在于建立一个大众参与、信息对称、平等互利的交易规则，充分激励大众参与、多方互动和资源共享。

7.2 信用评价与征信机构

金融交易是信用交易，金融市场是与风险相互依存的，因此信用风险是金融市场运行中不可回避的重要问题①。共享金融时代，人们对信用的需求尤其强烈，在共享金融市场中，资金供需双方不再各自以银行等金融机构为交易对手，而是资金供需双方直接交易，这种交易结构虽然可以有效地降低交

① Fisher I. The Theory of Interest：As Determined by Impatience to Spend Income and Opportunity to Invest It[M]. New York：The Macmillan Co.，1930.

易成本，但也意味着交易双方特别是资金提供方面临着更大的信用风险，交易双方当事人之间的相互信任是双方达成交易的前提，可以说，“不信任，无交易”。因此在共享金融交易模式下，信用评价与征信机构更加发挥着不可替代的作用，通过信用体系、征信机制的创新与完善，可以对均衡价格的形成起到重要保障作用，也有助于促使金融交易顺畅进行。

7.2.1　信用评价机构

在共享金融市场中，信用评价机构是由专门的经济、法律、财务以及数据采集与挖掘专家组成的，对个人、企业、政府、其他中介机构等共享金融市场参与主体的信用进行评价及等级评定的组织，是共享金融市场的重要参与者。其中信用评价是指利用平台数据挖掘、大数据采集等技术手段对信用评价对象的信用风险、偿债能力和偿债意愿等进行综合分析，根据既定的评价模型或评价标准确定评价对象的信用风险等级，并用特定符号表示其违约风险的活动。信用评价机构的信用评价活动在防范金融风险等方面发挥了积极作用①，尤其是在共享金融平台交易中更是具有不可或缺的地位，是交易得以顺利进行的重要环节。

1. 信用评价机构的产生与发展

现代信用评价机构的前身是商业信用机构。1841 年，刘易斯·塔班（Lewis Tappan）在纽约创立了第一家商业信用评价机构；1900 年第一家基于债券的信用评价机构穆迪公司（Moody’s Investors Service）的成立，开创了信用评价进入证券市场的先河；20 世纪 80 年代末，信用评价机构在债券信用评级的基础上，又增加了对包括企业家基本素质、企业经营效率等企业基本素质要素的评价，债券信用评级逐渐发展为更加全面的信用评价。目前，

① 杜朝运. 金融中介学[M]. 上海：上海财经大学出版社，2013.

穆迪公司、标准·普尔公司（Standard & Poor's Financial Services LLC）和惠誉国际信用评级公司（Fitch）是世界上最具权威性、规模最大的三家信用评级机构。

未来，共享金融的发展必然刺激对信用评价服务的需求，同时也必然引起信用评价机构的变革。首先，共享金融的新模式将引发信用评价主体的变革。目前，信用评价机构，如标准·普尔公司、穆迪公司、惠誉国际信用评级公司等的信用评价对象主要是企业和公开市场证券，但在共享金融市场中，信用评价对象需要涵盖个人、政府等任何可以作为资金供需双方参与到交易过程中的主体。其次，在对信用评价对象静态的历史信息进行分析的基础上，在共享金融市场中，对信用评价机构而言更重要的是对评价对象的动态信息进行跟踪挖掘，并设计构建新的信用评价模型以适应相关变化，如对信用评价对象在采购、生产、发货、付款等各个经营环节的动态数据进行跟踪分析，并设计相应的信用评价模型。例如，阿里小贷和上海科技金融研究院联合推出的科技型企业的财务信用系统，上海资信有限公司推出的网络金融征信系统（Network Finance Credit System，NFCS）等，都是共享金融信用系统建设的有益尝试[①]，为未来共享金融市场下信用体系的建设奠定了基础。

2. 信用评价机构的运行

信用评价是共享金融市场健康快速发展的一个重要的因素，共享金融市场中信用评价机构的运行与传统金融市场有较大不同，下面主要从运行模式、评价方式、评价对象和评价流程四个方面对其运行特点进行介绍。

（1）运行模式。共享金融市场中，信用评价机构的运行模式主要有两种：一是依托共享金融平台运行；二是建立独立的信用评价平台提供信用评价服务。这两种运行模式各有利弊，但与传统信用评价机构的线下运营模式相比，

① 叶中行. 互联网金融中的大数据应用[J]. 科研信息化技术与应用，2015，6（2）：3-10.

共享金融市场下的网络化、平台化运营均能为信用评价机构带来提高服务效率、降低服务成本、拓宽数据来源渠道等优势。

（2）评价方式。信用评价机构的评价方式主要有定量分析和定性分析两种。与传统信用评价相比，共享金融市场下信用评价的数据来源更加广泛、时效性更强。信用评价的定量分析是指以财务数据为基础，通过对数据进行加工处理，得出信用评价结果，共享金融市场下，信用评价机构网络化、平台化的运行模式使其可以获取评价对象实时的财务数据，为实现动态信用跟踪评价提供了可能；信用评价的定性分析主要是指根据除财务数据以外的信息，如评价对象所处环境、自身素质等方面的信息对评价对象的信用状况进行评价，共享金融市场中，大数据技术的运用使得信用评价的定性信息来源进一步拓宽，如电商平台交易信息、水电费缴纳记录等都可以作为信用评价的基础。

（3）评价对象。传统信用评价机构的评价对象以企业信用和证券信用为主，企业信用评价主要是对企业的资产状况、债务偿还能力、发展前景、历史信用状况和经营管理状况等进行分析，从而对企业的信用程度进行评级；证券信用评价主要是针对有关债务人发行的各种债务工具进行评价，包括信用债券、抵押债券、中期票据、可转换债券、银行贷款等。在共享金融市场中，企业信用评价和证券信用评价仍将是信用评价机构主要的信用评价对象，但随着共享金融发展带来的个人参与金融活动的数量日益增加，个人信用评价的比重将日益增加。

（4）评价流程。共享金融市场下的信用评价主要包括以下程序：

第一，数据收集与挖掘。共享金融市场下信用评价基础信息的收集与挖掘主要通过平台历史数据积累、接入其他平台数据端口、大数据挖掘技术等方式进行。

第二，数据模型评估。即平台建立自身的信用评估模型，自动对基础数据进行计算分析，得出初步评估结果。

第三，线下调查评估。共享金融市场下的信用评价机构主要采取网络化、平台化的运行模式，信用评价工作也主要在线上进行。但在线上数据分析的基础上，必要时仍要结合线下实地考察，以对评估模型自动计算的评估结果进行修正，得出最终评估结果。

第四，动态跟踪检测。即首次评估工作完成后，评估机构通过网络技术和线下巡访持续关注评价对象的情况变动，及时评价重大事项对评价对象信用状况的影响，必要时对评价对象的信用级别做出相应调整。

3. 信用评价机构的功能

在共享金融体系下，信用评价机构的功能主要体现在两个方面：第一，缓解信息不对称和降低信用风险，替代传统金融机构的信用中介；第二，辅助监管，传递监管信号。

（1）充当信用中介。信用评价机构作为独立的第三方为交易双方提供对方的信用信息作为双方交易重要的决策参考，信用评价机构广泛、有效地收集信用信息，并对交易双方的信用状况做出专业评价和等级评定，为虚拟世界中的交易双方出具“信用名片”，从而有效缓解信用信息不对称和信用风险，替代传统金融机构的信用中介。

共享金融改变了传统金融的交易形式，信用风险也与传统金融的信用风险特征表现不一样。例如，由于网络交易的交易信息传递、支付结算等业务活动都是在虚拟世界中进行，交易双方是不见面的，双方只在互联网上进行交易。因此，双方在身份确认、信用评价等方面需要获取真实、准确的信息来作为决策依据，而普通企业、个人作为共享金融的主要参与主体，由于缺乏信用评价所需的全面信息与专业技能，难以对交易对方的信用状况做出准确判断，因此需要由信用评价机构运用自身专业的技术、人才和经验优势，对交易双方进行评级，并以简单的符号传递信用风险信息。

（2）辅助监管。信用评价机构起着辅助监管的作用。由于信用评价机构能够将信用风险加以量化，具有风险预警的功能，因此各国金融监管机构均把信用评价引入对金融机构投资风险的监管，视信用评价机构为社会监管体系中重要的一部分。

一方面，信用评价机构的评价结果揭示了评价主体的信用风险，出于公众对其独立性、专业性的信任，信用评价结果将促进市场的优胜劣汰。获得高信用等级评价的交易主体更容易被市场接受，交易量会越来越大；而低信用等级、存在违约等不良信用行为的交易主体将被市场淘汰。买卖双方在交易中的信用行为也将影响其信用等级，信用等级又将决定最终受益，形成良性循环，从而达到促进共享金融繁荣发展的目的。另一方面，信用评价机构的信用评价结果也是监管机构的重要参考标准，可以在金融监管方面用来限制监管机构的投资范围、决定金融机构的资本充足率、规定信用信息披露规则、将信用评价与市场准入挂钩等。

7.2.2　征信机构

共享金融的发展离不开完善的征信体系。在共享金融市场中，面对庞大的市场参与群体，信用安全问题至关重要，征信不仅提供全面、可靠的个人信用信息，也为整个金融系统的安全运行提供信用保障。与信用评价机构相比，征信机构的评价对象主要是个人，征信机构的发展与个人参与金融活动日益增加有密切关系。征信在本质上是信用信息服务，表现为依法采集、保存、整理、分析和使用并向信息使用者提供信用信息。征信机构是依法设立的专门从事征信业务的信用服务机构。在中国金融市场，征信机构的类型有三种：中国人民银行征信系统、互联网金融企业自建征信机构、专业第三方征信机构。我们这里所指的是独立于中国人民银行并专门从事征信活动的第三方征信机构，这类机构具有技术成熟、数据规模较大和信息保密性强等特点。征信机构是完善的共享金融市场体系中重要的组成部分。

1. 征信机构的产生和发展

个人征信在国外有 100 多年的历史，征信机构的产生最早是源于个人信贷消费的发展。1860 年，美国第一家信用局在纽约成立，目前已形成了包括益博睿（Experian）公司、环联（TransUnion）公司、艾奎法克斯（Equifax）公司三大核心公司和 300 多家小型个人征信机构在内的个人征信体系。欧洲的征信系统在发展之初就将企业征信和个人征信结合起来。2006 年，中国人民银行牵头建设的个人征信系统正式投入运行，标志着我国个人征信评级业务进入新的发展阶段。

新时代下，共享金融的发展使个人成为金融市场最主要、最广大的参与主体之一，这意味着个人征信体系在整个金融体系的运行中将发挥更为重要的作用，也将极大地刺激第三方个人征信机构的发展。

2. 征信机构的运行

共享金融体系下，征信机构的运行模式与信用评价机构类似，主要以依托于共享金融平台或独立的网络征信信息平台的形式运作，评价方式和评价流程也可参考 7.2.1 信用评价机构的内容，本部分主要介绍征信机构个人征信评价的分析维度。

在共享金融市场下，个人征信评价的分析维度与传统个人征信评价有所区别。传统个人征信的分析主要包括三个维度：个人基本数据，如年龄、性别、职业、收入、婚姻状况、工作年限等；信贷情况，主要是商业贷款和信用卡相关数据；公共数据，包括税务、工商、法院、电信、水电煤气等部门的数据。随着大数据时代的到来和发展，共享金融背景下可用于评估人们的数据越来越丰富，如电商的交易数据、社交类数据、网络行为数据等均可作为个人征信分析的基础数据。

以蚂蚁金融服务集团旗下的个人征信机构——芝麻信用为例，其推出的产品“芝麻分”是中国首个个人信用评分。芝麻信用依托阿里巴巴电商服务平台，利用大数据技术收集个人征信信息，采用了国际上通行的个人综合信用评分（信用分）来直观表现信用水平，“芝麻分”最低 350 分、最高 950 分，分数越高代表信用程度越好。“芝麻分”综合考虑以下五个维度的信息对个人信用进行评价：一是身份特质，包括学籍学历信息、职业信息，以及酒店、机票、保险等实名消费行为信息；二是履约能力，主要指社会保险（简称社保）、公积金缴纳记录、动产及不动产信息等；三是信用历史，即过往信用账户还款记录及信用账户历史；四是人脉关系，包括好友的身份特征、信用状况以及和好友互动的程度；五是行为偏好，包括购物、缴费、转账、理财等活动体现的行为偏好及稳定性（图 7-1）。

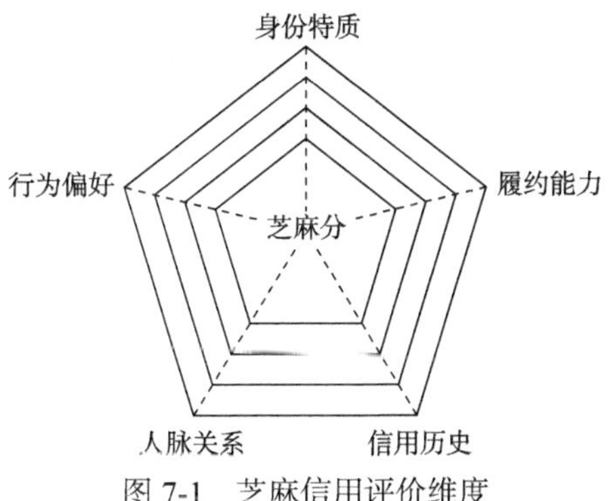

图 7-1　芝麻信用评价维度

3. 征信机构的功能

征信机构与信用评价机构的区别主要在于信用评价对象的范围不同，而二者在共享金融体系中发挥的作用有相通之处。独立、专业化运作的征信机构能在对个人信用状况进行信息收集、分析判断方面发挥优势，降低交易中的信用信息不对称，发挥信用中介功能。同时，一家有公信力的征信机构在客观上还能发挥辅助监管、维护金融市场秩序等作用。总体来说，共享金融的发展和平稳运行离不开包括信用评价机构和征信机构在内的完善的社会信用体系的支持。

7.3 审计与资产评估机构

共享金融是大众参与的金融、是信息相对透明的金融，共享金融大大扩展了金融活动的参与主体和信息储量，为参与主体提供了充足的共享信息资源。但与此同时，个人在参与共享金融的过程中，面对汇集的海量信息资源，往往由于缺乏专业知识，难以对信息质量作出判断，甚至难以辨别信息的真假。特别是对于专业性较强的财务信息，作为个人很难做出准确的解读，对于资产价值也难以做出准确的评估。因此，共享金融离不开专业的审计机构和资产评估机构的参与，共享金融的开放性、多元性和多变性也对审计机构和资产评估机构提出了新的更高的发展要求。

7.3.1 审计机构

中国的审计体系包括国家审计、内部审计和社会审计三个组成部分。本书所探讨的审计机构主要指社会审计机构，即第三方会计师事务所，是指依法独立承担注册会计师业务的中介服务机构，是由有一定会计专业水平的会计师组成的，受当事人委托承办有关审计、会计、咨询、税务等方面业务的组织。审计机构通过对被审计对象的经济资料进行核查和验证，确定其财务状况、经营成果等信息的真实性、公允性、合法性和规范性，并出具证明性审计报告，为审计授权人或委托人提供确切的信息，以取信于社会公众。

1. 审计机构的产生与发展

会计师制度起源于英国。1854 年，第一家会计师事务所——柯柏斯兄弟会计师事务所在英国成立，从此注册会计师成为一个独立的行业，并快速发展。20 世纪 50 年代后，很多西方国家的企业大力向海外扩展，形成了许多跨国公司，带动了跨国审计的发展。90 年代，经过不断并购和发展，国际上形成了著名的五大会计师事务所，即普华永道（Price Waterhouse Coopers）、毕马威（KPMG）、德勤（Deloitte & Touche）、安永（Ernst & Young）及安达信（Arthur Anderson）（受美国“安然事件”的影响，现已解体），在以审计业务为核心的基础上，这几大事务所的业务也扩展到了会计、税务、管理咨询、公司重组等其他业务领域。我国审计机构随市场经济的建立而发展，改革开放后我国为了对外商投资企业进行财务审查而设立了会计师事务所。1983 年中华人民共和国审计署成立，审计工作在全国范围内逐步展开。经过多年的探索与发展，根据中国注册会计师协会的统计数据，截至 2017 年 3 月，我国共有会计师事务所 8 461 家，注册会计师 20 余万人。

共享金融体系下的信息更新速度极快，且信息涉及领域更广，这对审计机构的专业性和审计人员的知识结构以及风险识别和判断能力提出了更高的要求，审计对象的范围也由单纯的财务数据审计扩大到信用信息审计、项目审计等方面。共享金融时代，审计机构可以构建网络审计信息中心，运用计算机的云计算和大数据分析等强大功能辅助审计人员执行审计工作，从而减少审计人员的工作量，提高审计质量和效率。同时审计机构还可以充分利用计算机审计技术，实现原始数据实时备份，保证审计证据的完整性、时效性和真实性。

2. 审计机构的业务

按照我国现行法律、法规的规定，会计师事务所的业务范围包括审计业务、会计咨询和服务业务两大领域。会计师事务所在传统金融体系中主要以提供审计服务为主，在共享金融市场下，会计师事务所的业务范围没有太大变化，但在以审计业务为主的基础上，会计咨询和服务业务的地位与作用日益凸显。

（1）审计业务。即会计师事务所通过线上平台对接审计需求，接受委托或授权对资金需求方特定时期的财务资料及经济活动的真实性、合法性、合规性、公允性和效益性进行审查、监督、评价和鉴证，从而保证投资需求方财务数据的可靠性。共享金融背景下，审计业务仍将是会计师事务所的主要业务，其审计对象包括共享金融平台的各方参与者。同时，融合了现代信息技术、业务范围更加宽广、内容更为复杂的共享金融增加了审计风险的不确定性和隐蔽性，对审计机构提出了更高的要求。

（2）会计咨询和服务业务。即会计师事务所和注册会计师凭借其专业性优势，为委托人提供会计、财务管理、税务、企业管理等方面的咨询服务，如提供设计财务制度、担任财务顾问、组织人员培训、代理记账、代理纳税申报等服务。共享金融的发展使得金融大众化、普惠化成为一种趋势，越来越多的普通大众参与到金融体系中，必然将催生更多对会计咨询和服务业务的需求，为审计机构借助互联网平台拓展业务范围提供更加广阔的空间。

3. 审计机构的职能

审计机构的基本职能包括经济监督、经济评价和经济鉴证。共享金融背景下，审计机构在发挥基本职能的基础上，其主要作用还体现在两个方面：一是对共享金融体系中汇集的信息进行筛选、修正和规范，提高信息的可信度与可利用度；二是发挥对共享金融模式下一般性和特殊性金融风险的监管和防控作用。

（1）信息筛选、修正和规范。审计机构在共享金融体系中发挥着信息筛选、修正和规范的作用。共享金融依托互联网技术强大的信息汇聚能力，为市场参与主体提供海量信息，在化解信息缺失、缓解信息不对称方面起到了极大的积极作用，但与此同时也带来了信息门槛低、信息质量参差不齐等信息来源和质量监管方面的问题。例如，交易中资金供需双方的信息很大一部分来源于公共网络和依靠用户自己上传，难以确保真实可靠。第三方审计机构利用其独立性和专业性，在共享金融体系中发挥着信息筛选、信息修正和信息规范的作用，即通过剔除虚假信息、修正错误信息、处理不规范信息，起到提高信息的可信度和提高参与各方的可利用度的作用。

（2）金融风险的监管与防控。共享金融具有金融业与现代信息技术的双重特点，不仅面临传统金融业具有的信用风险、流动性风险、利率风险等固有风险，还存在经营模式和业务运作方式特殊性带来的附加风险，包括互联网信息技术引发的技术风险、安全风险和虚拟金融服务产生的操作风险、信用风险，这些风险的隐蔽性和扩散性极为显著，加大了审计的难度。审计机构通过审计及时发现交易双方财务数据不真实、信用风险评级不准确、业务经营不合规等问题，实现对共享金融模式下信用风险、技术安全风险的监控和对消费者权益保护的监管，防范金融风险。

7.3.2　资产评估机构

共享金融市场中，资产评估机构是由专业人员组成，依照有关规定和数据资料，遵循适当的原则、方法和计价标准，对作为交易标的的金融资源的价格进行评定估算并发表专业意见，为金融交易参与各方提供价值参考的专门机构。资产评估是一种市场化、动态化的价值鉴证行为，资产评估鉴证的是资产的价值，而资产价值的货币表现则是资产的价格①。

资产评估机构的工作有较强的技术性，这种技术性既体现在资产评估科学的评估程序和定价方法上，也体现在资产评估对相关市场信息，特别是可比价格或交易信息的准确获取与应用上，具体到各种评估方法的应用，可分

① 周友梅，胡晓明. 资产评估学基础[M]. 第三版. 上海：上海财经大学出版社，2014.

为成本法、市场法和收益法等[①]。在共享金融背景下，面对更加繁杂多变的市场信息，资金供给者更加需要专业的资产评估机构提供资产价格参考。

1. 资产评估机构的产生与发展

资产评估是商品经济发展到一定阶段的必然产物，特别是随着市场经济制度的产生，资产交易不断发展和扩大，为保证交易的科学性和合理性，市场对资产评估的需要和要求也大大提高。美国最大的资产评估公司——美国评值有限公司（American Appraisal）已有 100 多年的历史。真正科学意义上的资产评估行为和资产评估机构在我国产生于 20 世纪 80 年代末。1988 年，中国国有资产管理局资产评估中心宣告成立，随后各级政府相继成立了资产评估管理机构。1993 年，中国资产评估协会宣告成立，标志着我国资产评估行业建设进入了一个新的历史发展阶段。我国资产评估行业已经过了 20 多年的发展，根据中国资产评估协会公开统计信息，截至 2016 年 10 月 25 日，我国资产评估行业已拥有专业资产评估机构 3 364 家，执业资产评估师 33 802 名，发展势头良好。

共享金融背景下，现代信息技术的发展为资产评估机构的发展提供了契机，资产评估机构可以通过接入共享金融平台或建立自身服务平台构建完善的信息库，实现信息的共享，提高资产评估的工作效率和评估结果的可信度，但共享金融带来的市场信息的多变性也给资产评估工作带来了新的挑战。

2. 资产评估机构的运行

资产评估机构在共享金融市场中扮演着重要角色，下面主要从运行模式、评估对象和评估方法三个方面对其运行特点进行介绍。

（1）运行模式。在共享金融市场中，资产评估机构可以通过建立资产评估数据平台的方式运行，评估业务委托、数据分析、自动估价、评估报告的

① 杨志明，施超. 中国资产评估行业信息化建设现状分析及发展建议[J]. 中国资产评估，2010，(9)：16-20.

撰写均通过数据平台实现，同时资产评估机构通过平台积累金融交易的案例数据为市场评估提供依据。此外，还可以依托数据平台整合内部资源、优化业务结构，根据市场需求进行业务创新，如基于自身专业优势，提供在线评估咨询，为共享金融参与主体提供资产交易价格建议服务、数据分析服务以及资产处理意见等。

（2）评估对象。共享金融体系下，一切金融资源皆可交易和共享，这意味着资产评估的对象也需要相应拓宽，如域名、网站、软件、用户、知名度、访问量及品牌形象等互联网资产也需要纳入资产评估对象的范围。

（3）评估方法。通用的资产评估方法主要有市场法、收益法和成本法三种。无论是成本法中的重置价格，市场法中可比对象的交易价格，还是收益法中对未来收益的预测、折现率等参数的确定，都需要充足的相关市场数据做支持①。在共享金融市场中，市场信息量更加庞大、信息变化更加迅速，估值技术要更多地与大数据、云计算相结合，建立新型经济预测模型。

3. 资产评估机构的功能

资产评估机构作为共享金融市场中重要的中介机构，发挥着为金融交易双方提供价值尺度以及促进整个共享金融市场优化资源配置的作用。

（1）提供价值尺度。资产评估属于一种专业技术咨询活动，资产评估机构对评估对象提出专业化的估价意见，为共享金融市场参与主体提供价值参考、价格建议或资产处理意见，该意见本身虽然没有强制执行的效力，但可以作为当事人要价和出价的价值尺度参考。资产评估的一个重要特点是合理核定某项资产的重置价格或现时价值，共享金融模式下的高效交易制度带来了资产所有权转移频率的提高、转移速度的加快，这使得资产的价格处在不断变化之中，而资产价值评估是一项专业性较强的工作，交易各方由于专业

① 毕健萍，王建中. 资产评估机构信息化建设的调查分析[J]. 经营与管理，2010，（4）：34-36.

技能的缺乏难以准确判定资产价格，如果资产的交易价格难以准确核算，就会影响正确决策和各有关方面的利益关系。共享金融市场下，资产评估机构利用互联网、信息处理、数据库等计算机技术，结合现代资产评估方法，能够更加准确地核定资产价值、反映资产价值变动，合理维护共享金融参与各方的利益。

（2）优化资源配置。在价值尺度功能的基础上，资产评估机构使得资产交易价格更贴近资产价值，有效避免价格泡沫，从而起到了优化市场资源配置、促进理性投资和价值投资的作用。首先，资产评估是金融资源进入共享金融市场的必要条件，科学规范的资产评估，能保证共享金融市场的有序运行，可以为金融资源的配置提供正确信号，防止资源错配，从而起到优化资源配置的作用；其次，一项业务的进行往往具有多种途径，资产评估机构在评估中按最优使用原则对资产的价格进行估算，因此有利于资源的优化配置和流动。

7.4 法律服务与担保机构

共享金融作为一种新生的金融业态，不可避免地会产生新的问题和风险，进一步增加风险的可控性从而保障参与者的权益还需要法律服务机构以及担保机构的保障。一方面，法律服务机构在共享金融领域的法律层面加以协调和规范，可以防范、控制和处置法律风险；另一方面，担保机构在金融活动中提供了信用保证，具有独特的信用增强作用和风险管理特征，进一步防范和化解了共享金融活动中存在的风险，起到了“兜底”的作用。

7.4.1 法律服务机构

本部分所探讨的法律服务是指与金融活动相关的法律服务，是指律师、非律师法律工作者、法律专业人士或相关机构以其法律知识和技能为共享金融活动的参与各方实现其正当权益、提高经济效益、排除不法侵害、防范法律风险和维护金融活动合法权益而提供的专业活动。法律服务机构是面向社会为法人和公民提供法律服务的专门机构，主要指律师事务所等法律服务机构。

1. 法律服务机构的产生和发展

法律服务活动的起源可以追溯到两千年前的希腊，英国则是现代法律服务制度的起源地。我国法律服务职业化、社会化的进程开始于改革开放之后。1983 年我国第一家律师事务所——深圳市蛇口律师事务所（现已改名为广东蛇口律师事务所）成立，标志着中国法律服务业开始与国际接轨。经过 30 多年的发展，我国执业律师人数已超过 30 万人，律师事务所达 2.5 万多家，法律服务机构在经济、政治、文化和国家法制建设等方面发挥了突出作用。

近年来，互联网经济的发展改变了法律服务的信息来源、突破了法律服务的地域壁垒，不少法律服务机构借助互联网实现了平台化发展，"互联网+法律"成为法律服务行业新的发展潮流。在共享金融市场下，消费者、生产者与监管者之间的关系发生了根本改变，这对传统的交易方式、经营模式、政府监督、行业管理及原有的利益主体造成了巨大冲击，因此需要专门的机构在法律层面加以协调和规范，这为法律服务机构带来了新的发展契机。

2. 法律服务机构的业务

共享金融市场中，法律服务机构可以通过共享金融平台或专门的法律服务平台提供两类业务服务：诉讼业务服务和非诉讼业务服务。

（1）诉讼业务服务。诉讼业务是法律服务机构的一项传统业务，包括各种经济、民事、行政案件的诉讼代理和仲裁代理等。在共享金融市场中，诉讼业务仍然是法律服务机构的主要业务，诉讼业务的委托授权、证据材料提交等流程均可通过平台实现，同时通过对接网上法庭，实现法律纠纷的批量处理，从立案、送达、举证、质证、庭审、调解到执行，每一个环节法律服务机构都在线，诉讼参与人的每个步骤都能够被即时记录留痕，节约了诉讼时间和成本。

（2）非诉讼业务服务。传统的非诉讼业务包括法律咨询及代写文书服务，房地产、金融、知识产权等专项法律服务，以及商务资信调查、见证、公证、代理合同等专业服务。在共享金融市场中，法律服务机构可以通过法律服务平台提供电子合同、证据审查与托管以及金融法律知识培训等新型服务。例如，在交易前为参与交易的双方或多方提供一份与书面合同有同等法律效力的电子合同，并托管在法律服务平台上，以此固化交易各方的权利义务，出现纠纷时，法律服务机构的专业团队还可以配合取证并提供相关法律服务。

3. 法律服务机构的作用

法律服务机构是共享金融体系的重要组成部分，在共享金融发展、运行中的作用主要体现在两个方面：一是在参与共享金融各环节的过程中防范、控制和处置法律风险；二是推动共享金融的法制化进程，促进共享金融健康、持续发展。

（1）防范、控制和处置法律风险。法律服务机构在共享金融的各个环节为参与主体提供线上线下、交易前后的全方位的法律服务，为交易的顺利进行保驾护航，防范、控制和处置共享金融各个环节的法律风险。法律服务可以渗入共享金融交易的全过程。例如，法律服务机构可以在线上向资金供需双方提供合同模板，以及合同条款的咨询、修改服务；在线下可以开展尽职调查工作，为资金供需双方提示法律风险，还可以参与融资模式设计、规则的制定，以及为企业经营提供法律服务等，从而在共享金融的全过程中有效地防范、控制和处置法律风险。

（2）推进共享金融法制化进程。要实现和推动共享金融的发展，需要一系列外部制度环境的保障，首先就是法律保障，而法律服务机构则是共享金融法制化的“助推器”。在许多现有的互联网条件下的创新金融模式中，由于缺乏法律约束，交易环节在现实中出现了风险积累、扭曲、合规边界模糊等问题。要实现共享金融的持续发展，一方面需要加强立法层面的约束和行政层面的监督；另一方面则要在实践层面发挥法律服务机构的助推作用，通过法律服务机构对共享金融各个环节的参与，将法制约束落到实处，切实推动共享金融的法制化进程。

7.4.2　担保机构

在共享金融市场中，担保活动是指为了防范债务人违约而产生风险、降低资金损失，由债务人或第三方以财务或信用提供履约保证或承担相应责任，保障债权实现的经济行为。担保机构是以第三方的身份，通过保证、抵押、质押等方式承担保证债务人如约履行债务责任的专门组织。

1. 担保机构的产生与发展

担保机构源于市场经济和政府政策的共同作用。20 世纪 30 年代，日本为了支持本国中小企业的发展，最早成立了为中小企业融资提供担保服务的信用担保机构，后来美国、德国、加拿大等也相继成立了类似的机构。中国投融资担保股份有限公司是中国首家以信用担保为主要业务的全国性专业担保机构，成立于 1993 年，是我国专业担保机构实现从无到有的标志。近年来，随着国民经济持续快速增长，我国担保行业取得了快速发展，尤其是金融危机以来，国家在担保机构建立方面的推动力度逐渐加大，在此背景下各类资金看到契机，纷纷进入担保行业。

从中国首家 P2P 平台成立至今，平台对于信用的监控经历了多次的改变。随着共享金融的发展带来的金融活动参与者数量以及资金交易量、交易次数的大幅攀升，潜在风险爆发的可能性也随之上升，担保机构作为金融体系中的“风险防范墙”，其作用也将得到更好地体现。共享金融与担保两者的结合对共享金融的健康发展至关重要，“共享金融平台+专业担保机构”模式有望成为新的发展方向。

2. 担保机构的业务

在共享金融市场中，担保机构的运营方式主要是与共享金融平台合作，由担保机构提供融资性担保业务和非融资性担保业务，为平台上金融交易的安全进行保驾护航。

（1）融资性担保业务。融资性担保业务是指在金融交易中由担保机构对投资人的本息提供第三方担保，在共享金融平台上，由平台及担保机构对借款人资质进行双重审核，当出现债务违约时，由担保机构依法承担合同约定的代偿责任。

（2）非融资性担保业务。在共享金融市场中，发展非融资性担保业务是担保机构拓展业务价值链、创新营利模式的重要途径。非融资性担保主要包括诉讼保全担保、财产保全担保、投标担保、预付款担保、尾付款如约偿付担保、租赁合同担保、其他经济合同担保以及与担保业务有关的投融资咨询和财务顾问等中介服务。

3. 担保机构的功能

共享金融体系下，法律服务机构和担保机构共同发挥着保障作用，法律服务机构侧重于风险防范，担保机构则主要发挥着“兜底”的作用，即当风险不可避免地演化为违约结果时，由担保机构补偿债权人的经济损失。

共享金融的本质仍是金融，在金融市场中，风险是永远存在的，再完善的机制体系也无法完全避免风险结果的发生。共享金融模式下，随着金融交易参与者数量的增加以及资金交易量、交易次数大幅攀升，与之相关的潜在金融风险发生的可能性也会相应提高。引入担保机构对借款人可能出现的违约行为提供防范和保障，是共享金融体系应打造的一道“风险防范墙”。担保机构拥有专业的项目评审团队，有较好的风险控制能力，能够把控住风险，把握住底线，由担保机构对金融产品提供担保，能够解决风险性难题，当违约情况发生时，担保机构的存在可以有效地弥补债权人的经济损失，保障债权人的利益，发挥“兜底”作用，助推共享金融的发展。

第8章

共享金融平台的运行机制

运行机制通常是指一个系统内部各组成部分之间的约束关系，或指要素之间的相互影响和相互作用的关系，要使一个系统健康发展不仅需要完整的结构，还需要一系列规则保证其稳定运行。在共享金融模式下，各类金融资源的共享要想得以实现，一定的媒介和运行机制是必不可少的，由此才能形成一个建立在金融资源共享基础上的人人皆可享受金融服务的金融生态系统。因此，深入解析共享金融的运行机制十分关键。在对共享金融的特征与运作流程进行研究的基础上，进一步探讨共享金融的运作机制是完善共享金融理论体系的必要步骤，也是分析共享金融适用范围的前提条件。共享金融的运行机制包括定价机制、动力机制、交易机制、信用评估机制、担保机制、约束机制等六大机制。

8.1　定价机制

定价机制即共享金融平台上金融资源交易价格的确定机制，价格影响着市场上参与交易的各方的利益，也是市场调节的重要手段。本节的定价机制主要包括两方面：一是传统金融体系中的市场化定价机制，又名利率化定价机制；另一种是非市场化定价机制，即利他性、分享盈余下的、以普惠金融为核心理念的非市场化定价机制。其中后者充分体现了共享金融的本质，是实现人人共享金融资源的根源所在，也是与传统金融具有核心差别的独特共享金融机制。

8.1.1 利率化定价机制

利率化定价机制是传统金融下将利率作为金融资源价格的定价方式。共享金融平台作为双边市场平台，具有特殊的定价机制，其利率表现为共享金融平台向资金供给者和资金需求者收取的手续费、会员费以及交易费等。对于资金需求者，利率即其融资成本，等于项目利率加上平台手续费；对于资金供给者，利率即投资收益，等于项目利率减去平台手续费。

双边市场（two-sided markets），又名双边网络（two-sided networks），指的是经济活动平台通过提供产品或服务使平台上相互独立的双方进行直接互动和交易，为自身取得基本收益，同时平台上的双方亦会从交易活动中获得收益[①]。

共享金融平台具有典型的双边市场特色，共享金融平台作为双边市场中的平台提供方，为平台上的资金需求者和资金供给者提供了交易场所，并且共享金融平台能够很方便直接地获取平台上的每一笔交易信息，此时共享金融平台定价机制中的费用形式有两种：一种是平台准入费，缴纳准入费用的参与个体才允许参与到平台之中；另一种是平台服务费，即平台上双方借助平台进行交易，使用平台服务所需缴纳的费用，通常可以依据交易金额按比例收取，也可以按每笔交易收取固定的费用。但是对于共享金融平台，不能仅仅考虑收费的金额，鉴于其为双边市场，其定价机制也不能忽略双边市场上存在的跨群体网络效应（cross-side network effects）和同侧网络效应（same-side network effects），即对于共享金融平台的参与方，资金需求者希望尽可能多地向资金供给者提供各种融资项目供资金供给者筛选，同时资金供给者希

① Two-sided market[EB/OL]. https://en.wikipedia.org/wiki/Two-sided market.

望有足够多的投资方案去为资金需求者的融资项目提供足够多的资金，但在参与共享金融平台双方中的任一方达到一定饱和程度之后，又会产生恶性竞争，带来负面效益。而要调整参与双方的结构以及平台中双方群体的数量和交易次数，平台还必须考虑自身定价机制中所定价格的承担方的承受能力，因此在不同阶段，平台对于参与双方群体的定价可以是不对称的，甚至可以降价优惠、免费或者提供奖励来吸引一方成员参与到平台中去，进而利用双边市场的跨边网络效应来吸引另一方参与和交易，使平台的利润最大化。

目前阶段，共享金融平台的数量激增，各平台之间竞争激烈。一方面，中小企业融资困难，资金需求者“长尾”部分客户群体的融资需求难于被满足；另一方面，在一些发展中国家中，特别是中国，居民储蓄率较高，拥有较为充足的投资潜力，并且拥有银行储蓄、基金、股票、期货、债券以及其他衍生金融产品等多种投资渠道，因此，资金需求者融资需求更为迫切。在这种供求失衡的情况下，共享金融平台能够发挥有效的协调作用，平台资金供给者带来的网络效应效益更大，根据双边市场的跨边网络效应，各平台只有吸引了足够多的资金供给者参与其中，才能为平台上的融资项目提供足够的资金，才能吸引更多资金需求者参与到平台中去，并且平台参与者中的资金供给者为资金需求者带来网络效应。资金需求者的价格弹性较低，资金供给者的价格弹性相对较高，再者在双边市场环境中，存在着“赢者通吃”的效应，具有投资人数多、资金体量大等特点的强网络效应的平台会吸引更多资金需求者，进而为平台上的资金供给者提供更多个性化的项目和更好的服务，这反过来又会吸引更多的资金供给者，如此循环。反之，平台则会不断衰落，形成“马太效应”。因此，为了吸引更多资金供给者参与其中，并将参与平台的资金供给者尽可能培养成平台自身的专属资金供给者客户群体，通常共享金融平台对于资金供给者不收取费用，甚至发放利率补贴。这种定价机制从总体看增加了资金供给者和资金需求者的数量，是“人人共享金融资源”的现实体现，也让更多的金融资源流通到需要它的群体手中，尤其是社会弱势群体手中。

对于利率化定价机制下平台上融资项目的定价机制具体形式有以下几种：①以英国 Zopa（Zone Of Possible Agreement）网上互助借贷公司为代表的资金供给者决定机制，由资金供给者决定投资项目和投资的利率；②平台根据资金需求者的风险评级、信用等级等信息进行确定的项目利率的定价机制，典型的代表有借贷俱乐部（Lending Club）；③资金需求者和资金供给者用竞价的方式来通过平台双方决定项目的利率，典型的平台代表是早期的繁盛网贷公司（Prosper）（现阶段该平台项目采用第二种定价方式）①。其他定价机制大多是在这几种定价机制的基础上进行变形和组合的。

8.1.2 非市场化定价机制

非市场化的定价机制是共享金融平台上存在的另一种具有特色的定价机制，因其自身具有利他性并带有普惠金融核心理念而区别于传统金融体系的利率化定价机制。在这种定价机制下，资金供给者投资融资项目所获得的收益可能不再局限于传统金融里的用货币支付的利率，而是一种实物、服务甚至是资金供给者对资金需求者的捐赠。而共享金融具有的这种特色，体现了普惠金融本质，实现了人人共享金融资源和对金融消费主权的保护。这些特色也是使共享金融区别于传统金融的核心要素。

借助于共享金融平台互联网技术，非市场化定价机制所必需的一些以往无法规范化获取和审计的信息变得更加准确和易于获取，这些信息突破了如财务报表的财务信息内容必须使用货币计量，类似机构评级、担保合同等的非财务信息必须通过书面形式保证效力的局限，从而能全面反映项目的收益

① 赵天骄. 中国 P2P 网络借贷平台的价格形成机制及其实证研究[D]. 东南大学硕士学位论文，2015.

潜力以及所要面临的风险，也使超越财务信息之外的非市场化定价机制得以实现。

对于非货币报酬型项目中的以实物或服务为回报的项目的定价，其基础是融资项目给资金供给者带来的效益的价值。这种价值的表现不仅仅是实物或者服务的公允价值，而且是顾客自身的一种感知价值（customer perceived value），即顾客所感知到的不同产品间成本与收益之比的差别。此种定价机制中包含四个方面：功效价值（functional value），即实物或者服务所具有的功能；货币价值（monetary value），即消费者支付价格对于获得所认知的实物或服务的价值之间的联系，通常包括对于其他价值和货币成本的衡量；社会交际价值（social value），即拥有实物或者参与服务可以使消费者与他人产生联系的程度；心理价值（psychological value），即实物或者服务可使消费者表达自身观点或者感觉良好的程度①。前两种价值体现为作为回报的实物或者服务的公允价格，根据企业竞争战略确定，通常资金供给者投资后所获得的实物或者服务的质量越高，公允价格越高，资金供给者获得的效益也会越大，但同时，融资企业的融资费用也会相应增长。后两种价值则涉及资金需求者企业品牌、项目创新点、项目所表达的被资金供给者接受的倾向或者情感等。除此之外，在共享金融平台上，资金需求者还会分阶段为资金供给者提供不同的投资报酬数量或者质量，采取领投人制度带领众人投资等方法提高顾客感知价值。

对于捐赠型投资项目，其价格通常是拯救疾病患者，扶助贫困人口等项目所需要的资金金额，典型的平台和投资项目有偏向扶贫的非营利小额贷款机构 Kiva，其项目没有利息，平台通过向资金需求者收取一定费用来维持自身运营，除此之外，在我国也有类似的轻松筹的梦想清单项目。

---

① Value（marketing）[EB/OL]. https://en.wikipedia.org/wiki/Value_（marketing）.

不论是凭借实物或服务获得收益还是单纯的捐赠融资项目，都需要将资金供给者的顾客感知价值作为融资项目定价机制中的核心。因此，这种项目在定价之前，就必须是符合消费主权的顾客主导式的经济模式，资金供给者会对自己感兴趣的项目进行投资，这亦是一种投票选择，符合顾客感知价值的项目，会获得足够的投资，进而实现其融资目标，反之则可能融资失败。这促使资金需求者根据资金供给者的偏好在共享金融平台上发布融资项目，而当生产者按照消费者的意愿来提供产品时，社会资源（此处为金融资源）会获得合理分配和高效运作。

8.2 动 力 机 制

共享金融运行的动力机制，归根到底来自共享金融平台内部不同参与主体对自身经济利益的追求及满足的运行模式。共享金融动力机制的实质就是通过一定的经济利益机制，包括利率化的和非利率化的多元化收益，充分调动与发挥各参与主体的积极性、主动性和创造性来实现共享金融平台的高效率运行和资源配置，这就是共享金融平台如何满足各参与方的利益诉求的机制。本节将针对共享金融平台上融资方动力机制和投资方动力机制两部分展开，其中融资方的动力机制将重点介绍对于传统金融领域难以满足其金融服务需求的弱势群体，如融资困难的中小微企业，共享金融如何满足其需求，投资方的动力机制则会从利得多样性和增加投资渠道的角度进行展开。

8.2.1 融资方动力机制

共享金融的产生和发展一定程度上满足了传统金融体系无法满足的投资融资需求。根据融 360 公布的《2015 中国小微企业普惠指数报告》，在企业中占比超过 99%，税收贡献超过 50%，对 GDP 贡献超过 60%，对就业岗位贡献超过 80%，并且承担了 82% 新产品开发的中小企业，需要资本的创业者、农民、在校大学生以及无法支付医疗费用的病患等弱势群体，无法从传统金融体系中获得所需要的金融服务。传统金融体系中的信用配给供应（credit rationing）便是造成这种现象的原因之一。信用配给供应是指资金供给者对于需要资金需求者增加信用借款额度的一种限制[①]。这是一种市场缺陷，作为价格体现的利率已经不能实现市场的平衡，这种现象并不是由于资金需求者无力支付高额的利率回报，根据《最高人民法院关于审理民间借贷案件适用法律若干问题的规定》，民间借贷双方规定年利率最高限制为 36%，并且虽然民间借贷利率远高于同期银行贷款利率，但中国民间借贷市场依旧活跃。此种情况下，资金需求者甚至有能力支付更高的利率。存在信用配给供应是由于市场中这种利率水平下，需求远高于供给，但由于资金供给者在这种价格水平下已经达到了利润最大化，因此面对这种市场上的不平衡现象，资金供给者不会采取增加供给或者提高价格的行为。

共享金融平台则可以突破传统金融机构的这种限制。传统金融受信息不对等的影响，为了规避逆向选择和道德风险，倾向于风险低、回报稳定的资金供给者，并为其低风险低回报而设定较低的金融服务价格，信用配给供应限制了资金需求者取得金融服务的可能。而共享金融平台借助于自身大数据、云计算等网络技术手段，降低信息的不对称性，提高资金配置效率，促进资金的合理匹配，降低金融服务的准入门槛。例如，陆金所的“安 e 贷”项目中很多资金供给者就是小微企业，他们通常会通过个人名义进行借贷，共享金融平台部分满足了他们的资金需求。现阶段并不是所有的申请者都可以获得自己期望的金融服务，但是，在原本就无法获取金融服务的群体中，一部分申请者的金融需求会被满足，并且是以一种有别于以往以民间融资为代表

① Credit rationing[EB/OL]. https://en.wikipedia.org/wiki/Credit rationing.

的非正规融资方式，在一个有监管的正规平台上，通过合法手段获得融资。目前看来，不少资金需求者愿意为这种方式承担相对于银行存款更高的利率。同时，共享金融定价机制不仅包括传统金融领域的利率化的定价机制，还包括非市场化的定价机制。资金需求者给予资金供给者的投资回报不仅仅局限于传统利率形式，还可以是实物或者服务。根据企业不同阶段融资策略，初创期和成长期的企业通常缺乏现金，要尽可能规避需要支付现金的融资方式。通过共享金融平台的非市场化定价机制的债券融资方式融资，一方面企业不必为归还资金供给者的本金而支付现金，减小企业现金管理的压力，另一方面也避免了企业股票融资稀释所有者权利，为企业提供了合理调整资本结构的新工具。

另外，并非所有资金需求者都能担负这种高利率，更多的金融服务需求方，甚至无法满足普惠金融所要求的最低可承受成本。普惠金融虽然强调了金融服务的机会平等和资源有效性，但其核心内容依旧无法脱离成本，即受金融服务报酬的限制，普惠金融仅仅致力于提供较为廉价的金融服务，这种限制使其无法有效且全方位地为社会各阶层服务。因为现实中的弱势群体，对金融服务的需求是几乎无偿的金融资源，同时也需要分享金融服务提供方的盈余，这种金融服务本质上具有利他性，无论是传统金融、网络金融还是普惠金融，都受其自身的市场性限制，无法充分满足这部分金融服务需求方。

而共享金融平台则可以满足这类群体的需求，在部分平台，资金需求者可以借助自身的处境，如无法支付的昂贵医疗费用、创新的产品等，以此来影响资金供给者所要求的利率甚至可以改变报酬的形式。共享金融平台借助这个功能，实现了普惠金融无法企及的低报酬率，特别是对于贫困的弱势群体，共享金融以其真实需求出发，使他们以可接受的成本承担金融服务的费用，这种影响使得金融活动从商业市场化的限制中逐渐解困，增加了利他性，是具有“自由、平等、民主、共享”特色的全新金融体系。

8.2.2　投资方动力机制

共享金融运行的动力机制为资金供给者提供了更多的投资选择，这种选择可以是投资产品的选择，也可以是投资报酬形式的选择，这有别于传统金融模式下的投资选择。

根据长尾理论，互联网带来的分配和销售渠道上的机遇使得那些需求较少，或者销量较少的产品汇合在一起形成的市场份额可以匹敌甚至超越目前的畅销商品。共享金融平台相比于传统金融平台，可以满足更多定制化、专门化的需求。其动力机制大致有两种，一种是提供更多利率报酬的投资项目，另一种是提供非市场化报酬，即实物或者服务等多种回报形式的投资项目。

有别于传统金融市场投资，共享金融带来的是更广风险报酬范围内的选择机会。由于共享金融平台可以降低信息流动障碍，平台上项目的风险可以得到更为客观的评估，更多的信息意味着资金供给者对投资项目有更深入全面的了解。顾客感知价值的提升增加了创新项目等传统金融市场难以融资项目融资的成功率，吸引更多不同风险的资金需求者为共享金融平台提供项目。由此，对于特定风险的投资来说，由基本价值决定的价格波动的范围就相对固定，且项目利率覆盖范围更大，因而，资金供给者可以在更广范围内寻找自己期望的报酬率以及风险投资项目。

此外，共享金融平台凭借其非市场化的定价机制，为资金供给者提供更多传统金融体系下无法提供的投资项目，这些项目提供的实物或者服务通常根据消费者主权思想产生，资金供给者可以参与设计制造，还可以使自己成为实物或者服务的预售使用用户，先于大众体验创新前沿产品，并且这些项目大多具有团购性质，这不仅满足了资金供给者作为消费者追求个性化、高质量产品的需求，也满足了资金供给者的好奇心、兴趣爱好、表达自身价值观等多种需求[①]。

共享金融平台不仅能使资金供给者因新投资项目营利或者财产保值，还可以满足资金供给者的经济安全需要。共享金融平台需要的不再仅是资金，更重要的是有合适技能或资格的人在合适的时间从事适当的工作。因此共享金融平台可以提供更多的机会来保证资金供给者的经济安全，原本在经济架构中被单一工资收入限制的脆弱的个体，也可以通过共享金融平台获得工资之外新的收入来源，并且这种收入和工资收入不同，只要能满足资金需求者需要，年龄、性别、学历、工作经历等现阶段找工作需要的条件都不再重要[②]。共享金融平台可以提供的投资项目融资标的物很可能并不是货币资金或者传统金融资产，知识、技能、实物都有可能由资金供给者进行投资。因此共享金融扩大了投资的范围，模糊了受雇员工和资金供给者的边界。

8.3 交易机制

共享金融的交易机制是指共享金融市场的交易规则，以及为保证规则实施所需的技术、要素及对定价机制的影响。本节内容包含：共享金融的交易机制及其功能，交易机制的功能则包括共享金融在实现传统金融交易功能基础上，可实现金融资源的整合分割和开放、提高金融资源的交易效率、人人共享金融资源；共享金融交易机制实现条件。

8.3.1 交易机制及其功能

同传统金融交易机制相似，共享金融平台上也具有价格优先的特点：对于相同项目，报价较高者优先于报价较低者进行申报；反之，卖出价格较低

① 马朝良. 中小企业创新项目众筹模式选择及定价机制研究[D]. 中国科学技术大学博士学位论文，2016.
② 蔡斯 R. 共享经济：重构未来商业新模式[M]. 王芮译. 杭州：浙江人民出版社，2015.

者会先于卖价较高者申报。除此之外，金融市场的交易机制根据双方数量还可以分成一对一和一对多的形式：一对一即一个资金供给者对应一个资金需求者；一对多包括两类，一类是一个资金需求者对应多个资金供给者，常见的交易为资金供给者对非金融企业的投资，另一类是一个资金供给者对应多个资金需求者，常见的交易为银行对资金需求者借款[①]。而多对多则是指多个资金供给者对应多个资金需求者，这是共享金融平台相对于传统金融交易机制的一个进步，更多投资项目的提供可以满足原本金融“长尾”市场的需求，真正实现金融市场消费主权。

共享金融具有特色的交易机制，能够充分发挥共享经济的特点，并对各种资源进行整合、分割和开放。

1. 共享金融对资源的整合和分割

首先，共享金融平台可以将参与共享金融个体的资金进行整合，形成足够大的资金池，在与资金需求者“讨价还价”中争取更优的回报。其次，在获得投资项目之后，共享金融平台可以将资金需求者提供的融资项目进行拆分，分为风险等级和时间期限不同的子项目。虽然每一个资金需求者提供的可能是同一个固定期限和固定利率的项目，但在共享金融平台将这些项目进行资产证券化之后，将项目细分为时间期限和风险回报不同的共享金融产品，就可以满足更多的投资需求，吸引更多人参与到共享金融的平台之中，最大限度发挥项目对于资金供给者的吸引力，提高资金流动性，降低筹资方无法筹集到足够资金的风险。

由于共享金融平台大多允许资金供给者在一定的期限之后以适当的价格进行转手，因此即便共享金融平台证券化之后的投资项目，其价格也会因转手方等各种原因而产生波动，进而将固定价格区间扩大，且项目的时间范围

---

① 赵天骄. 中国 P2P 网络借贷平台的价格形成机制及其实证研究[D]. 东南大学硕士学位论文，2015.

也可能由较长期限转变为流动性更好的短期期限。另外，投资项目的资金供给者也可以将自身持有的项目再次证券化，通常有两种方式：确定利率转让和竞价转让。第一种是由出资方定价，在共享金融平台规定的范围内，由转售投资项目方决定利率；第二种则是根据共享金融平台规定的起始价格进行竞拍。这种机制一定程度上改善了部分共享金融平台静态定价机制的缺点，项目的内在价值便可能通过这种竞拍方式体现出来。

这种整合分割的交易方式还增加了共享金融平台上的定价压力。如果共享金融平台上的定价不合理，相对于项目的价值过高或者过低，资金供给者在转手交易时，这种价差便会充分地体现出来。资金供给者对于价格的影响力也由于这种交易方式进一步扩大，无论共享金融平台的初始定价如何，经过多轮转手交易，融资项目的最终价格应该会高于或者等于资金供给者的期望投资回报率。

2. 共享金融对资源的开放

除了整合分割之外，共享金融平台的交易机制将会是开放的。这意味着除了共享金融平台参与整合、分割的部分之外，资金供给者和资金需求者在进行交易时保留了各自对于交易的报酬数量、形式等内容上一定的自主性，而这种自主性建立在共享金融平台交易机制中信息开放的基础之上。虽然现在部分共享金融平台信息开放程度不足，但在可预见的将来，共享金融平台信息传递优势逐步建立之后，资金供给者就可以方便快捷地获取到资金需求方的各种信息，包括个人或者企业的基本信息、有担保或者无担保的融资方信用、融资项目的风险等，这使得资金供给者可以更好地判断融资项目价值。这种价值并不仅仅体现在经济利益的回报上，还体现在资金供给者可以通过自己的判断主动降低资金需求者的融资成本，安全地分享盈余。资金供给者借助共享金融平台，除了满足对经济回报的追求，也可以借由其资金，满足社交、实现自身价值等更高层次需求。对于共享金融平台的资金需求者，特别是弱势群体，得以通过自身可以承受、甚至没有成本的方式实现融资，提高资源的整体利用效率。

另外，共享金融平台的交易机制中资金需求者的融资形式、资金供给者的报酬形式也是开放的，即融资和报酬并不局限于资金这一种形式。如前所述，共享金融平台上的项目融资更为直接，资金需求者可以直接获取自己最终需要的资源，而资金供给者也可以通过实物或者其他服务来实现投资。这种直接交易的方式节省了使用货币媒介时将货币转化为所需实物或者服务的成本，让供需双方通过共享金融平台直接对接，极大地提高了资源的利用效率。而这种方式在传统的金融模式中很难推广，这不仅是由于供给和需求方信息难以获得，对于需求和供给的具体内容及标准等信息更难以获得。

共享金融平台的交易机制极大地丰富了共享金融平台所能提供的项目，降低了项目的流动性风险；整合线上线下资源，突破了时间和地域的限制；平台使用门槛低，让更多人可以享受金融进步带来的金融服务质量的提升，减少金融“错配”，实现金融资源的高效配置，让更多金融资源向不发达地区和低“净值”人群流动，进一步实现人人共享金融资源的目标①。

8.3.2　交易机制实现条件

共享金融市场交易机制实现的支撑条件，主要包括共享金融实现的技术条件和人人参与提供丰富金融资源两个方面。

1. 共享金融实现的技术条件

根据第 39 次《中国互联网络发展状况统计报告》，截至 2016 年 12 月，

---

① 赵大伟. 共享金融视角下的 P2P 网络借贷[J]. 南方金融，2015，(12)：81-86.

中国网民规模达 7.31 亿人，互联网普及率达到 53.2%。互联网成为人们生活中必不可少的一环，通过互联网进行理财也越来越普遍。共享金融平台所采用的新技术主要依托着互联网技术的发展。例如，搜索引擎技术、云计算技术以及大数据技术等，科技进步给了共享金融平台更多创新基点。

2. 人人参与提供丰富金融资源

人人参与提供丰富的金融资源为共享金融交易机制奠定了坚实的基础。共享金融除了降低交易门槛、提供更便利的交易方式之外，还通过降低学习成本使金融普及率极大地提升了。

随着社会的发展，社会分工不断细化，个体对于科学体系的认知也在不断缩小。大部分人很可能不具备全面的金融财务素养对信息进行解读，进而无法在有限的时间内及时做出决策。这种知识上的壁垒是社会大众参与金融活动的最大阻碍。共享金融平台则可以通过降低学习成本来降低这种知识上的壁垒。共享金融的交易机制相对于传统金融平台显然更加具备互联网特色，即在共享金融平台上可以实现较低的学习成本和较短的学习周期，甚至可以实现部分知识的现学现用。共享金融平台往往会将复杂的信用等信息进行简化，让资金供给者更直观地了解投资的项目。此外，共享金融平台上还有众多对于专业知识需求更低的保本保息项目供资金供给者挑选。另外，共享金融平台交易智能化顾问技术也会带来学习成本的降低，平台通常会对资金供给者的风险承受能力以及金融知识的储备等方面进行测评及风险提醒，还会为刚参与平台的资金供给者推荐风险较低的项目，方便其了解金融平台，鼓励资金供给者理性参与投资。

在技术、资源等方面的支持下，现阶段共享金融交易机制如图 8-1 所示。

图 8-1 以参与共享金融平台各方行为为基础，描述了共享金融平台线上日常（不包含坏账）交易机制运行模式。其中，共享金融平台的角色除图中

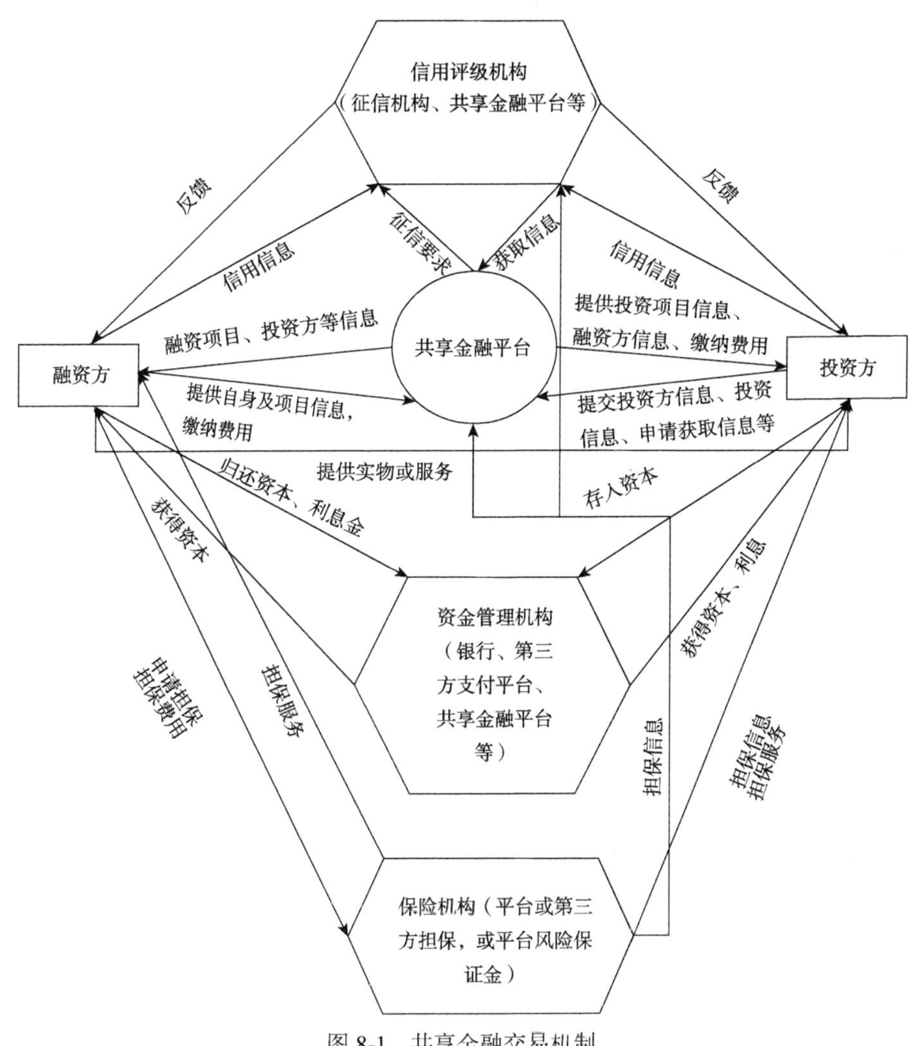

图 8-1　共享金融交易机制

心圆圈标识之外，也可以行使信用评级、资金管理以及保险等相关机构的职责。共享金融平台手续费可以单独收取也可从投资收益或者融资资本中扣除，在图 8-1 中统一通过双方与平台关系连接线表示。

8.4　信用评估机制

众所周知，占全国企业99%的小微企业在我国经济中发挥着巨大的作用，但融资问题一直是困扰其生存发展的“软肋”，主要原因是小微企业的信用信息难以评估。一方面，小微企业自身由于体制不健全、初创规模小、行业与地域分散等，普遍存在缺乏历史报表支撑、缺乏足够的抵押资产、风险防御能力弱等问题；另一方面，传统的金融机构，尤其是传统银行机构，出于风险收益的考虑以及信用信息的不对称，往往更愿意为大型国企、支柱产业、项目基础建设等提供服务，不愿意为营利能力和偿债能力难以评估的小微企业提供服务，或是出于成本收益的考虑往往会给小微企业远高于大型企业的融资成本与服务收费，并设置更高的征信门槛，这造成小微企业普遍融资难、融资贵、享受的金融服务受限的状况。要打破这种局面，关键是要找到以最低的成本解决信息不对称问题的方法。建立完善的信用评估机制、开放金融服务是共享金融解决小微企业融资困境、助推全民金融的重要保障。本节从小微企业用户融资难的信用角度出发，着重介绍共享金融信用评估机制的内涵及作用机理。

8.4.1　信用评估机制内涵

在传统金融服务中，资源过于集中在高净值财富人群中，而对于小微企业、初创企业、涉农人员等群体数量庞大但个人所拥有、能支配资产有限的“长尾”客户，暴露出的金融脆弱性等问题的核心在于资金供需双方存在着严重的信息不对称，而金融服务的核心是联结资金的供需双方。这中间的障碍除了信息不对称之外，还有双方在规模、风险和期限上的不匹配。以企业向居民募集资金来进行投资项目为例，第一，单个投资项目所需的资金量会远远大于单个居民所能提供的资金量，此为规模上的不匹配。第二，投资项目难免会有失败的风险，但居民却更愿意获得稳定的回报，此为风险上的不匹配。第三，投资项目需要长期稳定的资金来源，而居民则更愿意借出短期资金，以便给自己留出足够灵活的空间来应对可能的支出需求，此为期限不匹配。而这些不匹配的存在，正是因为“长尾”客户的难以评估造成的信任缺失。

共享金融要实现全民金融，关键在于其建立的评估机制对资金供需双方信息不对称问题的解决程度。共享金融的评估机制是指相较于传统金融机构，共享金融凭借其独有的“去信任化”，通过依靠非对称加密技术和可靠数据库完成了信用背书[①]，通过算法建立互信，达成共识，实现信息的对称，资金在规模、风险和期限上的转换，并克服资金供需双方的不匹配，让融资变成可能。

8.4.2　信用评估机制机理

不管是传统金融市场还是共享金融市场，其运行基础都是信用。只有建立了完善的信用评估体系，才能形成良好的金融链条，实现全民金融。信用评估机制的核心是“去信任化”，和共享经济中的评价机制类似，尽管参与共享金融的交易双方是“非人格化”交易，即双方互不认识，但交易的规则已在共享金融平台设定好，交易者不需要预先了解交易对手的各项信息，只需按照平台规则进行相应操作，信任平台的算法就可建立互信开始交易。共享金融的评估机制建立在互联网、大数据和云计算等技术的支撑下，提高了资金供需双方的透明度。即使资金供给者不了解资金需求者的身份信息，在“去信任化”的信用评估机制的作用下，也能实现信息的交互，对资金需求者的状况建立相应的评估，再根据自身风险偏好进行正向选择，在共享金融平台的技术支持下实现资金供需双方的直接匹配。

① 张锐. 基于区块链的传统金融变革与创新[J]. 决策与信息，2016,（10）：49-59.

在共享金融中，评定资金需求者的信用状况是评估机制的关键所在。借助互联网大数据，共享金融平台不仅是第三方平台，更是信用评级机构，通过对资金供需双方信息数据的搜集，对客户进行信用评级，降低双方的信息不对称程度。共享金融平台作为第三方平台机构，其评估机制可以给资金供给者带来更多的信任感，从而吸引更多的资金供给者，汇集大额资金，形成一定规模的资金池。同时共享金融平台上有多个资金需求者，资金供给者可以同时投资多个项目，通过汇集投资项目来分散风险，从而有更加稳定的投资回报。最后，由于资金供给者众多，不会出现所有资金需求者同时用钱的情况，资金池也更加稳定，解决了资金规模、风险和期限的问题。

现有的共享金融平台主要分两大类：第一类是依托自身的数据系统，对用户进行信用评级，如阿里小贷和京东白条。阿里小贷和京东白条的用户主要是小微企业客户、个人客户，其违约率却远低于传统商业银行，核心原因在于依托阿里巴巴和京东自身的电商平台对客户的身份信息（如工作单位、公积金、车辆信息等）和交易数据进行分析及信用评级，通过对用户信息的掌握，阿里小贷和京东白条降低了资金供需双方信息不对称所带来的风险。因此从本质上讲，阿里的蚂蚁金服和京东金融这类互联网金融公司，也是一种信用评级机构。第二类是依托第三方信用评级机构的共享金融平台，共享金融的运行不仅依托共享平台自身的数据信息对客户进行信用评级，也要依托第三方信用评级机构来降低资金供需双方信息不对称程度，如 P2P 平台就需要借助专业信用评级机构。其数据来自中国人民银行、公安、工商、税务等政府职能部门的信用数据与社区信用调查和采集。通过政府职能部门信用数据与社区信用调查和采集建立起第三方信用评级机构，和自身信用评级机构共同组成了共享金融平台信用评级体系[①]，如图 8-2 所示。

① 郑志来."互联网+"背景下共享金融发展路径与监管研究[J]. 当代经济管理，2016，38（8）：86-91.

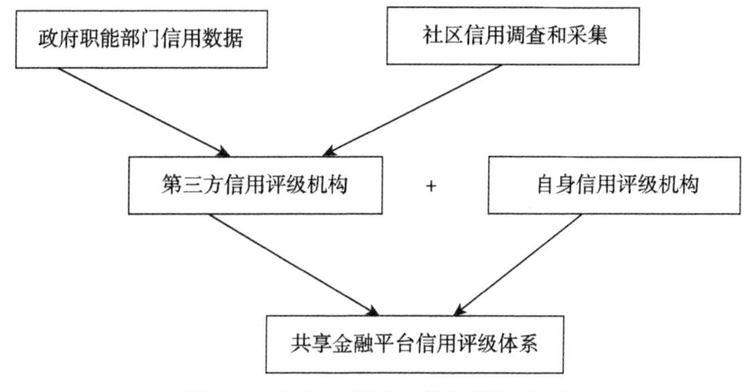

图 8-2　共享金融平台信用评级体系

陆金所的成功就得益于完善的信用评级体系。陆金所成立了专门的信用风险控制部门，并建立了严密的信用风险政策制定体系，将平台内的金融产品和市场合作伙伴都纳入这一体系内进行评估操作。

首先，陆金所对资金需求者资质进行严格审核，陆金所在审核资金需求者资质方面主要通过三条途径降低融资信息不对称程度，以便于接下来进行信用评级。第一，强调客户信用信息的共享互通。在成立初期，陆金所就认识到了信用信息互通在降低融资信息不对称程度上的重要作用，并与中国平安保险集团（以下简称中国平安）旗下的平安普惠融资贷款公司达成了信用信息互通合作。通过客户信用信息的共享互通，可以有效地降低借款活动的信用风险，为资金需求者贷款信息真实性提供有力保障。第二，要求网络贷款资金需求者主动提供个人征信资料以降低信息不对称。陆金所要求资金需求者在融资以前提供一份线下的个人征信资料，以补充陆金所已经掌握的客户信用信息，最大程度上杜绝发生失信行为。客户主动提供个人征信资料，增强了资金需求者的投资信心，有利于融资活动的顺利进行。第三，加强建设平台自身信用风险管理系统。陆金所对资金需求者资质的审核，不仅仅依赖于外部获得的信用信息，还依靠平台自身的信用风险管理系统对资金需求者的信用进行审查和风险把关。其次，陆金所利用信用评级系统对资金供需双方和相关产品进行信用评定与风险评级。在产品风险评级上，对于没有经过外部评级的产品，陆金所通过平台自身的信用评级部门对其进行评级；对于已有外部评级的标准化产品，陆金所通过建立风险评级映射模型将外部评级换算成自己的风险评级。最后，陆金所对相关信息进行规范的信息披露。陆金所重视信息披露的可读性，采取差异化的信用风险提示方式并以通俗易懂的语言将复杂的资金来源、客户信息、借贷模式等信用信息传递给用户，提高用户对信息的理解程度，在增强信息可读性的同时增强用户的投资信心。

8.5 担保机制

现代金融体系之所以存在许多功能缺失，原因之一是风险的不可控或弥补风险的高成本。传统金融行业在信用风险管理方面过多的是依赖中国人民银行的征信系统进行信用风险管理，共享金融虽有“互联网+”金融技术的支持，但在面对金融业务的高风险性和高复杂性时，传统的应对办法可能会捉襟见肘。在小微金融和普惠金融领域，信息的不确定、信用基础的缺乏等因素加重了金融服务的困难，如果实现不同组织与主体的信息系统交互、风险合理共担，则有助于介入那些传统的金融“空白区”。另外，系统性风险与非系统性风险的边界其实并没有教科书中那样分明，在“动物精神”与“冰冷技术”共存的现代金融市场上，风险预期提升、普遍恐慌、羊群效应、以邻为壑等现象的存在，都容易助推风险积累。由此，新技术的发展使得人们对微观金融行为的甄别能力增强及对其不确定性分析得愈加准确，通过技术与制度安排对风险进行合理分担和分散，成为共享金融促进金融稳定的重要尝试[①]。

① 姚余栋. 共享金融——金融新业态[M]. 北京：中信出版社，2016.

8.5.1　担保机制的内涵

共享金融的担保机制是指共享金融平台在建立了完善的信用风险评估机制、借助大数据的支持配备庞大的信息数据库以及高级别安全系数的资金管理系统的前提下，对资金供给者的权益进行补充信用支持，对资金供给者的资金安全进行双重保障，如通过汇集众多投资项目分散风险，或引入第三方担保机构对资金供给者的资金进行全额担保。

1. 通过汇集众多投资项目分散风险

汇集众多投资项的目的是分散风险，而共享金融“一对多”及“多对多”的交易模式是资金供给者分散风险的必要条件。在“一对多”及“多对多”的交易模式下，资金供给者可以将手中的资金分配到不同的可投资项目中，也就是“将鸡蛋放到不同的篮子里”。多个投资项目的交叉组合确保了投资回报率，分散了投资的风险。除此之外，风险分散的功能得以增强，还得益于大数据、搜索引擎和社交网络等新兴技术的广泛应用，这使得金融产品的风险定价变得更加精确、直观和简易，资金供给者在多元交易模式下能够选择更加安全的组合。

2. 引入第三方担保机构对资金供给者的资金进行全额担保

对资金供给者的资金进行全额担保，是共享金融平台为了增加资金供给者的安全感，通过引入第三方担保机构或从平台自身出发对资金供给者的本金进行担保，从而分担资金供给者的风险。

8.5.2　担保机制运作模式

根据风险大于收益原则，人们在决定投资行为的过程中，首先考虑的应是风险因素，其次才是收益性。新近出现的“P2P+”融资担保模式有望成为共享金融新的发展方向。

随着近两年 P2P 行业的迅速发展，部分平台为给资金供给者提供更多的保障，纷纷寻求与担保公司合作，同时由于市场对融资性担保监管的加强，民营担保机构和传统的银行担保业务萎缩，部分担保公司开始寻求业务转型，从而转向了 P2P 行业，这种新型的“P2P+融资担保”模式开始在 P2P 行业蓬勃发展。

首先，共享金融平台及担保公司对资金需求者资质进行线下双重审核，审查合格的项目才会在线上开放融资，然后共享金融平台与担保公司对出借人（资金供给者）的资金进行担保，出借人（资金供给者）与资金需求者及平台三方在线上共同签订担保协议，并发起交易，这种线上线下结合的交易模式是目前最为安全的模式（图 8-3）。网络借贷平台积木盒子所采用的便是线上线下相结合的运营模式，资金需求者在线上发起借款申请后由专门的风险调控部门对资金需求者资质进行审核，对借款申请均进行实地考察，确认资金需求者资质后再发布线上标的。同时，积木盒子也与国资背景担保公司合作，为资金供给者的资金做 100%全额本息担保。

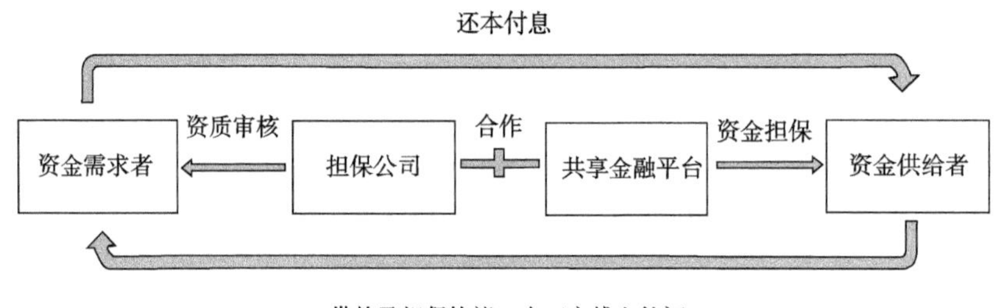

图 8-3　担保机制的运作模式

陆金所作为一家有中国平安这家强大金融机构作为支撑的共享金融平台，依靠中国平安各子公司的实力，在对资金需求者的评估审查上较为严格，在风险管理等方面也非常成熟。当有资金需求者需要借款时，共享金融平台便会提供中介服务，出借人也就是资金供给者会进行投标。在此过程中，资金的发放和收回由陆金所代为办理，在交易过程中引入平安集团旗下的担保公司进行担保，对于借款出现逾期的情况，担保公司提供全额代偿，充分保障出借人的资金安全。中国平安强大的实力在出借人看来也是一种隐性担保，陆金所目前对出借人出借资金的最低要求比较高，至少一万元，这也与很多 P2P 公司不同。

鑫合汇互联网金融服务有限公司是中新力合股份有限公司（Uni-Power Group，UPG）旗下的一个基于企业债券受益权转让与认购之间进行交易撮合的新型互联网投融资平台。金融机构在区域股权交易市场或“新三板”市场购买的企业债券，以受益权转让的形式在鑫合汇平台为资金供给者提供安全、透明、灵活、高收益的理财产品。鑫合汇要求金融机构所持有的企业债券经担保机构担保，并且在进行权益转让时另须担保机构提供流动性全额本息担保。

中新力合服务于金融机构多年，可以让资金供给者和四板市场（四板市场又称区域性股权交易市场，主板市场属于完全信息披露市场，而四板市场属于信息完全不对称的市场）对接，中新力合有一个非常成熟的关于四板市场企业的风控评判系统，所以给用户提供的也是经过精心挑选的、具备公信力的、被中新力合担保过的理财产品。

企益融是鑫合汇推出的一款投资中小企业中长期借款的产品，通过第三方资产管理公司将持有的企业中长期债权以债权转让的形式转给资金供给者，并在债权到期后通过回购担保的方式保障资金供给者的权益。聚优宝是鑫合汇推出的第二款基于私募债券受益权进行转让的标准化产品，还款来源以私募债券每月获得的利息和到期本金偿还作为保障，并有担保增信对债权本身和流动性进行担保，是安全性与灵活性同时具备的投资产品。日益升是鑫合汇推出的第三款投资中小企业短期贷款的产品，通过第三方资产管理公司将持有企业的短期债权以债权转让的形式转给资金供给者，并在债权到期后通过回购担保的方式保障资金供给者的权益。

8.6 约束机制

共享金融的探索可以推动社会信用体系的完善，尤其是对于难以进入到传统金融体系来积累信用的主体来说，参与共享金融实践可以为其创建金融信用基础。约束机制是共享金融平台得以顺利和高效运行的重要基础，为此要建立一个自律与他律相结合的约束机制。同时在“人人参与”的新模式中，自律与他律成为能否继续参与共享金融的前提，这也使得传统金融监管难以覆盖的盲区受到共享金融规则的约束，从而实现新旧监管模式的共存。本节从内部约束与外部约束两个角度出发，介绍共享金融约束机制的内涵及作用机理，同时对外部约束机制的进一步完善给出建议。

8.6.1 内部约束机制

共享金融的约束机制包括内部约束和外部约束。内部约束是指来自行业内部的约束，即自律，共享金融平台为保障自身及整个系统健康运营、防止出现内部金融危机，在行业内部建立了风险管控、内部监督、稽核检查等一系列的约束机制。自律机制主要包括三个方面：一是共享金融平台内部的自律机制；二是共享金融同业之间的约束机制；三是共享金融市场中的客户对共享金融平台的约束机制。

共享金融平台内部的自律机制。共享金融平台是以营利为目的的商业机构，其理性行为必然也是保证机构的长期利益最大化。作为商业机构的共享金融平台，如果有违规经营行为就会被监管部门查处，轻则会受到警告、罚款等，平台的声誉会受到影响，损害平台的长期利益；重则会被逐出市场，平台不复存在，也就没有继续营利的可能。因此，共享金融平台会主动约束违法经营活动，杜绝机会主义行为，从而保证平台的长远利益。

共享金融同业之间的约束机制。共享金融平台在完成拆借、汇划、担保等业务时往往需要金融同业间的相互合作，如果一家共享金融平台从事太多风险较高的金融业务或者平台本身声誉不良，金融同业就有可能提出更为苛刻的交易条件，甚至关闭对其的业务来往。例如，一个平台为了追求高收益，将资金过于集中于高风险项目，担保机构在评估风险后不再对资金供给者的资金进行担保，资金供给者的资金没有了担保会不再愿意投入资金，平台便失去了资金供给来源，也失去了继续生存发展的机会，会面临退出市场的风险。

共享金融市场中的客户对共享金融平台的约束机制。共享金融是借助互联网运行的，其经营状况和信用信息都会直观地向资金需求者及供给者展示，客户的选择是根据共享金融平台的声誉、品牌等综合考量的，平台良好的声誉能建立客户的信赖感及培养客户对平台的忠诚度，不断巩固平台在客户心中的地位，从而给自己带来长久的垄断溢价收益[①]。因此，共享金融平台受市场约束要提高资产质量、保证资金安全、保持平台稳健运行。

8.6.2　外部约束机制

外部约束是指来自行业外的约束，即政府监管部门的约束。金融监管是为了维护金融业的合法、稳健运行，实现公平竞争，保证国家货币政策的正确贯彻执行，为社会经济的发展创造一个良好的金融环境，由国家金融监督机构依据国家有关金融法律、法规及政策规定，对金融业及从业者所实施的监督和管理。

共享金融外部约束的主要目的是规范平台发展，促进共享金融发展，并服务于实体经济。共享金融平台在共享金融中起着十分重要的连接作用，外部约束机制则可以防控平台的道德风险，避免平台做出损害用户利益的行为。

---

① 潘英丽，袁宜. 论金融机构的自律及其制度基础[J]. 上海金融，2003，(1)：36-38.

共享金融正处于发展阶段，尚未成形，因此共享金融的外部监管也处在探索阶段。但目前国内的民商法规和传统金融监管的相关条款也适用于共享金融，共享金融活动不是完全无法可依，现行的法律框架体系在一定程度上为共享金融的运行提供了法律基础和创新空间。

共享金融最具吸引力的是金融资源的供需双方通过大数据、云计算、物联网、移动互联网等构筑的现代信息技术平台实现直接交易。因此共享金融的理想状态是：市场信息是高度透明的，市场参与者是理性的，个体行为能够通过"看不见的手"实现市场均衡，期限、风险、收益等因素均能在市场均衡价格里得到充分反映，充分竞争和市场规律会自动淘汰不创造价值、与金融需求脱节的金融组织，掌握信息充分的消费者和资金供给者会选择与自己需求相匹配的产品。在这种理想包装下，监管机构对共享金融可以减少不必要的干预和规制，让市场充分发挥资源配置作用。但在共享金融未达到这个理想状态之前，在现在的发展初期阶段，市场仍然存在非理性行为和道德风险等因素，监管机构对共享金融的外部约束就显得十分必要①。

针对现行的共享金融外部约束机制的不完善现象，本书提出如下建议：

（1）加强信息安全保护，保障金融资源供需双方的合法权益。对消费者的保护是共享金融约束机制的核心，共享金融平台是信息的交互平台，资金需求者、担保人、资金供给者的大量身份信息交易数据存储在平台中，外部约束机制下的信息安全保护就是为了保护共享金融参与者的个人隐私和参与企业的商业机密。央行为保护个人信用信息，颁布了《个人信用信息基础数据库管理暂行办法》《个人信用信息基础数据库数据金融机构用户管理办法（暂行）》《个人信用信息基础数据库异议处理规程》等一系列规章制度，对共享金融平台信息采集、保存及应用等方面进行了规范，并采取了授权查询、

① 姚余栋，杨涛. 共享金融：金融新业态[M]. 北京：中信出版社，2016.

限定用途、保障安全、查询记录以及违规处罚等监管措施，严格保护共享金融参与各方的信息安全。监管方可充分借鉴央行的做法，制定相关法规。

（2）加强平台监管。中介平台是共享金融市场的重要组织者以及共享金融交易网络的节点，也是共享金融监管的重要切入点。加强平台监管，一是要规定平台准入标准，对平台的注册资本、组织结构、经营条件、信息技术水平、业务流程、风险防控等设定准入标准。二是对平台业务范围进行限定，严格控制股东、管理者与平台之间的关联交易，维护平台本身和参与各方的合法权益。三是要求平台制定和完善内控规定，在投融资主体信息核实、募投资金监控方面承担相应责任。四是强化平台作为交易信息掌握者和使用者在信息保护方面的主体责任。五是加强平台的信息披露机制，充分进行风险提示，帮助资金供给者和资金需求者了解自身权利义务和风险收益关系（包括但不限于借款金额、期限、利率、还款方式、服务费等），充分保障平台参与各方的知情权和选择权。六是建立资金统一托管机制，为了避免平台擅自动用客户资金，平台须将客户资金与自有资金和平台资产隔离开，分别存放在独立账户中，并定期接受外部审计或监管部门的审查。

第9章

共享金融的表现形式

近年来，伴随着共享经济的蓬勃发展，共享金融也得以快速成长，其重要原因是其灵活多样、适合更多参与主体、人人可以共享金融资源的表现形式。一方面，共享金融是指大众参与的金融活动通过现代技术手段实现了金融资源与服务的直接交易；另一方面，这些表现形式更是以实例证明了共享金融如何给人们生活带来了巨大的改变及人们在利用金融资源等方面变得更加方便、快捷。网络借贷、P2P 模式、众筹等主要的共享金融形式改变了人们融通资金的方式，解决了金融资源融通的难题，更是以多方参与的形式体现了“人人共享”的本质；金融互联网化作为共享金融在当前时期的特定表现形式，充分体现出资金容易获得、程序简单、融资速度快、门槛低和成本低的特点；供应链金融本身围绕核心企业，以此来整合上下游企业的各类立体信息，将风险降低到可控范围内；财富管理在共享金融的大氛围之下，更能够满足不同客户对不同资金金额管理的需求；相互保险更是通过互联网的形式，使人人都可以参与保险理财，体现出共享金融的本质；区块链（block chain）金融利用数学算法来建立双方信任关系，从而促进金融活动顺利进行，更好地实现人人共享金融资源；无形资产质押建立在债务债权关系之上，利用无形资产交换促进资源、信息共享；商业信用融资作为企业间常见的信贷关系，也能够体现出共享金融去中心化、去中介化的本质。

9.1 网络借贷

网络借贷是借贷双方通过网络借贷平台来进行的小额无抵押担保借贷。全球首家网络借贷平台是2005年在英国成立的Zopa网络借贷，也是现今欧洲最大的网络借贷平台；2006年美国成立的Prosper网贷公司的在线借贷功能和Zopa相近，同时它也成为美国最大的网络借贷平台。网络借贷作为共享金融的表现形式之一，利用云计算、大数据、移动互联网等现代信息技术手段，将资金供给者和资金需求者通过第三方平台连接在一起，在资源、信息、利益及风险方面实现了公众共享，且其借贷双方直接达成信贷交易的去中心化和匹配智能化的特征更是体现了共享金融的本质，从而更好地降低了借贷双方潜在的信用风险。

9.1.1 网络借贷的内涵

网络借贷通常是指利用现代信息技术手段，通过网络借贷平台，实现资金在供给者和需求者之间的转移。网络借贷的大致流程是资金供给者（不限机构或个人）按照自己期望的利率将自身能够提供的资金呈现在第三方平台之上；第三方平台通过审核之后将其公布在平台之上；资金需求者（不限机构或个人）按照自身需要的资金金额及其愿意支付的利息，进行自愿选择。由此可以清楚地看出，网络借贷对于改善金融资源错配问题，促进金融机构提供个性化、定制化的金融服务这两方面发挥着重要作用。

1. 网络借贷有利于改善金融资源错配问题

在传统的金融体系中，银行业作为主要资金供给者，倾向于将资金提供给抵押物质量高、信用等级高及信息完整的企业，而小微企业及个人则由于规模小、信息不完整等很难在银行中获得足够的资金；同时，小微企业和个人数量众多，加剧了金融资源分配不均衡的问题。在共享金融中，网络借贷平台可以加快金融服务去中介化、去中心化过程，从而推动金融服务水平提高，改善金融资源错配的问题。

2. 网络借贷有利于促进金融机构提供多样化、定制化的金融服务

共享金融使网络借贷平台赋予借贷双方参与借贷活动时，拥有更多自主选择的权利，因此更加能够实现共享金融发展，推动金融服务多样化、定制化发展。由于共享金融坚持“大众参与、人人共享、平等自由”等理念，金融机构不再以“需求决定供给”作为其提供金融服务的理念，而是通过云计算、大数据、移动互联网等现代技术手段的支持，促使金融机构提供的金融服务不再简单局限在分析消费者偏好、消费者需求等方面，并逐步通过更深层次的分析来挖掘不同金融消费者之间的消费习惯及产生原因，从而推动金融机构提供多样化、定制化的金融服务①。

9.1.2　网络借贷分类及运行

网络借贷近年来在全球范围蓬勃发展，可以明显根据资金来源及平台性质将网络借贷划分为三种不同的类型，而这三种不同的类型其实都是按照同一种运行模型来开展金融服务的。因此，本小节中分析网络借贷的运行模型可以帮助读者更好地理解在共享金融中，网络借贷起到的增强金融服务可获得性及促进金融机构提供个性化、定制化金融服务的作用。

1. 网络借贷的分类

随着现代信息技术的高度发展及各国金融政策的调整，网络借贷在近年来蓬勃发展，并随之出现了不同服务模式。可以依据资金来源和网络借贷平台的服务性质把网络借贷模式划分为三类，即 B2C（business-to-customer，企业

① 赵大伟. 共享金融视角下的 P2P 网络借贷[J]. 南方金融，2015,（12）：81-84.

对消费者)模式、B2B(business-to-business，企业对企业)模式和 P2P(person-to-person，个人对个人)模式。

B2C 模式主要是指银行等传统金融机构开发的网上自助贷款系统。随着互联网技术的迅速发展，借贷业务也在逐步互联网化。国内外多家金融机构都开展了网络贷款业务，如在英国伦敦成立的 Wonga，中国工商银行的网贷通、易融通，中国建设银行“e 贷款”系列，中国浦发银行的“微小宝网络循环贷”业务等。

B2B 模式主要是指第三方平台与金融机构合作，提供金融中介服务的模式。而第三方平台提供的这种服务，实质上是电子商务的增值活动。国内外众多融资平台均是 B2B 模式，如阿里小贷、敦煌网、生意宝等。

P2P 模式指的是通过互联网平台实现贷款人(资金供给者)和借款人(资金需求者)在金额、利率及期限等方面的匹配来实现借贷业务。国内外众多网络借贷平台均是 P2P 模式，下文将着重描述[①]。

2. 网络借贷的运行模型

网络借贷根据资金来源和网络借贷平台的服务性质分为 B2C 模式、B2B 模式和 P2P 模式，如图 9-1 所示。它是以机构和个人作为资金供给者通过第三方平台出借资金形成债权，同时机构和个人等资金需求者也通过第三方平台得到资金形成债务。这三种模式本质上都是通过第三方平台作为媒介，在资金供给者和资金需求者之间搭建起一个更加便捷、有效的通道，从而增强金融服务可获得性及促进金融机构提供个性化、定制化的金融服务。

---

① 张肖飞，郭锦源，张摄. 小微企业网络融资模式研究——以阿里巴巴小额贷款为例[J]. 南方金融，2015，(2)：33-43.

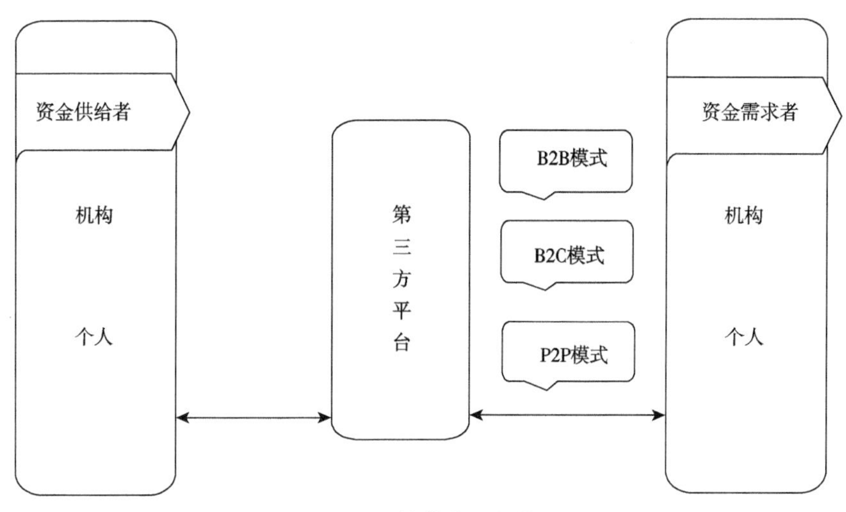

图 9-1　网络借贷运行模型

9.2　P2P 模式

自 2005 年全球首家 P2P 平台 Zopa 在英国成立以来，Zopa 以其快速、高效、低成本的特点，得以在全球范围内快速发展；美国 2007 年成立的 Lending Club 是全球范围内首家以票据为证券注册的 P2P 借贷平台；Kiva 是面向发展中国家创业者提供贷款的 P2P 平台；中国的拍拍贷 P2P 平台于 2007 年在上海成立，2013 年陆金所的 Lufax 网络投融资 P2P 平台正式上线，成为中国领先的 P2P 借贷平台。P2P 模式作为共享金融的重要表现形式之一，通过云计算、大数据、移动互联网等现代信息技术手段有效缓解了金融资源错配的难题、推动了金融体系去中介化的进程，同时给予参与者更多的自主选择权，体现了共享金融的本质，更好地降低了金融交易中的各种成本。

9.2.1　P2P 的内涵

P2P 网络借贷是点对点的借贷，指个体与个体之间的金融交易，通过互联网实现贷款人（资金供给者）和借款人（资金需求者）的联系，通过第三方平台就借款金额、利率、期限及还款方式等达成协议，并对借贷行为进行指导及监督，是可以直接连接贷款人和借款人的机制，省去了中间银行的参与，是信贷模式的一种创新。P2P 借贷通过其自身特点发挥着促进金融资源合理分配、推动金融体系降低交易成本及更好地促进人人共享金融资源的作用。

1. P2P 借贷有利于促进金融资源合理分配

P2P 借贷借助云计算、大数据、移动互联网等现代信息技术手段，坚持共享金融中"人人共享"及"大众参与"的理念，能够突破金融资源分配时间及空间的限制，最大限度地实现金融资源的优化配置。首先，P2P 借贷可以在最大限度上利用社会上被限制的金融资源，以此来扩大可使用的金融资源的范围；其次，P2P 平台借助现代信息技术手段，能够实现对金融资源运行、分配、交易等活动中的监控及分析，从而更好地促进金融资源合理分配。

2. P2P 借贷有利于推动金融体系降低交易成本

P2P 网络借贷平台利用云计算、大数据、移动互联网等现代信息技术手段最大限度地提高了信息处理的速度及效率，并且促使信息更加公开透明，由此消除了借贷交易双方的信息不对称现象，实现了共享金融中利益、信息及资源的共享。第三方所起到的媒介作用将逐渐被取代，同时之前由第三方承担的流动性风险等将转嫁给借贷交易双方，第三方平台的盈利模式也将转变为收取交易服务费等形式，这一去中介化的过程最终也将降低金融体系的交易成本，更好地体现了共享金融的特征。

3. P2P 借贷有利于更好地促进人人共享金融资源

P2P 平台关于借贷双方交易信息的高度透明显示出 P2P 平台是一个自由交易的市场化平台，资金需求者和资金供给者都可以在平台上寻找到满意的交易对象，且方便快捷、成本低。资金需求者可以选择从单一的资金供给者处得到资金，也可以选择分别从不同的几个资金供给者那里得到资金，以此来分散借入资金的风险。平台的借贷双方拥有的独立自主权充分体现出共享金融中大众参与、人人共享的理念，促进社会公众都能享受到共享金融带来的福利①。

9.2.2　P2P 借贷的分类及运行

P2P 模式近年来在全球范围内迅速发展，消费者对 P2P 借贷的接受程度也逐步提高，可以根据资金供给者及资金需求者之前的借贷关系分为四种不同的类型。本小节中的 P2P 借贷运行模型也可以帮助读者更好地理解在共享金融中，P2P 借贷起到的缓解金融资源错配难题，推动金融体系去中介化、去中心化进程以及赋予参与者更多自主选择权的作用。

1. P2P 借贷的分类

随着金融消费者对于 P2P 借贷的接受程度提高，P2P 借贷的快速发展表现出了四种不同的运行模式，分别是债权担保模式、项目批发模式、线上运营模式及银行 P2P 模式。

债权担保模式的代表是宜信公司，这种模式简单来说就是将 P2P 平台作为中介资金的枢纽平台。宜信通过吸收资金供给者的资金，再从金额及时间上对这笔资金进行拆分，吸引多个资金需求者借入这笔款项。在这一过程中，宜信抓住了资金供给者和资金需求者之间需求的错位，建立了巨大的资金池。

项目批发模式的代表是平安陆金所，具体来说就是批量打包资金需求，依托平安集团的金融服务优势，整合成一个项目投放到平台上对外进行销售，以此吸引资金供给者投入资金。平安陆金所的投资门槛较高，起点为一万元。

线上运营模式的代表拍拍贷、人人贷等，主要利用互联网进行项目宣传，

---

① 赵大伟. 共享金融视角下的 P2P 网络借贷[J]. 南方金融，2015，（12）：81-84.

资金供给者和资金需求者全部来自线上网络平台，平台利用个人信贷的方式促使借贷行为的实现。

银行 P2P 模式的代表，如由陕西金融控股集团和国家开发银行陕西分行联合推出的金开贷业务，利用自身金融业务特点，整合线下银行及线上平台的优势，依托国资背景，开展信用借贷活动，减少了 P2P 平台常见的风险，更好地为消费者提供金融服务。

2. P2P 借贷的运行模型

P2P 借贷每种不同分类的运行各有不同，但其核心运行机制都是通过第三方平台实现资金由资金供给者（个人）到资金需求者（个人）的转移，如图 9-2 所示。资金供给者将他们能提供的资金金额、利率、期限及还款方式等公布在第三方平台上，来寻找资金需求者；资金需求者通过第三方平台上公布的信息，寻找资金供给者，从而实现资金从供给者到需求者的转移。

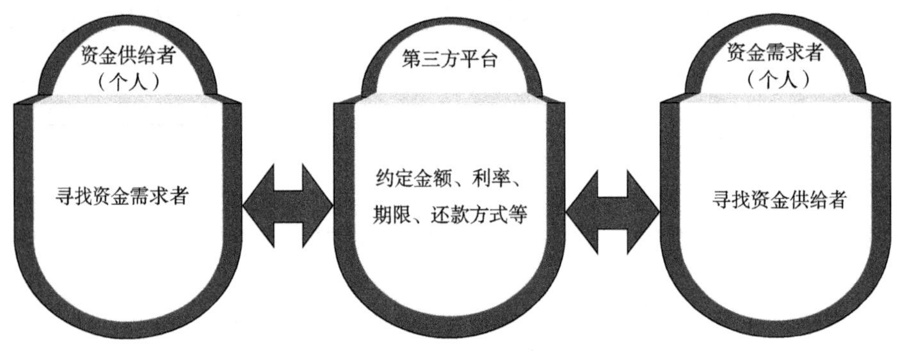

图 9-2　P2P 借贷的运行模型

9.3　众　　筹

众筹即大众筹资，以美国众筹平台 KickStarter 的成立为标志，主要致力于为从事创新性、创造性活动的人筹集资金，目前是全球范围内人们最熟悉的众筹平台。美国在 2012 年还特别颁布了《初创期企业推动法案》（The Jumpstart Our Business Act，简称 JOBS 法案）来推动众筹行业的发展。作为共享金融的表现形式，众筹以其“人人共享”与“一切金融资源皆可参与”的特点，有效地拓宽了中小企业融资渠道、丰富了资本市场。

9.3.1　众筹的内涵

众筹融资（crowd funding）即大众筹资，是指项目发起人以互联网众筹平台作为第三方，把自己想募集资金的原因发布在众筹平台上，以此来展示给更多的资金供给者，取得其认可后方可募集资金[①]。

《2016 年中国互联网众筹年度报告》显示，截至 2016 年底，国内已上线 608 家众筹平台，行业筹资规模达到 220 亿元，同比增长超过 90%。京东金融、蚂蚁金服、平安众筹、苏宁金融等多家行业巨头携巨资进军众筹领域，使得众筹行业以迅猛的发展势头进一步迈向互联网金融业态变化的业口，这导致行业竞争日益激烈。众筹行业的迅猛发展体现了众筹能够拓宽中小企业融资渠道与丰富资本市场。

1. 拓宽中小企业融资渠道

中小企业在传统金融机构中往往受到众多条件制约而无法取得足够资金，而众筹这一模式的出现，让中小企业通过较为简易的程序就可以获得创业、创新所需的资金，更好地体现出了共享金融“人人共享”的理念。并且众筹这一行业近年来在全球范围内的繁荣发展，也是由于普通大众的支持，人们通过拿出自身的闲置资金投入众筹平台，获取一定的收益。这一行为对于中小企业而言可以获得资金，对于普通大众而言可以获取收益。

① 任晓聪，和军. 我国众筹融资的现状、问题及进一步发展的建议[J]. 理论探索，2016，(3)：87.

2. 有助于初创企业获得更多资源

对于初创企业来讲，一方面，众筹可以帮助它们筹集创立企业的初始资金等金融资源，而且能够有效地降低融资成本；另一方面，初创企业通过众筹的方式可以获得更多不能用金钱衡量的资源，如培养早期用户群、获得较多群众关注、扩大社会影响力等，这些资源在传统金融市场中，只能通过企业成立之后大量进行市场推广获得，而在共享金融中，众筹方式可以给初创企业带来更多的资源。

9.3.2 众筹的分类及运行

众筹及众筹平台近年来的快速和多样化发展使得不同阶层的人都能够得到需要的资金或者物品，可以根据众筹的不同实质将众筹分为四种不同的类型，而这四种不同的类型又是按照同一种运行模型来展开的。本小节中众筹的运行模型可以帮助读者更好地理解在共享金融中，众筹所起到的拓宽中小企业融资渠道及丰富资本市场的作用。

1. 众筹的分类

众筹行业在全球范围内发展迅速，根据众筹的不同实质可将众筹分为股权众筹、产品众筹、公益众筹与实物众筹。

股权众筹是指资金供给者给资金需求者资金，相应地，资金需求者以公司股份的形式回报给资金供给者。2010 年在美国成立的 AngelList 股权众筹平台是一家专门连接早期创业公司和资金供给者之间的平台，其盈利模式并不是直接收取费用，而是待项目成功后收取资金供给者收益的 5%；在 2010 年成立于英国的 Crowdcube 众筹平台中，资金需求者最小融资金额可为一美元，资金供给者最低投资额度为十美元，这更加体现了共享金融“人人参与”的理念；中国的天使汇、好投网、人人投等股权众筹平台更是发展迅速，在借鉴国外股权众筹形式的基础之上，进一步促进了中国股权众筹的进一步发展。

产品众筹，也称回报众筹，这种众筹方式是资金供给者给予资金需求者资金，而资金需求者以产品或者商品回报给资金供给者的众筹形式。例如，乐视商城生态众筹，是将自有的生态产品（如乐视手机、电视、汽车等）与第三方产品进行有机结合，既推广了第三方产品，又带动了自有的生态产品。这样，资金供给者得到了远远超过银行储蓄的回报率，且有参与、体验等意义收益；而资金需求者通过产品回报获得了所需要的资金，可以实现美好生活的梦想。

公益众筹，也可以称为捐赠众筹，是资金供给者不以获取资金回报为主要目的的众筹方式，如“轻松筹”“水滴筹”等就是典型的公益众筹，由资金需求者发起救助申请，通过平台的审核后，资金供给者就可以对其进行资金援助。

实物众筹与其他形式的众筹不同的地方在于，实物众筹得到的更多是生产生活资料等“类金融”资源，而非直接得到货币资金、金融产品等，因此也被称为“类金融”资产众筹。例如，2016 年成立的“红叶帮帮忙”众筹平台，就是涵盖公益众筹和实物众筹两大板块的众筹平台，其中实物众筹板块业务就是当有一定需求的用户需要某物资（即类金融资源）时，将想要得到的物资发布在平台上进行募资，募资成功后，由平台购买该物资，再寄送到用户手中。如上所述，如果产品众筹无法满足资金需求者所需资金额，资金需求者也可以一部分采用上述的产品众筹，一部分采用实物众筹，以此实现类金融资源的筹集。

2. 众筹的运行模型

众筹根据其不同实质可分为四种形式，但本质都是由项目发起人通过第三方平台发布所需要的资金、产品、实物等金融资源和类金融资源，项目资金供给者通过众筹平台进行投资，从而帮助项目发起人获得足够的资源来进行生产生活。如图 9-3 所示，项目发起人能够从众筹平台中培养早期用户群，项目资金供给者则可以获得资金回报或者资金以外的报酬，众筹平台则能够更好地为双方服务，从中获得一定金额的报酬。

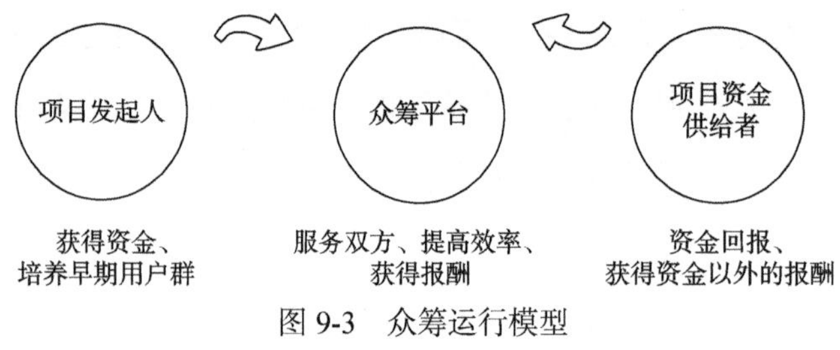

图 9-3　众筹运行模型

9.4　金融互联网化

金融互联网化作为共享金融的突出表现形式，具有成本低、去中心化、去中介化的特征，是共享金融所体现的本质核心。

9.4.1　金融互联网化的内涵

金融互联网化，是指基于大数据、云计算、移动互联网等现代信息技术手段，将现代信息技术手段与传统金融服务紧密结合，在互联网系统中根据某种规则和流程为社会群体提供金融服务的过程[①]。在共享金融背景下的金融互联网化，更侧重于传统的金融机构，在云计算、大数据、移动互联网等现代信息技术手段的支撑之下，实现线上平台（如电脑客户端和手机应用）与线下金融机构的相互配合。金融互联网化利用其线上模式，更好地帮助用

① 郑彬华，文玉静. 互联网金融与小微企业融资模式[J]. 经营与管理，2017，(3)：102-104.

户完成信息甄别、匹配和交易的过程，以其拥有的高透明度的属性，帮助用户更快速地找到自己所需的产品，节约了用户的时间，并且提高了用户交易效率。

1. 有利于为不同的阶层提供金融互联网化服务

共享金融的理念之一就是“人人共享金融资源”，让不同阶层都能享受到共享金融发展的成果，从而突破金融资源的限制。在传统金融市场中，金融资源更多局限在高净值、高收入群体中，为他们提供金融服务；而低收入群体、农村地区人群、小微企业往往受到经济规模小的制约而得不到方便、有效的金融服务。在金融互联网化中，金融企业通过互联网平台能够展示更多的业务种类和产品类别，从而能够服务更多的客户。

2. 有利于降低金融服务成本

金融互联网化企业在给客户提供金融服务时，更多依赖于云计算、大数据、移动互联网等现代信息技术手段，而不是线下网点的人工服务，因此可以有效地减少人工费用的开支。虽然前期金融互联网化开始运行和维护时，需要大量人力、物力的投入，但正常运营之后，办理业务的效率会增加，因此客户的数量也会增多，由此企业得到的收益也会增加。并且基于互联网的共享金融，更是可以使客户利用其碎片化的时间和资金等进行交易，从而促进金融互联网化并降低服务成本。

9.4.2　金融互联网化分类及运行

随着金融互联网化在全球范围内的快速发展，消费者对金融互联网化的接受程度也不断提高，可以根据其行业的不同分为三种不同的类型。本小节中说明的金融互联网化运行模型可以帮助读者更好地理解在共享金融中，金融互联网化起到的为不同阶层提供金融服务及降低金融服务成本的作用。

1. 金融互联网化的分类

金融互联网化领域创新迭代，因其便利普惠的特性得以迅猛发展。按照行业的不同，金融互联网化可以分为银行互联网化、证券互联网化和保险互联网化三种类型。

银行互联网化是指传统的银行采用金融信息服务平台建成的自助银行、手机银行、电话银行及网上银行等电子式银行立体服务体系。例如，中国交通银行，其网上银行实现了提供个人业务、企业业务及同业金融业务等三种不同群体的业务办理服务，如投资理财、资产管理、信托业务及金融市场业务，基本上涵盖了除存取现金以外的大部分功能，并提供了市场研究、境外分支机构等业务的查询[①]。

证券互联网化，也称券商互联网化，是指股票、基金等证券公司，通过互联网平台，发挥自身金融服务的优势，并将其与互联网平台项目相融合，最大限度地寻找客户资源，实现共享金融“人人参与”的目标。例如，上海华信证券收购了上市金融服务商大智慧旗下的上海大智慧财汇数据有限公司70%的股份，意味着上海华信证券与互联网公司采用合作的方式，巩固自身市场地位，适应共享金融的发展潮流。

保险互联网化，是指随着移动支付方式的不断普及、消费者对自身安全的重视不断加深及保险产品种类不断丰富，保险公司通过互联网平台来销售各类保险产品的过程。例如，法国安盛集团（AXA）是全球最大的保险集团，其APP涵盖安盛所有最新的保险产品并且可以直接进行业务处理，通过互联网平台建立的保险销售服务系统，可以处理大部分保险业务，如保险购买、险种查询等[②]。

---

① 张玉明. 小微企业互联网金融融资模式研究[J]. 会计之友，2014，(18)：2-5.

② 李红坤，刘富强，翟大恒. 国内外互联网保险发展比较及其对我国的启示[J]. 金融发展研究，2014，(10)：77-83.

2. 金融互联网化的运行机制

上文分析的金融互联网化根据其行业的不同分为三种类型，但这三种类型简言之都是传统金融与互联网技术结合的产物，如图 9-4 所示。传统金融机构，如银行、证券公司、保险公司等，通过电脑客户端、手机 APP 的形式逐渐与互联网相融合，并在客户端和手机 APP 上不断丰富自身产品种类，提供更多服务类型，为客户提供更好的金融服务。

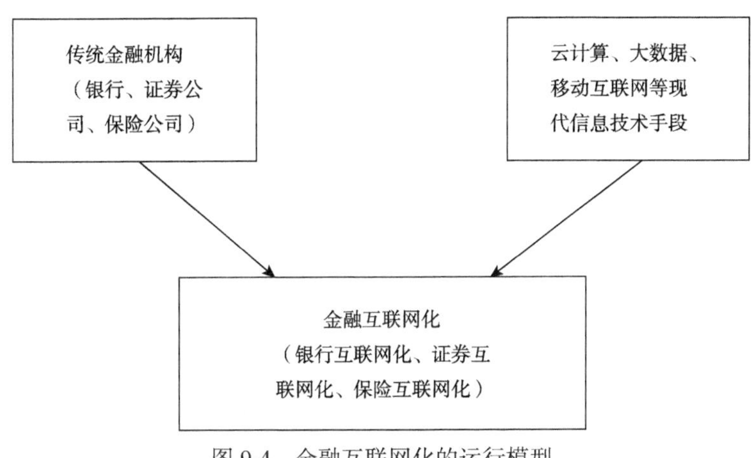

图 9-4　金融互联网化的运行模型

9.5　供应链金融

伴随着互联网信息技术的演进和金融市场规则的完善，传统的供应链金融（supply chain finance，SCF）越来越具有了新的共享色彩，这也是对整个产业链融资模式的共享式重构。供应链金融作为共享金融的表现形式，体现在其本身围绕核心企业，以此来整合上下游企业的各类信息及资源，并将风险降低到可控范围内，实现对核心企业的信用共享、信息共享、分散风险和建立风险分担机制，这符合共享金融发展的理念。

9.5.1 供应链金融的内涵

供应链金融是指对企业商品交易产生的应收应付、预收预付及存货进行的金融交易。简言之，是服务于供应链的金融。供应链围绕核心企业，通过对上下游企业资金流动的控制，将参与企业商品交易的用户串联成一个链式结构，利用核心企业的信用，达成金融交易，有利于降低中小企业融资约束的限制，并缓解信息不对称现象。

1. 有利于降低中小企业融资约束的限制

由于供应链金融是围绕核心企业并服务于供应链的金融，是针对多个中小企业提供的全面的金融服务，因此银行对核心企业的评估也就变成了对整条供应链进行交易风险的评估。这一过程降低了银行对单个核心企业及多个中小企业进行静态财务数据分析从而对中小企业进行贷款的限制，符合共享金融缓解各主体融资约束的目标。

2. 有利于缓解信息不对称现象

供应链金融通过对核心企业的信用进行捆绑，实现了整条供应链上信息、资源、风险及利益的共享；这种透明、畅通的运行机制能更好地使银行对供应链上的企业进行监控与评估，且运行信息较为容易获得，缓解了银行信息不对称的现象，符合共享金融去中心化的本质。

9.5.2 供应链金融分类及运行

供应链金融近年来在全球范围内的快速发展，加上在共享金融中，供应链金融可以通过供应链系统将上下游的信用信息与风险共享，因此供应链金融可以根据单个企业流动资金被占用的三种形式分为三种不同的类型。本小节中说明的供应链金融运行模型也可以帮助读者更好地理解在共享金融中，供应链金融起到的弱化银行对中小企业融资约束的限制及缓解银行信息不对称现象的作用。

1. 供应链金融的分类

金融机构按照流动资金被占用的形式的不同，将供应链金融分为应收类融资、预付类融资和存货类融资三大类。

应收类融资是指供应链中的上下游中小企业利用与核心企业之间生产、销售商品的应收款项，通过银行、证券公司等金融机构获取贷款的融资方式。在这一种融资方式下，核心企业在承诺支付账款的前提下，作为债务企业对这笔贷款提供担保。

预付类融资是指企业在生产经营过程中，企业支付货款之后不会立即收到货物，这时上下游企业可以不以支付全部货款的形式获得该批货物的所有权，之后再将这批货物抵押给金融机构，由此获得贷款。

存货类融资是指企业通过生产的存货进行抵押获得金融机构贷款的融资方式。在美国 Kickfurther 平台上，企业可以与资金供给者约定一定的利率，对企业的存货进行融资，当融资目标达成，企业就可以销售这部分存货，并返还给资金供给者一定的利息。

2. 供应链金融的运行模型

上文分析了供应链金融的三种不同类型，我们可以看出，供应链金融是银行与供应链企业（上、下游企业）之间通过核心企业构建起来的网链结构，如图 9-5 所示。银行将资金有效地注入供应链企业（上、下游企业）之中，解决核心企业及上、下游企业资金短缺的问题；核心企业通过银行将资金投入上、下游企业这一行为给予上、下游企业更多的信用，延长上游企业付账期，并提供给下游企业更多的销售机会，从而更好地体现出共享金融“共享核心企业信用”这一特征，也体现出共享金融的本质是“一切资源皆可共享”。

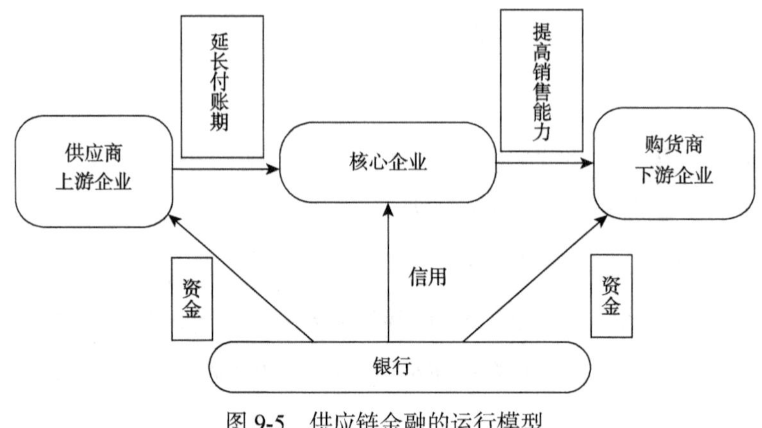

图 9-5 供应链金融的运行模型

9.6 财富管理

财富管理作为共享金融的表现形式之一，以其专业化的定制活动帮助客户降低风险、增值财富，符合共享金融促使“人人参与金融、人人共享金融”发展的目的。共享金融背景下的财富管理，能够在充分利用互联网特质的基础之上，满足不同风险偏好客户的需求，能够进行更加详细地客户及市场细分，从而使财富管理机构获得相对稳定的收益。

9.6.1 财富管理的内涵

在传统的财富管理的概念下，广义的财富管理是以客户为中心，从客户需求出发，根据客户需求设计出一套全面的财务规划，以满足不同收入层次的客户的财务需求，帮助客户达到降低风险、增值财富的目的；狭义的财富管理主要是指私人财富管理①。而共享金融的财富管理概念，更加侧重所有人都可以参与财富管理，忽略阶层、收入、工作等客观条件，哪怕客户只有一

① 孙娟娟. 大资管时代金融机构财富管理业务的差异化拓展——基于财富管理与资产管理的辨析[J]. 南方金融，2017，(1)：92-97.

元钱也可以参与金融活动，体现了“人人参与”的共享金融本质，这样更能满足客户的多样化需求及对金融产品组合配置的需求。

1. 有利于满足客户的多样化需求

无论是传统财富管理的概念，还是共享金融中财富管理的概念，其出发点与主线始终是客户需求。客户的财富规模、财富构成、风险偏好及风险承受能力是影响财富管理内容的重要因素，准确、全面地了解客户的需求是财富管理的关键环节。财富管理实现的是对客户财富的持续动态管理，是在更广的时空范围内进行系统性优化，既包括资产增值，也包括财富保全、保障和传承，而且个体间的需求差异很大，因此在共享金融背景下的财富管理，能通过云计算、大数据、移动互联网等现代信息技术手段更好地促进托管人管理委托人的资产，真正实现“人人共享金融服务”。

2. 有利于满足客户对金融产品组合配置的需求

财富管理是运用资产组合理论进行资产配置，强调以客户需求为出发点，在众多具有不同风险收益等级的资产和产品中，基于投资组合理论进行专业化的跨市场、跨期限、跨资产类别的组合配置，以满足客户特定的需求。金融机构开展财富管理业务、进行跨市场资产配置的最终成果是向客户提供全面的财富管理方案和建议。

9.6.2　财富管理分类及运行

财富管理近年来在全球范围内的快速发展，加之共享金融使得人人都可以以不同的金额参与其中，由此可以根据财富管理提供者的不同分为三种不同的类型。本小节中说明财富管理的运行模型可以帮助读者更好地理解在共享金融中，财富管理起到的满足客户多样化及不同金融产品组合配置需求的作用。

1. 财富管理的分类

当前我国财富管理行业已粗具规模，财富管理机构类型趋于多样化，基础产品数量逐渐丰富，民众的理财意识逐步增强，对于财富管理的需求也日益增加。财富管理因其提供者不同分为商业银行的财富管理、证券公司的财富管理及第三方财富管理。

商业银行的财富管理的代表是美国摩根大通银行、瑞士联合银行集团及中国汇丰控股银行等国际典型银行的财富管理业务机构，这些代表机构的显著特征是为高净值人群提供财富管理业务，并且它们都是设立了专门机构来处理相关业务；2016 年中国民生银行打造的“95568 财富圈”是为新兴中产阶级提供的线上财富管理平台，利用线上平台为客户进行财富诊断、专业化规划等。

证券公司的财富管理的代表是中国华泰证券，2016 年华泰证券为了提高自身财富管理业务的竞争力，收购了美国的 AssetMark 公司，利用其成熟的财富管理经验实现了自身在行业内市场份额保持领先的水平，更好地梳理并优化了客户关系，为客户提供更加专业化、差异化的服务，最大限度地满足了客户财富管理的需求。

第三方财富管理，是指独立于商业银行、证券公司等金融机构之外，根据客户需求，独立、客观、公正地为客户进行金融资产配置和理财产品筛选的专业财富管理机构。例如，美国嘉信理财在 20 世纪 90 年代中期，通过互联网进行在线交易，整个公司成为业内领跑者。如今嘉信理财在低成本的折扣经济的基础上加上了全方位的客户咨询活动，成为美国著名的个人金融服务公司①。

---

① 刘冬青. 财富管理研究[J]. 中国市场，2016，(35)：139-143.

2. 财富管理的运行模型

财富管理简言之就是委托人将自己拥有的金融资产等交给财富管理公司（受托人），受托人基于委托人要求，对委托人的金融资产进行财富保值、增值的金融服务的过程（图 9-6）。在共享金融中，财富管理更是拓宽了委托人金融资产的金额限制，不再仅仅局限于高净值收入人群，普通收入人群也可以对较少的金额进行专门的财富管理，真正体现了“人人参与金融”的特征。

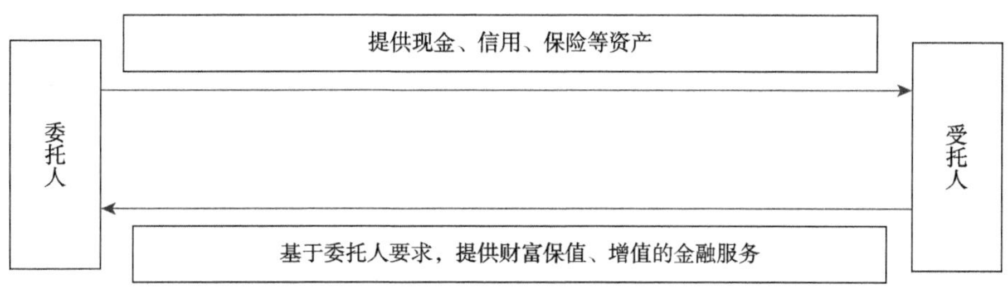

图 9-6　财富管理的运行模型

9.7　相互保险

相互保险是国外保险行业中一种历史悠久且具有代表性的保险种类，1762 年成立的英国公平人寿保险公司和 1778 年在德国汉堡地区成立的 Hamburgische Allgemeine Versorgungs-Arstalt 通常被认为是现代相互保险公司的起源。作为共享金融的表现形式之一，相互保险主要是通过云计算、大数据、移动互联网等现代信息技术手段推动了自身的互联网化进程，通过这种方式实现“人人可以参加保险理财”，更重要的是该形式可以实现共享利益、共担风险（或者分担风险）、分散风险等功能。

9.7.1 相互保险的内涵

根据《中国保监会关于印发〈相互保险组织监管试行办法〉的通知》，相互保险是指具有同质风险保障需求的单位或个人，通过签订合同成为会员，并缴纳保费形成互助基金，由该基金对合同约定内的事故发生所造成的损失承担赔偿责任，或者当被保险人死亡、伤残、疾病或者达到合同约定的年龄、期限等条件时，基金承担给付保险金责任的保险活动。相互保险在共享金融中能够起到缓解保险公司内部冲突及丰富保险业主体形式的作用。

1. 有利于缓解保险公司内部冲突

保险公司内部存在几组不同的参与者，如资产所有人、管理者及客户，而这三方的利益往往得不到统一。例如，所有人争取的保单收入与客户要求的保费之间存在赔偿问题，所有人与管理者之间存在代理问题等，这时保险公司为了缓解矛盾冲突就要花费额外的成本。相互保险作为共享金融的表现形式，主要体现在把所有人及客户的利益统一在一起，由此缓解了参与者的内部冲突，也降低了相互保险公司的成本。

2. 有利于丰富保险业主体形式

相互保险在保证了参与该保险的所有会员权益的基础之上，还可以在会员出现事故时给予相应的赔偿，体现了共享金融的特征，即利益共享、风险共担。同时，相互保险这种组织形式丰富了国内保险业的主体形式，可以使保险人根据自身需要做出相应的保险公司组织形式的选择，有利于提高整个保险业的服务水平①。

9.7.2 相互保险分类及运行

近年来，相互保险在全球范围内快速发展，共享金融也使得不同收入水

---

① 刘震，胡三明，党雪. 初探相互保险公司转制以及在我国的适用性[J]. 保险职业学院学报，2002，(4)：24-28.

平的人群都可以通过互联网以不同的投保金额参与其中，由此可以根据相互保险组织形式的不同分为两种不同的类型。本小节中说明的相互保险运行模型可以帮助读者更好地理解在共享金融中，相互保险起到的缓解保险公司内部冲突及丰富保险业主体形式的作用。

1. 相互保险的分类

相互保险按照其组织形式可以分为相互保险社和相互保险公司两种形式，在共享金融中的相互保险更是以网络化作为最显著特征存在于这两种组织形式之中。

相互保险社这种组织形式是较为原始的形态，组织与经营方式都很简单。2017 年 2 月中国成立首家相互保险社——众惠财产相互保险社，该相互保险社是由六家企业与两名自然人作为主要发起会员，其他企业与自然人作为一般发起会员共同筹建的。这种组织形式能够避免保险人和投保人之间的利益冲突，但是相互保险社内部也必须拥有充足的资金抵御风险。相互保险社充分体现了共享金融的“人人共享金融资源”的理念。

相互保险公司是指所有参加保险的人为自己办理保险而合作成立的法人组织。相互保险公司历史悠久，20 世纪初就开始进入蓬勃发展时期，如美国利宝相互保险公司，不以营利为目的，没有股东或股本投入，而是通过保单持有人对保险的认缴形成类似的所有者权益，保单持有人之间以互帮互助的原则共同抵御风险[①]。

2. 相互保险的运行机制

相互保险两种不同的组织形式，看似相差很多，其实都反映了相互保险能够缓解保险人与投保人之间的矛盾，并且通过相互保险的形式更好地为投保人进行服务的原则。在成熟的相互保险形式之中，其所有权应该是归属于

---

① 池小萍，王宗湖. 保险学[M]. 北京：对外经贸大学出版社，2006.

所有股东的而非外部股东的，并且其追求的目标是为全体成员提供保险服务，如图 9-7 所示。n 个具有相同风险保障需求的投保人将资金放入基金之中，如果某一方或某几方发灾害时，可以通过这笔基金来弥补损失，而在互联网技术的共享金融背景之下的相互保险，更能及时、有效地处理相互保险的相关业务。

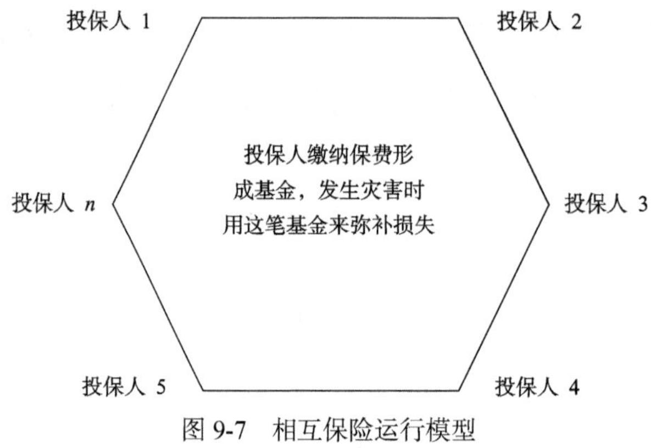

图 9-7　相互保险运行模型

9.8　区块链金融

区块链金融作为共享金融的表现形式，本质是以区块链技术为支持架构，通过去中心化的过程，记录、传递、储存、分析及应用金融世界的一切资源，包括货币类金融资源如现金等和非货币类类金融资源如捐赠、租赁等，这样能够保证共享金融参与主体信用信息的真实性，以保障共享金融的健康运行。随着云计算、大数据、移动互联网等现代信息技术手段不断发展完善，在这个基础之上建立起来的区块链金融，将更加体现共享金融“去信任化”的本质，逐步降低金融服务的交易成本，实现金融资源的优化配置。

9.8.1　区块链金融的内涵

区块链金融是区块链技术在金融领域的应用，区块链技术也被称为是分布式账本，具体来说区块链技术就是一种互联网数据库，其去中心化、去信任化的过程使得储存在这个数据库里面的信息十分透明安全，这也符合共享金融的本质。区块链金融作为共享金融的表现形式有利于降低金融交易成本及解决交易双方互信难题。

1. 有利于降低金融交易成本

区块链金融依赖区块链技术，实现了全民参与交易账本的记录，通过网络的形式使得所有公开信息都可以在互联网上查询得到，也就是人们可以摆脱过去必须依赖现实世界才能建立起信任机制；并且在区块链金融中，所有交易都是由区块链技术自动完成，不需要人工操作，这就意味不需要金融机构对交易进行限制，体现了共享金融“去中心化”的过程，促进金融交易降低成本。

2. 解决交易双方互信难题

区块链金融作为一个去中心化的数字账本，可以记录网络中的所有交易，并且公开透明，所有参与这一交易的成员都可以随时查看数字账本。并且区块链金融的技术支持使得这个账本中任一数字的修改都需要经过基于共识的多方机制同意才能生效，也就是单一成员无法篡改数字账本中的信息。因此，区块链金融通过“去信任化”的过程，解决了交易双方的互信难题，降低了信用风险，体现了共享金融的本质。

9.8.2　区块链金融分类及运行

区块链金融近年来在全球范围内快速发展，加之区块链金融的本质特征就是“去中心化”，这也符合共享金融的特征，由此可以根据区块链金融的整体架构分为三种层级。本小节中说明的区块链金融运行模型可以帮助读者更好地理解在共享金融中，区块链金融起到的改变金融底层构架、解决交易双方信任难题及降低金融交易成本的作用。

1. 区块链金融的分类

区块链技术作为现代信息技术的重要底层技术，应用到金融领域时，从其运行的整体结构来看，主要分为三个层级。

数据层是区块链金融最基础的层级。在云计算、移动互联网等现代信息技术手段高度发达的情况下，数据便是当下最重要的资产。数据层的存在能够帮助企业挖掘更多的潜在客户，更好满足他们在金融交易过程中的需求。

规则层是区块链技术与传统金融领域相融合之后形成的新的金融形态层，因此与不同的金融产品相结合会产生不一样的规则。但是无论新的金融形态产生了什么样的规则，都仍然会遵循去中心化和去信任化这两种原则。

应用层是指区块链技术在具体金融领域的所开发出来的应用，如数字货币、第三方支付及可交易的金融产品等。应用层最显著的作用在于充分满足了共享金融中人人皆可共享的理念，使每个人都可以参与各种基于区块链技术开发的金融产品，并拥有分布式账簿来查看自己参与的信息[①]。

2. 区块链金融的运行机制

区块链金融作为共享金融的表现形式，通过数据层、规则层及应用层完成了数字账本的记录，并通过大数据、云计算、移动互联网等现代信息技术手段对原有的数据信息进行分析和处理，从而能够更好地分析金融消费者的消费习惯及需求，实现金融领域资源的优化配置（图 9-8）。

① 张荣. 区块链金融：结构分析与前景展望[J]. 南方金融，2017，(2)：57-63.

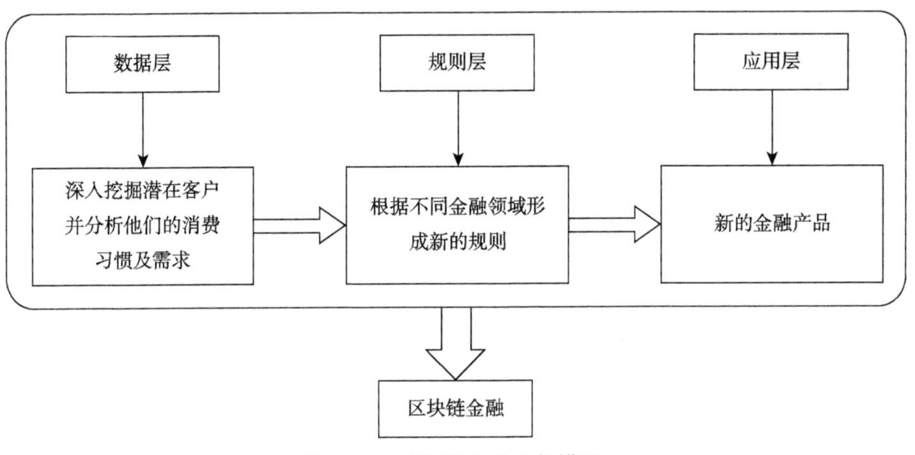

图 9-8　区块链金融运行模型

9.9　无形资产质押

无形资产质押作为共享金融的表现形式，主要体现在现实的资金需求者当中，有相当部分的创业者、创新者等没有可供抵押的实物资产，也没有纳税记录、历史经营信息等，无法从传统的金融机构获得金融资源。而共享金融的“无形资产质押”模式使得一些有专利、著作权、专有技术、使用权、分享权、特许经营权等的资金需求者也可以获得金融资源，从而进一步体现了共享金融“一切皆可共享”的理念。

9.9.1　无形资产质押的内涵

无形资产质押在传统金融中是指债务人将可依法转让的无形资产移交给债权人，以监督债务人履行其还款义务。在共享金融中，可用于质押的无形资产范围变多，不再局限在专利权、著作权等上面，体现出共享金融“一切皆可共享”的理念。通过无形资产质押，利用无形资产作为质押物，除了能够为企业融资开辟新渠道之外，还能够利用大量被闲置的无形资产，符合共享金融的发展目标。

1. 为企业融资开辟了新渠道

在传统金融服务中，创新者或创业者通过无形资产进行质押贷款，往往会受到企业规模、纳税记录、资金流转等方面的限制；但在共享金融中，“一切金融资源皆可共享”，也就意味着无形资产质押不会受到传统金融中诸多条件的制约，由此更好地拓宽了企业的融资渠道。

2. 利用大量被闲置的无形资产

无形资产质押能够确保在现有法律程序和行政法规许可下，最大限度地盘活科技企业的无形资产，使其能够增强收益性、增强流动性、降低风险性。在共享金融中，通过云计算、大数据、移动互联网等现代信息技术手段实现无形资产的直接交易和融通，以此来利用大量被闲置的无形资产，进而带动社会经济的可持续发展，使得人人都可以享受到共享金融发展带来的福利。

9.9.2　无形资产质押分类及运行

无形资产质押贷款近年来发展迅速，加之无形资产质押实质上体现了共享金融“一切皆可共享”的理念，由此把可用于质押的无形资产分为三种类型，而这三种类型其实都是按照同一种运行模型来展开的，因此，本小节中说明的无形资产质押运行模型也可以帮助读者更好地理解在共享金融中，无形资产质押起到的拓宽企业融资新渠道及利用大量闲置无形资产的作用。

1. 无形资产质押的分类

无形资产按照性质和内容可以分为商标权、专利权、著作权及商誉等。因此，在共享金融中，可用于质押的无形资产就可以分为商标使用权质押、专利权质押及著作权中财产权的质押。

商标使用权质押指的是企业用具有市场影响力的商标的使用权作为质押物，从银行、证券公司等金融机构获得融资渠道。例如，2011 年巴城阳澄湖大闸蟹以其地理标志商标的使用权作为质押物，从中国银行昆山支行获批贷款一亿元，成为江苏省第一个质押农产品商标使用权获得贷款的企业。

专利权质押指的是企业或者个人将有价值的专利权当作质押的，从银行或证券公司等金融机构获取贷款的方式。2006 年，中国交通银行将专利权质押作为一个银行的授信产品推出，突破了过去金融机构只能以实物资产充当抵押物的限制，拓宽了企业融资渠道。

著作权中财产权的质押是指债务人或第三方将可依法作为质押物的著作权中的财产权出质，作为债务的担保物以此获得贷款或者信用。例如，2006 年华谊兄弟以电影《集结号》作为版权质押物，获得了中国交通银行 5 000 万元的贷款用于拍摄这部电影。

2. 无形资产质押的运行机制

无形资产质押运行机制如图 9-9 所示，是指债务人或第三方将可转让的无形资产作为质押物，从银行或证券公司等金融机构获取贷款的过程。在这一过程中，通过对无形资产价值判断从而获得贷款的过程，充分体现了共享金融“一切资源皆可共享”的理念，使得所有企业都可以获得所需资金。

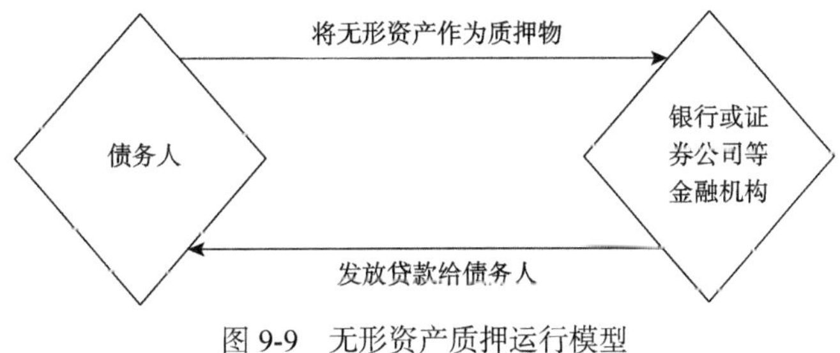

图 9-9　无形资产质押运行模型

9.10　商业信用融资

传统金融中的商业信用融资主要是通过企业间买卖商品，通过商品形式提供信贷，而在共享金融中订单、采购合同等也是商业信用的融资方式，现在我们经常会看到很多知名的网络融资平台的融资项目是获得订单后进行网络融资。实际上，这也是共享信息、信用共享和分散风险的一种方式，体现了共享金融的本质和核心。

9.10.1 商业信用融资的内涵

商业信用融资是指企业在进行正常的商品交易时，利用应付款项和应收款项之间存在时间不对称这一信用关系从银行或者证券公司等金融机构融得资金。在共享金融中，可用于融资的商业信用种类变多，如订单、采购合同等，这样一来便对经济增长有促进作用及有利于中小企业扩大生产经营。

1. 对经济增长有促进作用

在传统金融中，中小企业由于纳税额度、企业规模等限制，无法在传统的银行等金融机构获取所需要的贷款。而在共享金融中，之前无法作为条件来获取贷款的一些订单、采购合同等类型的信用形式就可以获得企业所需资金，以此开展企业正常的商品活动。这正是体现了共享金融“一切资源皆可共享”的理念，由此可以促进经济增长。

2. 有利于中小企业扩大生产经营

中小企业在资金短缺时容易采取短视行为，这是为了弥补资金缺口会变现企业存有的商品或者资产，这种行为又会加剧中小企业资金短缺问题，此时利用商业信用进行融资就可以在不破坏企业经营现状的基础上获得企业所需资金。因此在共享金融中，商业信用融资更有利于中小企业融通资金，扩大生产经营规模。

9.10.2 商业信用融资分类及运行

商业信用融资近年来发展迅速，实质上是体现了共享金融资源、信息及风险皆可共享的理念，由此可以根据可用于融资的不同信用种类分为四种类型。本小节中说明的商业信用融资运行模型可以帮助读者更好地理解在共享金融中，商业信用融资起到的促进经济发展及调剂企业之间资金短缺问题的作用。

1. 商业信用融资的分类

商业信用融资是社会信用体系中最重要的一个组成部分，包括传统企业之间的应收账款、应付账款及预收货款类的融资，还包括含有共享金融本质特征的订单融资。

应收账款类融资是指供应商与购买者进行商品交易时，购买者通常会延后一段时间将购货款支付给供应商，这时供应商可以利用这个时间差作为商业信用在金融机构中融得资金。

应付账款类融资是指企业在正常生产经营活动中，已经计提但尚未支付的各类款项，这是作为债权人给予欠债企业的一种信用形式，在这段时间内企业可以使用这种信用带来的资金来开展生产经营活动。

预收货款，是指债权企业按照合同或者协议的规定，在商品交易完成前向债务企业预先收取部分或全部货款的信用行为。例如，中国移动公司开展的预存话费送话费活动，就是预先收取客户一部分资金，再以分期的形式每月返还到客户的账户中，由此移动公司可以一次性收获大量资金，去开拓新的业务，扩大经营规模，而客户也得到了实实在在的福利。

订单融资，是指企业凭信用良好的买方产品订单，在商品生产有保障并能提供担保的前提下，由证券公司等金融机构提供专项贷款，使企业有资金去购买项目所需材料和资源等，项目完成后再返还给金融机构贷款。例如，在投融界这一融资服务平台上，就有专门的订单融资这一业务类型，这是指企业凭借订单、合同等向银行等金融机构申请用于履约活动的融资。

2. 商业信用融资的运行机制

商业信用融资，就是利用企业所拥有的信用，不论是传统金融中由商品提供信用形式还是共享金融中订单、购销合同等提供的信用，都是在企业生产能力有所保障的前提之下，通过金融机构先满足企业对于资本的需求。在这一过程中，企业用于融资的商业信用不止局限在传统的应付、应收及预收货款类型中，还可以扩展到订单融资、合同融资等作为共享金融范畴的信用类型，真正实现“一切资源皆可共享”（图 9-10）。

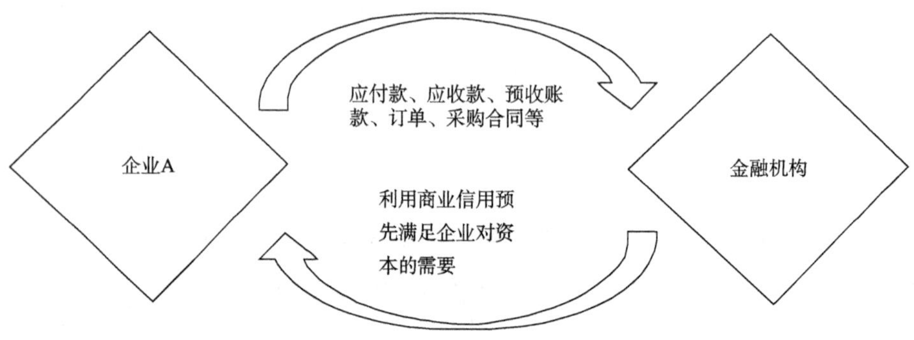

图 9-10　商业信用融资的运行机制

第10章

共享金融的作用和功能

共享金融实现了金融资源供需双方在以云计算、大数据、互联网、移动互联网等为载体构建的金融交易平台上公平、有效、准确的交换，提升了金融资源的配置效率。传统金融和共享金融在功能上的差别在于，传统金融具有期限转换、流动性转换与支付结算等附属功能；而共享金融的主体功能则体现在去中介化，这就使共享金融实现了有效分散风险，缓解金融体系脆弱性的功能。相对于传统金融，共享金融的比较优势主要体现在降低金融市场交易成本、有效配置金融资源、化解信息不对称、推动普惠金融发展、建立风险分散与分担机制、避免金融资源错配、缓解金融体系脆弱性等方面。其中降低金融市场交易成本已在第 3 章详细论述，有效配置金融资源也将在第 11 章中详细论证，本章不予赘述。本章主要讨论共享金融的有效化解信息不对称、推动普惠金融发展、风险分散与分担功能、避免金融资源错配、缓解金融体系脆弱性五个功能。

10.1　有效化解信息不对称

在共享金融中，共享金融降低信息不对称主要体现在对大数据的信息处理能力上，此外，抓取海量数据也有利于提高风险定价和风险管理效率，进而降低金融资源供需双方的信息不对称[①]。然而，目前出现的互联网金融并没有在现有的金融体系中产生革命性的进步，而只是在现有金融体系中发展较慢或空白的领域中找到了空间，是对该领域发展的补充。目前出现的互联网金融在形式上有诸多的创新，但传统金融的本质并未改变。从现有的互联网金融产品和商业模式来看，这些形式上的创新只是对传统金融在技术层面上进行了改革和优化[②]。互联网金融可以降低金融资源的交易成本，但无法显著改善信息不对称问题。而共享金融是区别于传统金融和互联网金融的一种新的金融形式，可以更大程度地缓解信息不对称。

10.1.1 共享金融的信息特征

信息是金融资源配置过程中的核心要素，尤其是资金需求者的信息（比如间接融资中的借款者，以及直接融资中的证券发行者等）。传统金融在信息处理方式上主要存在两种模式：一种模式是以私人机构为主导，如国内以中国银行为首的信用评级机构和相关的证券咨询公司等，这些机构可以针对客户需求对信息进行专业处理，提供给需求者他们所需要的信息。另一种模式是以政府为主导，如监管部门证监会、银保监会等强制要求信息披露。传统金融模式中获得信息的方式是"一对一"形式，即一个信息的供给方，一个信息的需求方，提供的信息相对准确，信息的安全性和独享性较高，但这种方式的最大缺点是成本较高，且信息共享性低。在移动互联平台下，共享金融可以拥有比传统金融更加高效、共享程度更高、成本更加低廉的信息处理方式，这是对传统金融信息处理方式的革命。共享金融可以利用网络社区、征信机构信息平台等对海量信息进行检索、处理和筛选，对没有义务披露的信息进行甄别，并借助大数据系统实现信息的高效处理。

① 谢平，邹传伟，刘海二. 互联网金融的基础理论[J]. 金融研究，2015,（8）：1-12.
② 廖岷. 对互联网金融发展及监管的思考[R]. 中国金融四十人论坛. 2014.

全面、准确、及时的信息数据是实现共享金融的基础与保证，共享金融将宏观审慎政策与零散、标准不一的现行微观金融数据全都纳入统计范围，使开放的、标准化的金融数据在全国乃至全球范围内实现信息的共享。

1. 海量信息

目前我国金融体系存在海量的非结构化数据。基于中国巨大的人口基数和客户群体，传统金融机构，如银行，在业务处理过程中形成了大量的票据扫描信息、柜台影像信息、文件存档和客户资料等。互联网金融端也存在大量客户交易数据、信用信息等。传统金融业务难以对这些非结构化数据进行统计和分析。而共享金融可以对这些海量数据深入挖掘，持续从这些数据中获取业务价值。目前，共享金融体系下的海量数据大体有以下四个特点。第一，数据容量大。互联网上一天交易数据的容量就有 15PB（数据存储单位），就互联网目前的发展速度，以及共享金融在全球范围内的发展，未来数据量预计会以每年翻一番的速度快速增长。第二，数据流动速度快。云计算、互联网将会使交易数据迅速地生成和流动。例如，日常在互联网上的购物订单，微信朋友圈、微信公众号的推送，微博的大量评论、支付宝等各种形形色色的数据都在以不同的形式快速地产生和传播。第三，数据类型多样。目前，手机已经具备强大的移动终端信息功能，包括采集图片、数据、文字、视频等，这些采集来的数据有的是结构化的，有的是半结构化的，还有一部分是非结构化的。第四，强调海量数据之间的关联性。共享金融时代，金融体系需要关注的趋势分析并非对已有历史数据的简单呈现，共享金融研究的重点是数据之间的关联性，从而获取价值。首先，通过挖掘客户的信用卡数据，实现交叉营销。根据客户的历史消费记录，及时推送给客户适当的消费场所、附近店铺的折扣优惠，实现信息的第二次交易利用价值，获取新的营利点。其次，利用海量数据维护客户账号的安全，银行可以利用共享金融的海量数据识别法人是否存在欺诈行为，通过检测客户的资金是否存在异动和背离常规的操作，综合多种交易平台和第三方机构等的数据来源，甄别账户是否存在异动，从而维护客户的财产安全。中国的巨大市场容量已使传统金融机构和各大互联网平台积累了大量的数据，海量数据也将在共享金融的区块链技术下得到深入地挖掘和有效利用。

2. 信息透明

共享金融保证资金运作透明。传统金融平台下，银行机构或互联网金融下的 P2P 平台近年来都出现了各种造假和跑路案例，本质原因就在于资金运作处于不透明的状态，资金供给者将资金投入金融平台后无法对资金的用途进行有效地跟踪，更有个别平台利用信息不对称的漏洞，建立“资金池”或进行期限错配，这在资金的安全性上严重违背监管层的规定，更是对投资人资金安全的不负责任，使客户资金存在巨大的安全隐患。而共享金融通过客户实时监控资金用途，可以做到资金运作透明，共享金融多边平台与第三方支付共同保证了资金运作的安全性和透明性。

共享金融实现资产端信息透明。传统金融模式下，资金的供需双方约定好预期收益率之后，资金的供给方基本不再关注资金是否投资于合同约定的特定项目，由于没有更全面的信息披露，双方的信息不对称使得资产端信息不透明。目前的各大金融平台发展迅速，平台数量迅速增加，但平台缺乏统一的监管和约束机制，资质也是良莠不齐，各个平台的信息披露程度也是参差不齐。从目前大部分金融平台的披露情况来看，披露信息包括少量的基本投资信息和合同范本，而相对关键的资金需求者信用评级、资金需求者的风控能力的信息披露很少。共享金融利用多边平台和第三方平台可以从多个途径获取数据，综合各个数据平台的信息可以披露更多融资项目的相关信息，如融资的资产投向、融资期限、项目的风险等级、项目的担保措施以及征信机构给出的风险评级等。除了融资项目信息外，共享金融平台还可以披露资金需求者的个人资产、负债情况、风险承受能力、信用信息等。资金供给者可以利用在共享金融平台披露出的信息衡量项目的风险收益和自己的风险承受能力是否匹配，也可以通过共享金融平台检验融资单位的企业资质，获得投资项目的实景照片，了解资金需求者的还款来源和能力及资金需求者的风险控制措施。资金供给者在获取大量的信息后可以综合评价投资的可行性，从而保证资产的安全和信息的透明。

因此，信息透明符合共享金融的去信任化的本质特征，降低了金融市场交易成本，保证了资金的安全。

10.1.2　缓解信息不对称途径

共享金融具有传统金融不具备的缓解信息不对称的功能，共享金融利用云计算、区块链技术等实现信息的有效传递和共享。人们通过互联网社交平台、征信平台、第三方平台等就可以随时随地获得信息。共享金融下缓解信息不对称的途径不再是金融监管机构的强制信息披露，而是通过移动互联实现信息的传递和监督，凡是利用互联网的平台都可以成为缓解信息不对称的途径，人人都可以是监管者和信息传递者，人人都可以利用共享信息资源。

在传统的金融市场中，金融资源供求曲线的均衡点处于一种高信息不对称状态，在这种状态下，小微企业等弱势群体不在金融服务范围之内。小微企业等弱势群体处于需求曲线的长尾部分，传统金融无法给予这部分企业充分的信贷配给。而在共享金融状态下，金融资源的供给曲线向右移动，有效地弥补了小微企业弱势群体的供给缺口，达到一个新的均衡点，这个均衡点下的信息不对称程度明显降低。共享金融服务中互联网技术的运用改变了人们的生产、生活模式。从图 10-1 的比较动态图可以看出，传统金融服务的供求关系曲线的均衡点为 X_1，在该点，金融服务只能满足大中型企业的信贷需求，且供需双方的信息不对称程度较高，小微企业在传统金融中很难获得金融资源。随着互联网的发展，在技术和制度的推动作用下，移动支付、移动互联网、大数据和云计算技术逐渐成熟，更加公平、透明、高效的交易规则由此产生，传统金融正逐步向共享金融模式转换，因此出现了新的均衡点 X_2。在该均衡点处，小微企业更容易获得金融资源，金融市场也实现了信贷配给的均衡。共享金融模式下，金融机构扩大了服务面，使小微企业成为重要客户；降低了融资服务门槛，使小微企业能够公平、高效地获得信贷资源，大大降低了供需双方的信息不对称。

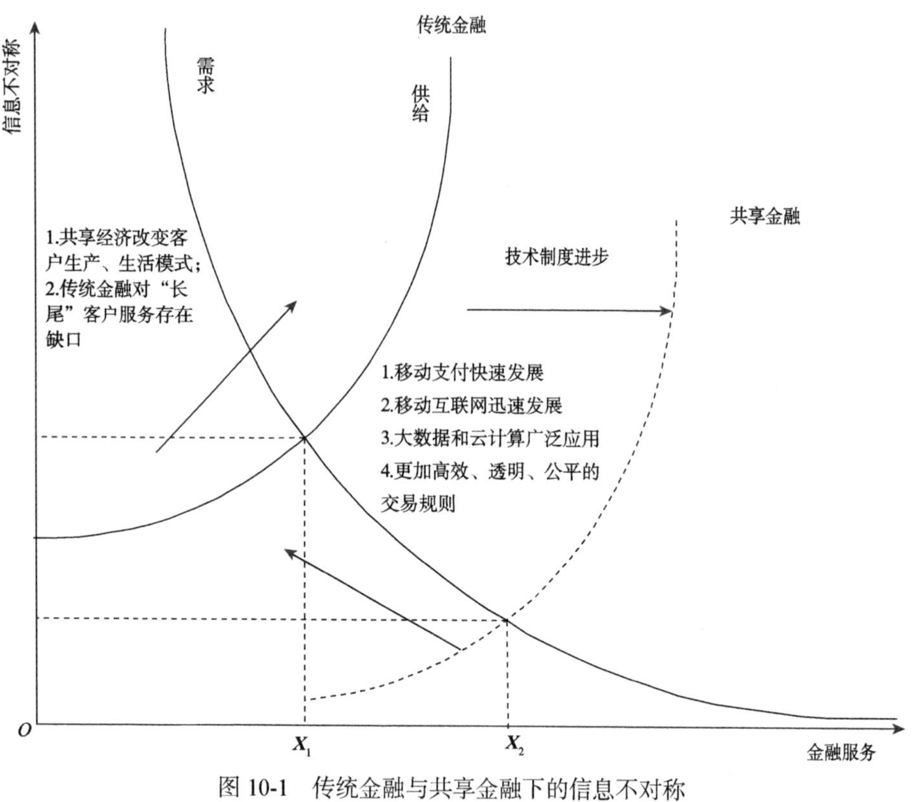

图 10-1　传统金融与共享金融下的信息不对称

大数据信息系统、移动互联网和云计算等技术的应用为缓解信息不对称提供了技术支持。共享金融获取数据、缓解信息不对称的途径主要包括网络社区沟通、平台信息发布和征信机构评价。

共享金融利用网络社区缓解信息不对称。网络社区使各种信息资源集合到一起，满足金融贸易、企业管理、文化体育、大型活动、会展路演等综合信息服务需求。网络社区的信息发布者发布的信息人人共享，通过边际成本接近于零的信息资源满足共享金融的海量信息需求，有效缓解信息不对称。

共享金融通过网络金融平台缓解信息不对称。网络金融平台积淀了大量的客户交易信息、客户基本信息。这些信息有结构化的、半结构化的，也有非结构化的，网络金融平台对相关数据加工处理，进一步从数据中获取价值。另外，网络金融平台可以利用自身的数据挖掘技术，主动去网上爬取有价值含量的信息，也可以与外部征信机构、第三方数据平台合作共享信息资源。人工智能、区块链技术的应用将使网络金融平台上集合的数据发挥巨大的作用。未来，网络金融平台将是缓解金融信息不对称的关键途径。

共享金融通过征信机构缓解信息不对称。目前我国的征信机构以中国银行为首，中国银行征信系统涵盖了全体企业和个人的信息。其他几大征信机构在共享金融市场环境下也有较大的发展，各大征信机构信息互补，涵盖企业或个人基本信息、财务状况、社保信息、信用状况、税务信息、公共信息等各种信息，实现了共享金融平台对贷款者全方位、立体的判断。

10.2　推动普惠金融发展

在传统的金融体系下，我国的财富分配不均现象日益突出，两极分化日趋严重。我国总体的经济体量已经非常大，整个国家占有的金融资源十分丰富，然而这些金融资源在分配的过程中存在诸多问题。尽管税收在一定程度上能解决一部分金融资源的分配、再分配问题，然而面对如此巨大的财富，传统金融体系的资源分配制度造成了分配的不公平现象。政府倡导普惠金融的目的就是要实现资源的共享，而这种共享的实现就需要共享金融的支持。共享金融的实现也使得人人都有公平的机会获取金融资源。

10.2.1 共享使人人共享金融资源

近年来，我国政府一直强调要发展普惠金融，并出台了相应的政策支持普惠金融的发展。例如，政府要求银行大力开展普惠金融服务，给那些资质稍差但有一定偿还能力的客户提供贷款，有些银行成立了普惠金融办公室，积极响应政府的普惠金融政策。然而，银行存在的目的之一就是营利，对于风险大、回报率低的项目，出于理性人的经济学理念考虑，银行能为普惠金融提供的服务相当有限。近年来，各大银行的不良贷款率一直处于增长趋势，如何做好风控，降低不良贷款率是银行风险控制需要考虑的重要问题，在这种时候继续开展普惠金融只能加剧银行资产的恶化。所以，传统银行并不是实现普惠金融的有效途径。目前，共享金融的发展，使得小微企业、弱势群体能够从更广泛的金融资源中获益，这种广泛的金融资源不再是传统的银行金融体系的货币资源，还可以包括知识产权、实物资产、捐赠众筹、信用等更宽泛的类金融资源。在共享金融平台上人人都可以做共享金融资源的供给者，人人也都有权利公平地享受金融资源。

小微企业、社会弱势群体在传统金融体系下只拥有少量的金融资源，且融资成本高。造成这种局面的原因主要体现在两个方面。其一，小微企业自身体制不健全，小微企业初创规模小、信息透明度低、信用等级不高且行业和地域较为分散。由于企业处于初创阶段，很可能存在财务制度混乱，内控不足，缺乏有价值的抵押资产，风险承受能力弱且缺乏有力的担保等一系列问题；其二，传统的金融机构，如银行，是小微企业最基本的融资渠道。然而大部分银行会出于风险收益的考量，不愿意向偿债能力差、营利能力难以评估的小微企业贷款。许多小微企业尽管有好的创意和专利技术，但这些不足以作为抵押资产从银行获取大额贷款。传统银行等金融机构更愿意向大型国企和处于成熟期、规模较大的企业提供贷款，使得本来已经拥有足够金融资源的大型企业享有的金融资源更加趋于饱和。而小微企业面临的融资现状更加恶劣，小微企业必须付出更高的融资成本、达到更高的征信门槛才能从传统金融机构获取贷款，这严重违背了金融资源的公平性原则。共享金融通过互联网使资金供需双方实现直接交易，无论是小微企业、偏远地方的人群或是社会弱势群体都能拥有平等获得价格合适的金融资源的机会，即人人都有获得金融服务的平等性机会，有助于维护金融主体平等的理念，大大促进社会公平。共享金融的发展使得弱势群体（主要是小微企业、三农等弱势群体）也可以获得金融资源，符合普惠金融发展理念。共享金融的精神是开放、平等、协作、分享，这与政府大力倡导的普惠金融的内在核心是一致的。普惠金融要通过传统银行金融机构实现比较困难，传统金融机构的目的之一在于营利，而共享金融的形式和实质是共享和价值的再创造，共享金融模式中的捐赠众筹、实物众筹等更有利于普惠金融的实现和发展。总体来看，共享金融能够实现普惠金融惠及大众的目的，推动普惠金融的进一步发展，使得人人共享金融资源，普惠金融惠及人人。

共享金融具有较强的社会功能，有利于实现社会公平，使人人在共享金融的发展中拥有平等的获益的机会。张晓朴指出[①]，共享金融在创造机会、改善公平、消除贫困和缩小收入差距等诸多方面可以发挥传统金融难以替代的作用。从共享金融发展的这种意义上讲，共享金融在一定程度上能回答 Shiller 提出的问题[②]，金融到底在社会的发展中扮演着何种角色，它是实现了社会的公平、维持了社会秩序还是加强了两极分化，制造了社会矛盾。金融在社会

① 张晓朴. 互联网金融将推动金融理论发展创新[J]. 《IMI 研究动态》2014 年合辑，2014，6.

② Shiller R J. Finance and the Good Society[M]. Princeton：Princeton University Press，2012.

发展中扮演的角色是一门科学也好，是维持经济秩序的工具也好，或者是一种职业也好，金融的最终目的都是为了实现社会财富的公平、公正、合理地分配，保障和促进人类社会的自由、平等、稳定、民主和繁荣，使得金融资源能够为所有人服务，使得人人都有权利公平地获取金融资源。

10.2.2 推动普惠金融发展的途径

共享金融能够有效地推动普惠金融发展，使得人人共享金融资源。共享金融主要通过以下三个途径推动普惠金融服务的发展。共享金融可以增加金融资源的可获得性，满足小微企业、广大弱势群体对金融服务的需求；共享金融产品形式和服务更加多元化，共享金融可以扩大金融服务的覆盖面；共享金融通过资源的实时匹配满足供需双方的需求，金融服务更加精准，提高金融服务的效率。

共享金融增加了金融服务可获得性。传统银行对收益的要求是和所要承受的风险相匹配的，因此，对于普惠金融中的弱势群体，传统金融机构必须设置更高的门槛来实现风险补偿，小微企业等弱势群体想要获得贷款必须提供更高的贷款利率和更高的信用等级。然而，小微企业正处于发展的初期，对较高的资金成本承担能力有限，因此，这些企业往往无法从银行获得贷款。也就是说传统金融机构的服务无法覆盖到小微企业及社会弱势群体。而这些群体正是政府倡导的普惠金融所需要服务的对象。传统金融与普惠金融有着无法调和的利益冲突，而共享金融产品的丰富性和多样性加上它自身的资源共享、信息共享、利益共享的特点使其能够满足客户的各种需求，不管是针对大型企业，还是针对小微企业、弱势群体，都能提供适合他们的金融服务，使人人都能拥有平等享受金融资源的机会。互联网移动互联技术使得信息资源在网络上迅速流动，信息不对称程度显著降低，金融交易的边际成本几乎为零，这就实现了共享金融资源交易的民主化、普惠化。

共享金融扩大了金融服务覆盖面。传统金融机构为客户提供服务的主要方式是通过建立服务网点，为客户提供实地的、面对面的服务。而这种服务的人工成本高，网点只能铺设在人口密集地区，难以为广大农村、乡镇弱势群体提供有效的服务。而中国农村的人口基数大，拥有金融服务的巨大客户群体，传统金融机构由于技术上的缺陷无法渗透到这一部分客户中去。在移动互联网技术下，共享金融可以零成本突破时间和空间的约束，扩大金融服务“半径”，使金融服务可以辐射到各个角落，有力地支撑了普惠金融的发展。

共享金融提升了金融服务效率。共享金融依托互联网开展业务，人人都可以通过手机客户端操作，享受投资、存款、贷款、咨询等相关服务。人工智能和大数据的发展能够迅速处理这些交易信息，打破了原先柜台上的标准化、流程化的操作程序，节省了大量的人力成本。互联网终端的一系列电子化服务，使客户可以不受时间和空间的限制，可以在任何时间、任何地点办理业务，所有的操作流程通过电子服务标准化，免除了到现场排队的时间成本，加强了用户体验的愉悦感。

10.3　风险分散与分担功能

目前，从传统金融市场来看，我国市场存在规模巨大的信用产品，我国人口基数巨大，金融产品消费者众多，所有的金融风险都集聚在传统金融市场中。尽管金融机构在产品的设计上采用了风险转移和风险对冲手段，但风险仍集中在传统的商业机构，如银行、信托等公司。然而，市场经济在我国快速发展，金融市场原来的自我调节能力和风险分散能力已不能满足如此之大的市场规模的需要，我国金融已经进入了一个发展新阶段，金融市场要注入新元素，金融产品要不断创新，金融市场要活跃起来，经济才能发展起来，因此如何更好地分散风险、有效地控制和分担风险是未来金融机构要考虑的关键问题。共享金融能够推进传统金融模式从过去的单一产品、单一客户营销向多产品、多客户集群方向改变。小额分散是共享金融的主要特征，这有利于风险的有效分散。

10.3.1 建立风险分散机制

共享金融借贷的主要客户主体分散、贷款金额小、风险分散程度高。我国目前的监管政策明确鼓励小额分散，这正是共享经济未来需要坚持的发展原则，“做小、做分散、做简单”意味着服务个人和小微群体，将单笔借款金额控制在十万元以内，分散在全国不同地域、不同行业、不同学历、不同年龄段，从而保证不同资金需求者还款行为的独立性，避免由于某个区域或某个行业出现波动而产生大面积风险的可能性，最大限度帮助理财人降低投资风险。限制借款集中度风险，更好地保护资金供给者权益和分散风险。网贷具体金额以小额度贷款为主，同一资金需求者在网贷机构上的单笔借款上限和借款余额上限应当与网贷机构风险管理能力相适应。

数据调查显示，截至 2015 年底，中国互联网金融业的客户数量已追平传统银行，突破了金融变革的临界点[①]。2016 年 12 月，美国麦肯锡咨询公司公布的一份报告显示，中国互联网金融用户人数超过 5 亿人，市场规模达到 12 万~15 万亿元，占 GDP 的近 20%。这说明，共享金融平台聚集了大量的客户，有效地分散了风险。相对于传统金融，共享金融的小额分散特点尤为明显。传统金融面向企业借款，单笔均在千万元以上，金额之大，一旦出现逾期，动辄就会产生上千万坏账。但基于共享金融平台的金融产品销售，以余额宝为典型例子，它的人均投入资金只有约 4 000 元，远低于其他公募基金的人均投入[②]。单笔交易金额更低，更分散，风险也相应降低。

---

① 资料来源：花旗银行数字化颠覆——金融技术如何迫使传统银行到达临界点，2016 年 3 月.

② 方芳，李聪. 基于金融功能视角下的互联网金融的思考[J]. 广东社会科学，2014，(5)：29-33.

共享金融未来的发展路径是安全、稳健、可行的，它的一个重要功能就是风险分散功能。中国银行业监督管理委员会（简称银监会）原主席刘明康认为，共享金融并不是毫无经验可言，从来自银行的数据中不难看出，共享金融存在着一条相对安全稳健的发展路径。结合此前研究报告，刘明康提出了五大发现：第一，小微贷款不良率比整体低三成；第二，个人贷款不良率只有企业贷款的一半；第三，100 万元以上贷款不良率攀升快，50 万元以下较缓；第四，杠杆率越大越不安全，60%以下较安全；第五，异地产业不良率为本地四倍。刘明康将以上五大发现概括为八个字，作为给予共享金融发展的建议，即“做小、做分散、做简单”。从这一观点可以看出，共享金融的发展应着手于安全稳健的小微贷款，以小微贷款对接线上理财，主动回避银行间的交易市场和债券市场，规避系统性风险。

在传统借贷业务上，共享金融可以发挥其特有的风险分散功能。以贷款为例，共享金融与传统银行相比，具有如下优势：第一，它不是使用报表而是使用实时数据，不仅增加了数据的真实性，同时有利于提升评估的精确性；第二，它不仅可以通过资金需求者的信用水平来衡量其还款能力，还可以通过完整掌握资金需求者的商业运行状况，从而整体把握其资金运转情况，甚至可以判断每笔贷款的还款能力及还款时间；第三，与银行严格的前期审核不同，共享金融可以通过实时跟踪资金需求者的商业运行及资金使用情况实现动态监控，并可通过与之配套的支付系统随时冻结资金需求者的资金，避免坏账损失。存款方面同样会得到改善。银行由于担心存款者随时可能取款，因此不得不将部分资金以准备金形式沉淀下来，即便如此也还存在资产错配的风险。而共享金融则可以通过对存款者资金使用习惯的把握，对存款量走势进行动态的预测从而用活原先的沉淀资金，做到存款与贷款期限的完全匹配。

共享金融关于“信息处理”功能的革新也有利于“风险分散”功能的完善。共享金融可以有效地挖掘信息，减少信息不对称，从而优化风险管理。

同时，共享金融要求资金需求者将财产状况、借贷记录及信誉行为等通过互联网进行公示，这对信息提供者形成一种约束，这种约束也能够严格控制违约风险和道德风险。

10.3.2 建立风险分担机制

风险管理是金融体系的重要功能，为中长期资本投资的不确定性进行风险定价和合理交易，从而打造风险共担的机制。在金融活动中，普遍存在信息不对称和交易成本，因此过去只有通过金融体系和中介机构，才能有效对风险进行交易、分散和转移，现在共享金融的发展包括区块链在内的新技术的发展使风险分散有了更有效的途径。

从共享金融的视角来看，一方面致力于构建金融机构与企业的风险共担机制；另一方面致力于构建类金融业务与传统金融机构风险共担机制，使风险由共享金融市场的供求方、第三方支付平台、监管平台和多边平台共同分担。

金融机构与企业的风险共担机制。共享金融利用超链接思维，具有分布式、协同化、共享性以及平等特性。共享金融的表现是连接，当连接达到一定数量时，可以实现从量变到质变，从而涌现出新的特征。共享金融造就了信息流、资金流、物流、人才流。共享金融对社会的改造由技术开始，到消费，到金融，再到最终的产业。当所有的一切连接起来，市场也就进入共享金融时代。最初的 P2P 平台，就是让两种属性连接起来，让两台计算机连接起来，让两个人连接起来，到 P2N，再到 N2N，也就是 n 维空间的互相联系。风险承担的主体由原来的传统的金融机构分担到每一个企业、每一个人身上，大大降低了风险。

类金融业务与传统金融机构风险共担。共享金融的金融资源既包括货币化的资金等传统金融业务，也包括相互保险、财富管理、股权众筹、使用权、分享权、知识技能，甚至实物众筹等类金融业务。类金融业务规制条款准入门槛低，允许股东人数、资本金、经营者资格等条件达到规定标准的各种民间金融组织进行注册、登记，使它们真正能够在公正、公平的金融市场上与各种金融机构进行平等竞争。类金融业务综合考虑民间金融市场目标、承贷主体收益率、金融机构的竞争能力、总体市场空间等因素，促进市场供求决定金融机构存、贷款利率水平的利率形成机制的发展。为了降低金融风险处置成本，防止金融风险的累积和蔓延，共享金融市场应建立退出规制，建立金融机构收购、兼并和清算破产机制，利用市场手段淘汰那些丧失社会信任基础、经营效率低下的金融机构，使金融机构以简单透明的产品和高效的服务，为实体经济发展提供有力支撑，使共享金融市场的供求方、第三方支付平台、监管平台以及多边平台充分分担风险。

10.4　避免金融资源错配

金融资源错配会导致金融资源的配置与生产率之间不匹配，会使金融资源大量流向无效率或低效率的部门，使得高效率部门得不到足够的资金，无法实现资源优化配置。金融错配导致的结果就是抑制了企业的整体发展，从而最终牵制了经济增长。如果能够合理地优化金融资源的配置，优化金融机构，使金融资源能够按照市场供求自由流动，就能够消除金融资源错配而导致的生产率下降及企业各方面的损失，从而促进经济增长。

共享金融能够有效避免资源错配，提升金融资源的使用效率。共享金融避免资源错配就是指将过度集中到大型企业的金融资源分散开来，使小微企业等平时贷款难、融资贵的弱势群体能够找到适合自己的资金来源。传统金融强调收益和风险相匹配，因此无法解决金融资源的错配问题。但共享金融由于有众多的不同风险偏好的客户群体，且共享金融的单笔投资可以做到小而分散，因此，小微企业风险高、成长性好的项目也可以在共享金融平台获取资金。此外，共享金融的动态匹配功能可以在短时间内满足供需双方的需求，使金融资源高效地传递到真正需要的地方，从而有利于创造更高的价值。共享金融打破了地域的限制，传统金融机构由于偏远地区不设营业网点，失去一部分客户群体，而在共享金融体系中，这些客户可以低成本甚至零边际成本地被纳入共享金融的参与中，真正公平、公正地实现资源的共享。

10.4.1 金融资源配置更精确

资源配置是传统银行业的核心功能，其核心要义即动员储蓄和优化投资，提高资金的配置效率。在传统金融业中，商业银行是促进储蓄向投资转化的重要“桥梁”。而共享金融发挥资源配置功能的最大特点是资金供需双方直接通过网络匹配供求关系，不需经过金融中介。对于传统商业银行，其主要资金来源是各种存款和理财产品，而这些存款和理财产品的基准利率往往是由我国监管机构规定的。在我国宏观经济环境下，为了保证银行的收益，监管机构决定的存款利率往往非常低，传统商业机构给客户提供的投资渠道少，理财产品种类也较少。在共享金融市场中，客户投资范围不再拘泥于银行存款和理财产品，客户可以选择更多样化和投资收益更高的产品。金融市场产品的竞争有利于规范金融市场秩序，使资本流动到真正需要的地方。共享金融平台在资金集聚方面的表现完全不输传统的商业机构，由于有更高的年化收益率和更低的投资门槛，客户将闲置资金、当月的工资等零散资金存放在共享金融产品中，这部分资金在金融平台集合为大笔资金，就可以在金融平台的供需双方实现自由配置。共享金融满足中小资金供给者和小微企业弱势群体的投融资需求，也就真正解决了金融资源分配不均的问题，使金融资源配置朝着更健康的方向发展。

共享金融能够有效缓解金融资源的错配难题，如图 10-2 所示，在传统金融模式下，大型企业可以获得的金融资源最多，愿意给大型企业提供贷款的金融机构供过于求。大型企业往往通过自己的经营活动就可以产生充裕的现金流，在已经存在闲置资金的情况下，大型企业为了维护与银行的合作伙伴关系，往往还会继续向银行申请贷款，资源错配现象更为严重。对个人来说，高收入阶层更容易从银行贷款。因此，对于大型企业和高收入阶层，传统金融体系提供的金融资源充裕，金融服务过剩。相比之下，中型企业在获取金融资源时存在较低的资源错配，中型企业一般可以通过当地的城市商业银行以及大中型银行获得相应的贷款，补充自己的流动资金。中等收入阶层也能在传统金融体系中获得适度的金融资源和充分的金融服务。而对于小微企业来说，金融市场为其提供的金融资源与其需求量严重不匹配。我国小微企业是中国经济发展的生力军，享有的金融资源却严重不配比，融资难一直是小微企业发展中的严峻问题。在传统金融体系中，低收入阶层和小微企业面临金融资源稀缺，金融服务严重不足的现状。然而，在共享金融模式下，金融服务的这种倒三角模式可以很好地被改善。高收入阶层和大型企业所占比例较少，共享经济能提供给它们适度的金融资源和金融服务。中等收入阶层和中型企业占比较多，共享金融为其提供适量的金融资源和金融服务。小微企业和低收入阶层占比最大，需要的金融资源也最多，而共享金融模式将提供给这部分企业和这部分人群最充分的金融资源和金融服务。

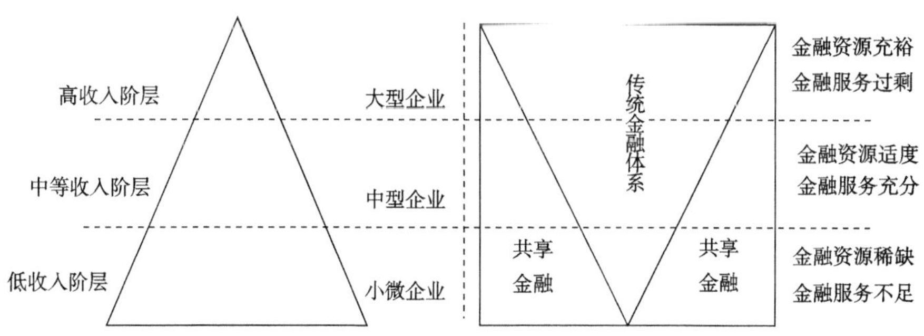

图 10-2　共享金融有效缓解金融资源错配难题

10.4.2 提升和优化资源配置效率

金融活动产生于社会主体优化资源配置的需求，金融功能是金融集成服务系统，在时间转换的基础上提供经济资源转换的路径。金融机构提供多元化金融商品和金融服务，减少信息不对称，融通资金，降低交易成本，管理和控制金融风险以及提供支付清算服务，促进经济资源的优化配置①。

共享金融提升了资源配置效率。金融体系聚集社会闲置资金提供给资金需求方，通过市场机制实现全社会资源的合理配置。资源具有相对稀缺性，如何对有限资金进行有效配置，需要市场同时衡量风险和收益双重指标。当风险水平相当时，市场机制使得资金从低收益项目流向高收益项目。对于金融市场而言，资金的资源配置是寻求风险和收益的匹配，金融产品的预期收益是明确注明的，因此，资金的资源配置重点在于对风险的衡量。P2P 借贷、电商小贷、相互保险、财富管理、股权众筹、使用权、分享权、知识技能、实物众筹等共享金融借贷平台从两个途径提升了资源配置效率。一是有效评估风险。互联网所拥有的大数据有效解决了信息不对称的问题，提高了信用风险识别的准确性和及时性，增加了信用借贷的规模和数量。许多通过传统金融机构无法获得资金的个人、企业或项目，通过互联网进行的信贷将积累信用信息数据。二是简化信用环节。互联网建立平台让资金和项目直观呈现，去中介化直接缩短了资金供给者与资金需求者之间的距离，且降低了交易成本，提高了信息的透明度，这有利于资金供给者迅速做出决策，有助于资金需求者迅速获取资金，加速社会资金的流动，提高资源配置效率（图 10-3）。互联网平台的建立能够获取反映资金供求的价格信息和识别风险的信用信息，信息的透明又将进一步促进资源配置效率的提升。

---

① Merton R C. A functional perspective of financial intermediation[J]. Financial Management, 1995, 24(2): 23-41.

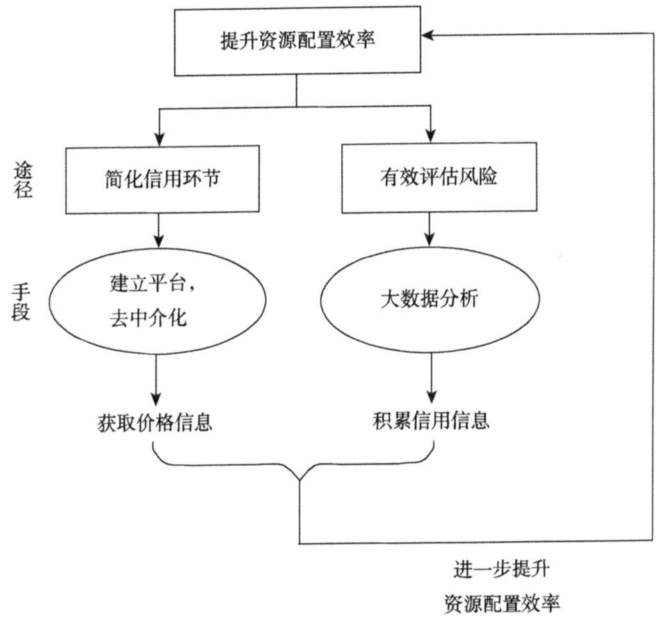

图 10-3　共享金融提升资源配置效率

10.5　缓解金融体系脆弱性

共享金融能够防御金融危机，缓解金融体系脆弱性。经济新常态下，我国产业结构调整升级，金融机构面临极高的不良资产率，而共享经济注重金融增长方式的质量和效率，有利于金融结构优化，降低不良资产率。传统金融体系中存在着严重的信息不对称，由此造成的委托代理问题加剧了金融风险。资金需求者有时候会因为道德风险挪用融资所获得的资金，投资到其他金融风险更大的项目上，而由于信息不透明，这种风险往往难以被发现或控制，因而造成了更大的投融资风险。共享金融是基于互联网平台使资金供求双方直接交易的形式，不存在期限错配和委托代理关系，从而消除了因流动性危机和委托代理问题而产生的资产泡沫。

10.5.1 降低金融机构不良资产率

市场流动性的增加对银行体系的流动性产生正向影响，银行通过“非标”把贷款从表内移到表外，从而避开了监管限制。然而，随着我国经济进入新常态，经济结构调整去除过剩产能，虚拟经济去除多余泡沫，长期积累的风险压力向银行业传导，不良资产率开始攀升。

经济新常态下，我国经济结构调整转型速度加快，同时，银行不良资产率问题开始凸显出来。近两年来，我国实体经济放慢发展速度，多数企业的经营状况和营利能力处于下降趋势，煤炭、钢铁、石油化工等传统产业低端产品出现行业过剩现象。我国经济结构调整进度在短时间内难以改善，工业领域通缩态势在短时间内难以逆转，这种情况下，企业的信用风险问题逐渐暴露。产能过剩导致利润下滑，资源型企业和贸易流通型企业面临的风险将日益严峻。银行放贷给传统资源型企业、小微企业的资金很可能难以收回，整体经济下滑是造成不良贷款攀升的主要原因。而未来，传统金融行业所涉及的信贷风险的范围很可能会进一步扩大。在传统金融风险隔断机制不健全的情况下，担保企业也很可能受到波及，造成一系列的连锁反应，使得由单个企业产生的风险在交易链条中不断被放大，进而造成严重的后果。

目前，我国金融体系的特点是金融结构过于单一，我国金融资源的供需者数量巨大，而相应的金融机构数量较少，金融风险过于集中于现有的金融机构中。其次，我国金融产品和种类缺乏层次感和丰富感，金融体系过于单一，在面对风险时具有较大的脆弱性[①]。而未来的共享金融是一种全新的金融体制的创新，共享金融由于其共享、公平、开放的特质而拥有丰富的形式，金融风险不再集中于某几个领域，而是完全分散到各行各业、各个地域、各

① 符亚明，吴勤学，许德才. 资本流动的脆弱性与我国的基本状况分析[J]. 生态经济，2008，(12)：57-60.

种客户群体中。这就使共享金融在面临金融风险时不再具有传统金融体系的脆弱性，共享金融本身就具有较高的抗风险能力。

10.5.2　增强金融机构抗风险能力

到目前为止，我国金融业的实力虽然大大增强，但一些金融机构的风险防范意识和公司治理水平还存在不足。在追求利润的冲动下，一些机构偏离了守住风险的底线，激进经营，偏离主业，利用监管真空进行资金错配，有的通过表外、通道等方式规避监管，进入国家限制的领域，滋生了资产泡沫。

金融体系的脆弱性与金融体系结构上的问题有很大的关系。首先，共享金融明确了类金融机构不得吸收公众存款、不得设立资金池、不得提供担保或承诺保本保息等禁止性行为。同时允许类金融机构引入第三方机构进行担保或者与保险公司开展相关业务合作，降低金融风险。其次，共享金融对客户资金实行第三方存管，防范类金融机构设立资金池和欺诈、侵占、挪用客户资金，增强市场信心，还可以对客户资金和类金融机构自身资金实行分账管理，由银行业金融机构对客户资金实行第三方存管，对客户资金进行管理和监督，资金存管机构与类金融机构应明确约定各方责任边界，便于做好风险识别和风险控制，实现尽职免责。

在当前共享金融发展的关键时期，金融机构应充分利用这一契机审视自身，在公司治理、经营理念、业务模式等方面进行深度变革，在为广大客户群体提供金融服务的过程中实现创新和发展，如相互保险、财富管理、股权众筹、使用权、分享权、知识技能以及实物众筹等模式，把稳健审慎经营的理念根植于行业，正本清源、回归主业，以简单透明的产品和高效的服务，为实体经济发展提供有力支撑。

10.5.3 有效防御金融体系风险

金融体系脆弱性是指一种趋于高风险的金融状态，泛指金融市场中的风险积聚，这些风险不能被有效分散，一旦某个环节出现问题，背后引出的是一系列问题，也就是风险的传递效应，严重的还会进一步引发金融危机。

2008 年金融危机中，华尔街几大投行的破产愈发凸显出金融体系的脆弱性。雷曼兄弟（Lehman Brothers）原来在美国五大投行中排名第四，曾经一度排名第三。在信贷扩张时期，金融机构大量使用金融模型和金融杠杆，雷曼兄弟因为对金融杠杆的大量使用和拥有很强的金融衍生工具的创新能力一度成为华尔街收益最高的投资银行之一。2008 年 9 月 15 日，有着 158 年历史的美国第四大投资银行雷曼兄弟申请破产保护，美国政府没有实施经济救援。雷曼兄弟持有的次贷头寸过大，无法通过市场消化对冲，也不愿意被低价贱卖，最终宣告破产。后来金融危机爆发，基于金融危机的传染性，在危机中倒下的还有贝尔斯登（Bear Stearns）（2008 年 3 月 16 日被摩根大通低价收购），而在雷曼兄弟申请破产的同一天，第三大投资银行美林证券（Merrill Lynch & co）也被美国银行收购，2008 年 9 月 16 日，全球首屈一指的国际性保险及金融服务机构美国国际集团（American International Group，AIG）被美国政府接管。这场金融危机迅速波及全球，并对全世界的实体经济产生了影响。此次金融危机充分暴露了市场不受监管和金融体系规章制度缺失的弊端。

金融危机爆发时，美国政府的应急解决方案也只能缓解金融体系脆弱性的冰山一角，并不能从根本上解决现有金融体系的弊端。金融危机爆发时，美国政府出台的财政救市方案，主要包括 1 680 亿美元的减税方案、7 000 亿美元的问题资产纾困方案、奥巴马政府 7 870 亿美元的经济刺激方案，以及最近为处理不定资产的公私合营投资计划等。简单计算，美国政府用于财政救市方案的金额已经高达 1.66 万亿美元，约占美国 GDP 的 12%[①]。上述方案既包括帮助金融机构纾困的具体措施（包括注资、剥离问题资产、为金融机构负债提供担保等），也包括提振实体经济的具体措施（包括减税和增加社会公共支出等）。美国政府巨额财政救市方案的直接后果，是美国政府的财政赤字飙升以及财政融资的压力上升。2002~2007 年，美国政府财政赤字平均为 4 270 亿美元。根据奥巴马政府的预算，2009 财年的财政赤字将达到 1.75 万亿美元，超过美国 GDP 的 12%[②]。

金融危机后实体经济的恢复则要缓慢得多。从世界各国出台的救市方案来看，全球国际收支失衡的状况不但得不到缓解，反而会进一步恶化。美国居民并没有显著压缩消费，而中国居民并没有显著扩大消费，受四万亿元投资方案（重点在于基础设施投资与房地产投资）与银行信贷飙升的刺激，中国经济在 2009 年下半年勉强反弹。但居民消费持续疲弱，刺激投资进一步形成过剩产能，信贷飙升导致了不良贷款率上升，出口持续疲软，中国经济在中短期内仍缺乏持续增长的动力。

我国学者在研究金融体系脆弱性方面取得了一定的成果，我国金融体系脆弱性的潜在因素中宏观经济运行环境对金融体系脆弱性的影响日益加剧，银行体系的脆弱性仍然较大[③]。为了维护我国金融体系的稳定运行，除了加大对银行体系的监管力度，尽快完善风险管理机构的信用等级评定制度，建立科学合理的风险预警系统外，发展共享金融也是缓解金融体系脆弱性的有效手段。

首先，共享金融会引导公众理性投资。共享金融有较好的流动性，可以

---

① 沈伟基，张文斌. 美国应对金融危机的宏观经济政策措施及镜鉴[J]. 云南社会科学，2011，(2)：96-100.

② 张明. 金融危机的发展历程与未来走向[J]. 国际经济评论，2009，(3)：5-8.

③ 文凤华，张阿兰，戴志峰，等. 全球金融危机下我国金融脆弱性问题的研究[J]. 经济问题，2012，(4)：90-94.

打破传统金融产品的刚性兑付特征，使金融资源的流动回归理性。传统金融产品的收益率和风险提示其实并不能真正反映出金融产品本身的风险，金融产品的一部分风险实际是由发行机构来承担的。打破刚性兑付可以使资金供给者正确认识到金融产品的风险，资金供给者才能根据自己的需求和风险偏好选择适合自己的金融产品。风险偏好大的资金供给者可以选择较大金融杠杆的产品，对于保守的资金供给者和风险偏好低的资金供给者可以选择投资风险较低的项目，这样也保证了金融机构的流动性。

其次，共享金融有利于金融市场稳定。共享金融平台给了资金供给者和金融机构双向选择的机会，这样可以避免金融机构受利益最大化的影响而忽视长期利益，金融机构在同业竞争的过程中能够更好地考虑自身的长期利益和短期收益，规划好资金投向，避免自己过度集中于某一个领域，从而避免大规模集中性风险的爆发，保证了资金的流动性，维持了市场的秩序。

最后，共享金融引导实体经济健康发展。良好的金融环境和金融市场秩序是经济发展的基础和支撑，金融发展如果脱离实体经济，会导致资金在虚拟经济中循环和流转，进而滋生泡沫导致金融风险增加，风险积聚到一定程度便会引发经济危机。发展实体经济就是要盘活资金在企业的流通。共享金融可以将资本引导至收益好、创新性强、技术含量高的投资项目上，从而减少产能过剩，优化资源配置，使资源流向技术密集型产业和知识密集型行业，通过共享金融手段完成金融向实体经济的靠拢。

第11章

共享金融资源配置机理

资源配置通常是指资源在各种不同用途上加以比较从而做出选择，资源是否配置合理决定了劳动效率、商品生产经营能力能否实现产需对接。在共享金融中，资源供给方提供的闲置金融资源，包括个人闲置资金、银行存款、企业闲置资金，甚至实物资产等。在共享金融市场中，资源供需双方的数量都是庞大的，而需求者需要的金融资源能否及时准确地与供给者进行匹配对接，资源配置是否合理，是共享金融运行效率的关键所在。因此，研究共享金融的资源配置对分析共享金融的经济效益十分重要。共享金融的资源配置机理包括直接匹配机制、形成超效率市场、激活存量金融资源、容易形成规模效应、资源供需即时匹配、智能大数据驱动。

11.1　直接匹配机制

作为一个金融资源供需双方的直接交易匹配系统，共享金融在资源配置方面所具有的最为显著的特征就是自身所具备的直接匹配机制。这一机制突破了把以银行等金融机构为代表的传统金融体系作为中介的风险过于集中、融资成本高、交易效率低下、金融机构脆弱性等内在弊端，可有效克服金融资源供需双方之间一直以来存在的信息不对称、金融资源错配等问题，实现更加方便、更具效率的金融资源的供需直接匹配。

11.1.1 降低融资风险及提高参与度

传统的金融体制下，资金供需双方存在较为严重的信息不对称，使得银行等金融机构不可避免地产生不良资产，从而影响到金融体系的稳定性。20世纪80年代日本银行体系的不良资产导致了日本二十余年的经济滞胀。而在共享金融模式下，供需双方直接匹配，可以充分利用互联网及其网络社区的海量信息的特性增强信息透明度，降低双方的信息不对称，进而化解金融资产的风险。

1. 避免了传统融资过程中的风险

从金融学的角度出发，资源配置指的是资金的供给方在某种适当的机制的作用下将资金的使用权让渡给需求方的过程。一般而言，金融市场中的资源配置过程通常可分为两类：一类称为“间接融资”，即主要依靠商业银行承担中介的角色而完成的吸收存款和发放贷款的过程；另一类则称为“直接融资”，是资金供需双方之间通过市场平台（主要是资本市场）直接进行交易的过程。在这两种融资形式中，都存在着各自的基础风险。一方面，间接融资中存在信用风险。信用风险是金融风险的主要类型之一，又称违约风险，是指借款人因种种原因，未能履行合同条件而造成违约，导致银行等金融机构蒙受损失的可能性。在间接融资过程中，评估信用风险的主要测度指标除信誉等级、信用记录外，更多侧重于财务指标与资产规模指标，如现金流、利润等指标，而用以缓释信用风险的机制多为抵押、质押和担保。间接融资中对信用风险的定义在一定程度上陷入了“富人好信用，穷人差信用”的逻辑误区，这实际上对于资历较浅的个人或者规模尚小的企业产生了一定的不公和歧视，使得资金的流动不够充分。另一方面，直接融资中存在透明度风险，具体表现为上市公司披露的信息是否真实准确、完整及时。在直接融资过程中，缺少了中介方的信息甄别等协助作用，缺少了透明度，有可能产生信息不对称的问题。在市场经济活动中，各类人员所掌握的信息并不是完全一致的，而是互有差异：对于信息的掌握较为充分的人员通常会因此处于有利地位，反之，对于信息的掌握较为匮乏的人员则会处于相对不利的地位。在直接融资过程中，信息不对称问题会引发道德风险和逆向选择。上市公司面临的道德风险问题主要表现为以下三种情况：一是违反借款合同，对于资金用途私自修改；二是资金需求者故意隐瞒收益，逃避偿付义务；三是资金需求者漠视资金的使用效率，未能履行工作职责，造成借入资金损失。逆向选择则是指交易双方处于信息不对等的地位，在不公平的交易过程中造成市场资源配置扭曲的结果。可以说，在直接融资模式中，信用的履约实质上被置于法律和道德双重约束下的自觉之中，具有较大的不确定性①。

依托于互联网所创造的云数据时代的共享金融有效地解决了上述风险。实际上，个人以及企业的信用和履约情况在与其相关的众多实际交易行为过程中最能得到体现。相比于各种指标而言，高频持续地以信用作为担保的交易行为对于交易主体的信用和履约情况的反映更加真实客观，同时也更具有动态性。互联网很好地实现了对于海量交易信息的准确记录，其与生俱来的信息流整合功能开创了云数据时代，这一崭新的数据时代与基于抽样统计的小数据时代存在显著不同，通过利用现代计算机的大计算能力对云数据进行搜集与处理，许多抽样过程中所无法描述的细节信息都能得到充分披露。个人和企业的全部信用信息均一一记录在册，科技的高度发展为互联网与云数据替代银行等传统金融机构成为新的“金融中介”提供了可能。此外，互联网所蕴含的“开放、平等、协作、分享”的内在精神大幅提升了数据的可获得性，维护了交易双方在信息收集方面的公平地位，从而解决了传统金融活动中的信息不对称问题。共享金融改变了传统金融模式中的信息传递模式，

① 吴晓求. 互联网金融：成长的逻辑[J]. 财贸经济，2015，(2)：5-15.

即信息传递由单向、封闭与层级式向双向、循环与扁平式发展，信息传递提速，信息容量激增，由此大幅提高信息传递效率，增强信息的外部性，实现信息的透明共享[①]。由此可见，共享金融依靠互联网技术和云数据时代，解决了传统融资模式中的信用风险和透明度风险，共享金融显然更有利于金融领域的资源配置即融资功能的实现。

2. 提高了公众的直接参与度

伴随着金融市场的探索式发展，各种金融创新活动逐步涌现，令人眼花缭乱的各式名称使金融活动变得愈发复杂，拉远了与普通民众之间的距离，逐渐成为少数金融精英的游戏，最终造成金融脱离实体的困境。共享金融作为金融创新活动中的一种，并没有一味地追求形式上的创新，而是旨在揭开金融活动看似神秘的面纱，促使金融活动由“神坛化”向“草根化”转变，增强金融活动的公开度和透明度，使得公众能够在对金融活动的直接参与之中切实体会到受益过程。在传统的金融交易活动中，消费者往往只能被动地接受银行等金融机构提供的既定金融方案，缺少选择的余地，共享金融的出现改变了这一现状，它的交易品种多样化等特点赋予了金融活动中的消费者更多的主动权，消费者的地位由被动转变为富有主导性，真正参与到金融活动的交易决策之中，拥有更大的选择空间。可以说，共享金融模式的兴起与发展，使得金融活动由“厂商时代”的“供给决定需求”逐渐向“消费者时代”的“需求导向”转变。这种变化不仅改变了传统的金融市场中的主体格局，而且有利于实现金融产品和服务的标准化与定制化的平衡，从而使金融活动参与者能够主动分享现代金融发展所带来的诸多成果。

---

① 王念，王海军，赵立昌. 互联网金融的概念、基础与模式之辨——基于中国的实践[J]. 南方金融，2014，(4)：4-11.

11.1.2　优化资金效率及降融资成本

传统金融体制下，由于客户对象选择、交易机制、运行模式等，金融资源只能配置到少数大企业，而金融资源需求更为迫切的小微企业、社会弱势群体等反而无法得到急需的资金，造成了较为严重的金融资源错配和资金使用效率低下。另外，交易成本是制约金融活动的重要因素之一，包括金融活动在内的一切经济活动，都以降低交易成本为重要目标。共享金融在资源配置的过程中拥有去中介化、去中心化以及去信任化三大显著特点，在这三大特点的共同作用下，共享金融活动中的中介成本、交易成本和征信成本得以有效降低。

1. 降低中介成本

与传统金融相比，共享金融所具有的最大的优势便在于其去中心化、去媒介化的机制，它引导传统金融向共享平台转移，淡化中介角色，实现信息对称，节省中介费用，即加速金融脱媒的进程[①]。共享金融的去中介化过程是指金融资源的供需双方不再依附传统金融中介来满足自身供给需求和消费需求，供给方直接向终端用户提供金融资源，使得供需双方的需求得以通过互联网直接进行匹配，缩短金融资源融通中的链条，显著降低交易成本。

2. 降低交易成本

在传统金融模式下，金融中介只是少数中心，金融交易的物理空间集中，信息传递、物理空间移动成本费用过高。这种长期中心化金融模式的弊端逐渐显现，金融市场的创新逐渐向“去中心化”方向探索。如果说，传统资源的交易模式都是中心化记录、中心化储存、中心化交易、中心化反馈的，那么共享金融的交易模式则是分布式记录、分布式储存、分布式交易、分布式

① 陈华，边玉晶. 共享金融：优势、存在问题及优化建议[J]. 农村金融研究，2016，(9)：41-45.

反馈，即每个节点都负责数据的记录、储存、交易、反馈，没有中心化或第三方机构负责管理，从而大幅降低金融市场的交易成本。

3. 降低征信成本

在传统金融活动中，信用问题长期以来都是影响交易效率的重要因素之一。银行等金融机构由于在搜集资金需求者和借款企业的信用信息的过程中存在诸多困难与障碍，因此会产生“银行有钱贷不出去，企业没钱借不进来”的矛盾。共享金融所具有的“去信任化”特点有效化解了上述矛盾。共享金融的“去信任化”很大程度上依托于近年来引发热议的区块链技术。区块链最初是比特币中的一个重要概念，从狭义上说，经济活动中的每一次交易都会形成一个数据块，而区块链则是一种按时间顺序将数据区块进行排序与组合而形成的链式数据结构，并以密码学方式保证的不可篡改或伪造的分布式账本。区块链的去信任化主要体现在以下三个方面。首先，信息一旦经过验证后添加至区块链上的节点，就会得到永久存储，通过任何方式都无法进行造假或者伪造，因此具有极高的稳定性与可靠性。其次，区块链具有高度自治性，其采用基于协商一致的规范和协议，如一套公开透明的算法，这使得整个系统中的所有节点能够在去信任化的环境中自由安全地进行数据传递与交换，使得对人的信任改成了对机器的信任，不受任何人为干预因素的影响。最后，区块链还具有匿名性的特点，由于节点之间的数据交换遵循固定的算法，交互过程中不需要一般意义上的信用信息的支持，因此交易双方不需要通过公开个人身份的方式来换取对方的信任，这样的模式对信任的积累也具有显著的帮助作用。由此可见，通过区块链技术，两个陌生人之间的交易无需信任机制，共享金融因此实现了去信任化的特点，很大程度上减少了与征信相关的第三方服务成本，从而达到优化资金使用效率的目的。

11.2　形成超效率市场

共享金融得以快速发展在相当大程度上是由于其降低参与主体门槛，交易资源剧增，网络化碎片化交易，形成多元交易模式，产生超“市场倍增”效应等形成了超效率市场。互联网和移动互联终端的普及为共享金融打破了时空的限制，使金融活动能随时随地进行，互联网虚拟空间可以将全球的公司、机构、个人联系到一起，实现人人皆可获取共享金融资源，有效地扩展了共享金融的交易范围。同时共享金融对信息共享的鼓励和认知盈余在整个社会层面上的激增，大大增加了共享金融市场中的信息量，为交易提供了充足的信息资源，交易双方在短时间内获得更多与交易相关的信息，降低了由信息不对称带来的市场效率低下、资源配置效果差强人意等风险。

共享金融配置资源功能的发挥，主要取决于共享金融市场效率的高低。所谓超效率市场，是指在共享金融中，不同于传统金融市场的一个资金需求者对应一个资金供给者的一对一交易，众多资金供给者与众多资金需求者之间可以用多种交易模式进行交易，这其中也包括传统的一对一交易模式，但更多的是“一对多”的交易模式和“多对多”的交易模式，尤其是后两种交易模式，可以通过比传统金融市场更快的交易速度和更低的交易成本为交易者完成一笔交易，它集中体现了共享金融市场高效的资源整合能力和资源配置能力。互联网以及移动互联网终端为共享金融实现市场交易，形成超效率市场提供了平台支持，计算机的高频处理计算能力和大数据则为共享金融的超效率交易提供了技术支持。

11.2.1　降低参与门槛使资源剧增

共享金融一方面降低了公众参与金融的门槛。共享金融“人人共享”和

“大众参与”的理念大大降低了公众参与金融活动的门槛，参与主体急剧增加。共享金融机构不再只服务于低风险、收益稳定、信用等级高的大客户，小微企业、农民、城市低收入人群等“长尾客户”也可以参与到共享金融中，享受金融服务。通过共享金融平台实现信息对称，获取更多融资信息。资金供给者发掘出更多值得投资的小微项目，并且有担保机构对资金的保障，越来越多的资金供给者开始敢于对这些“长尾客户”进行投资。以共享金融中网贷的参与者数量为例，2016 年网贷行业投资人数与借款人数分别约为 1 375 万人和 876 万人，较 2015 年分别增加 134.64%和 207.37%，2016 年单月单个平台投资金额介于 0~1 万元的投资人数最多，占比高达 50.31%①。可见，共享金融不仅降低了资金需求者的参与门槛，同样也使持有小额资金的资金供给者广泛参与其中。

另一方面，金融资源的种类增加，除了货币形式的金融资产外，还有财富管理、相互保险、实物众筹、捐赠（现金或资产）、权押融资（专利权质押、使用权质押）、订单融资等非货币类金融资产。市场上可以交易的金融资源大增，形成了产生超效率市场的基础条件。

11.2.2 网络化碎片化交易

共享金融平台通过互联网平台进行线上网络交易，即实现网络化交易，突破时空、方位等制约，形成全时空（无论何时何地均可参与交易，而不像传统金融那样受固定的时间、地点的约束）、全方位（无论是什么金融资产都可以参与交易）、全参与（无论是谁，只要有金融资源的供给和需求都可以参与）的交易形式。

共享金融的网络化允许参与者自主地在平台中进行交易，使得交易者能

① 2016 年中国网络借贷行业年报（完整版）[EB/OL]. http://www.wdzj.com/news/yanjiu/52614.html，2017-01-06.

够准确地掌控交易的时间、地点以及交易金额等，增加了交易满意度。平台的网络化象征着共享金融的低门槛和无界化，这允许人们自愿参与到共享金融中，从而实现了交易平台由封闭性向开放性转变。

共享金融的碎片化，是将金融资源的所有权、使用权、支配权进行分割，可以有针对性地高效快速地实现交易。在承认传统经济学所强调的所有权的基础上更加注重金融资源的使用权，众多的金融资源供需双方聚集在共享金融平台这一“公地”上分享各种闲置的、低效的金融资源，私人占有的资源就会变为公用化资源，可以有效地规避资本主义私人占有带来的资源闲置，提高金融资源的使用效率。

在共享金融的交易活动中，资金需求者所需的资金来自于大量不同的资金供给者，这实际上是将碎片化的资金使用权集中起来进行使用，同时将项目的回报进行碎片化分享给参与众筹的资金供给者。这种碎片化的交易过程提高了筹集资金的可得性，降低了资金筹集的时间成本和人力、物力成本，使得交易更加方便快捷地进行。

共享金融的网络化碎片化交易，可以使共享金融实现低成本大规模复制、重复交易等，是形成超效率市场的先决条件。

11.2.3　形成多元交易模式

传统金融中，交易的模式主要是“一对一”，即一个资金供给者对应一个资金需求者。而在共享金融中，不仅包含“一对一”，更有“一对多”“多对多”等交易模式，这些模式既可单独存在，又可相互包容，形成多元并存的交易模式。在多元交易模式下，供给方和需求方都能获得充足的信息，在掌握这些信息之后进行综合分析，选择最终的交易对象。因此，该交易模式大幅提升了行业中的交易规模，从而使得行业中更容易产生规模效应，是形成超效率市场的必要条件。

共享金融中，金融资源持有者可以将暂时不使用的资金多次共享获取收益，金融资源需求者可以以更低的成本解决资金的暂时性需求。共享金融平台通过一系列技术可以实现一项金融资源在供需双方中重复交易，多次进行有效配置，而这项资源最初的取得的成本以及各种费用由每一位需求方分摊，此时交易成本降低。一项资源每共享一次，就相当于给需求方提供了一件"新"商品，当这项资源共享的次数越多，需求方分摊的费用就越少，其边际成本便会逐渐趋于零。共享金融社会中人们通过低成本甚至零成本使用互联网平台实现各种金融资源的共享，降低了传统经济模式下由于高成本而产生的资源获取门槛，有助于实现零边际成本社会，提高金融资源使用效率，最终实现参与各方均受益的结果。

11.2.4 产生超"市场倍增"效应

市场倍增学又叫几何倍增学，是指应用几何基数的原理，通过一传十，十传百，百传万，万传亿的方式，经过几代传递后，市场就能有很大范围的影响力。共享金融降低了参与金融交易的门槛，当一个资金需求者，尤其是处在"长尾"端的资金需求者通过共享金融平台享受到了金融服务后，其成功的消息会传播给周围其他有融资需求的人，资金供给者也会将其获利的消息分享给其他有金融资源的人。越来越多的主体会参与到共享金融中，由此，共享金融市场的参与者会产生倍增效应。

参与共享金融交易的主体数量倍增的同时，在共享金融平台的评估机制下，对参与者信息的审核，保证了参与主体的质量；交易资源的范围广，包括货币形式的金融资产及财富管理、相互保险、实物众筹、捐赠、权押融资、订单融资等非货币类金融资产；网络化碎片化的交易，以及"一对一""一对多""多对多"并存的多元交易模式极大地拓展了共享金融的交易深度。共享金融平台无论是从交易参与主体数量还是交易资源的广度以及交易的深度上来说都会产生超越“市场倍增”的“超效率市场”。

11.3　激活存量金融资源

现阶段，银行是我国资金的“蓄水池”，老百姓追求安全性以及不易察觉货币的隐性贬值，大多数人选择把钱存在银行，造成了货币的闲置。其他资源如民间金融等金融类资源，专利、使用权等类金融资源同样十分丰富。

在传统金融模式中，金融机构在考虑成本、收益和风险之后主动选择配置金融资源的优质客户群体数量很少，大量中小企业及个人处在金融资源的被动配置区。由于信息的不对称，资金供需双方缺乏连接的载体，资金需求者的资金需求无法及时得到满足，资金供给者对投资项目的接触渠道过窄，不易找到符合心意的投资项目，双方没有实现有效地对接，两者间的巨大鸿沟造成资金供给者手中资金的闲置，共享金融需要盘活这些存量金融资源。

11.3.1　海量的闲置金融资源

截至 2016 年末，我国金融机构本外币各项存款余额为 155.5 万亿元[①]。非正规金融资源存量也十分丰富，《2016 年中国网络借贷行业年报》显示：2016 年全年网贷行业成交量达到了 20 638.72 亿元，相比 2015 年全年网贷成交量 9 823 亿元增长了 110%[②]。2016 年，P2P 网贷行业历史累计成交量接连突破 2 万亿元、3 万亿元两个大关，单月成交量更是突破了 2 000 亿元，2016 年“网贷双 11”单日再次突破 100 亿元，达到了 116.07 亿元。2016 年网贷行

① 国家统计局. 中华人民共和国 2016 年国民经济和社会发展统计公报[EB/OL]. http://www.states.gov.cn/tjsj/zxfb/201702/t20170228_1467424.html，2017-02-28.

② 2016 年中国网络借贷行业年报[EB/OL]. http://www.wdzj.com/news/yanjiu/52614.html，2017-01-06.

业投资人数与借款人数分别约为 1 375 万人和 876 万人，较 2015 年分别增加 134.64%和 207.37%，网贷行业人气增长幅度仍然较大。选取运营较为稳定、成交量较为活跃的网贷平台，这些网贷平台上 2016 年单月单个平台投资金额介于 0~1 万元的投资人数最多，占比高达 50.31%，其次投资金额为 1 万~10 万元的人，占比高达 35.23%。单月单个平台投资金额在 100 万元以上的投资人数占比为 1.29%。P2P 借贷是共享金融的一种模式，这一系列的数据都反映了闲置的金融资源十分庞大。

11.3.2 有效激活闲置资源的原因

首先，共享金融的平台化、网络化交易使得平台聚集了各类资源的多样化需求者。共享经济和互联网的发展，带动了共享金融的兴起。借助互联网之势兴起的共享金融平台越来越多，计算机技术的进步提升了交易效率，信息的对称降低了交易成本，原本游离在传统金融服务中的长尾客户也被纳入共享金融服务范围，参与共享金融的资金需求者和资金供给者都可以在平台中选择适合自己的金融产品。而共享金融平台，以互联网作为载体，开展线上投融资等金融活动，资金供需双方不再需要依靠银行或其他传统中介机构就可以实现有效对接。资金供给者寻找平台中的融资信息，根据其商业模式、回报率等选择心仪的项目，激活其存量的金融资源。

其次，共享金融的“一对多”和“多对多”的交易模式可以更好地挖掘金融资源价值，进而促进资源供给的进一步增加。资金供给者在选择投资项目时会考虑风险与收益的匹配，“一对多”及“多对多”的资源交易配置，将资金供给者的风险分散到多个项目中，这保障了资金的安全性，从而会吸引更多的资金供给者；对资金需求者来说，多种融资类别下可以选择非货币类金融资源的投资，不仅使更多的金融、类金融资源需求者参与其中，对金融资源价值的挖掘更是吸引了金融资源的供给。此外在多对多交易模式下，众多资金供给者和众多资金需求者之间进行相互匹配，以比传统金融市场更快的交易速度和更低的交易成本完成一笔交易，它集中体现了共享金融市场高效的资源整合能力和资源配置能力。

最后，金融资源出售的是使用权，其边际成本无限趋近于零，大幅度降低了金融资源的融资成本和价格，进而促进金融资源的交易和利用（共享金融的“零边际成本”已在前文介绍，不予赘述）。

11.3.3　存量金融资源的高效利用

人们在研究金融与经济的关系时，常常以金融相关率（financial interrelations ratio，FIR）去表明经济货币化的程度。这些年来，我国 M2/GDP 的比值持续上升，其数值已远远超过了发达国家的水平。有人由此认为我国经济货币化的程度迅速提高，其实，这只是一个认识误区，M2 与 GDP 比值的迅速提高，难以真实地反映我国经济货币化的程度，相反，它集中地反映了我国金融资源配置的浪费，美国经济学家克鲁格曼提出了一个指标，即增量资本产出率（incremental capital output ratio，ICOR），这个指标的分母是 GDP 的增长，分子是资本增长，也就是投资增量，其含义是每增加一元钱的产出，要增加多少投资。如果 M2 与 GDP 的比值以增量表示，并假定吨的增量转化为投资，则金融相关率与增量资本产出率的含义趋同。近几年我国 M2 与 GDP 的比值在 5~8，即每增加一元的产出，要增加 5~8 元的投资，而西方发达国家这一比值一般保持在 1~2.5，这表明我国投资效率低下，金融资源的配置并不节约，而是浪费。

总体上看，中国经济与金融运行都呈现出明显的非均衡特征。一方面是金融体系中的流动性过剩，存在大量存量资源；另一方面是农村、中小企业等经济领域仍难以获得足够的金融支持，这表明资金融通机制确实存在问题。而在城乡、地区、企业之间，金融资源配置也体现出了种种结构性失衡。

共享金融本质上是一种通过去中介化、去中心化、降低交易成本的直接融资方式。与传统金融模式下的融资相比，共享金融的优势是信息更加对称，交易成本更低。传统金融模式下，信息是分散的，金融机构难以得到有融资需求的小微企业及个人的准确信息，风险与收益不匹配，商业银行基于风险考虑不能高效率地应对部分企业客户以及部分个人客户的融资需求，造成对某些客户的金融排斥（金融排斥是指某些人在金融市场中不能共享金融服务的一种情况，社会中的弱势群体缺乏有效方法和途径接触金融机构，进而不能有效利用金融产品或金融服务带来经济效益）。

移动通信和互联网技术的发展使共享金融突破了时空限制，数据的标准化、公开化提高了数据的使用效率，资金需求者在共享金融平台中发布融资信息及信用信息，凭借共享金融的超效率市场技术支持在平台中寻找有效的金融资源，避免了金融排斥。资金供给者也能够依靠大数据的支持快捷地查询并了解资金需求者的信用信息记录，实现信息对称，通过合适的风险分散和分担方法规避风险，找到心仪的投资项目，激活手中的存量资源，提升金融资源的配置效率。

共享金融的兴起发展对传统金融造成了巨大的冲击，其低廉的边际成本改变了传统金融的经营思维和模式，也改变了资源配置的方式。金融机构和资金供给者能够凭借共享金融平台提供金融服务，使得金融资源的主动供给区向外延伸，处在长尾末端的用户享受到了普惠金融的服务，社会中大量的存量金融资源得到激活，从而提高了金融资源配置的效率。

11.4 容易形成规模效应

经济学中常常提及“规模效应”一词，规模效应又可称为规模经济，规模经济理论首先由著名的经济学家马歇尔在 1890 年提出[①]，后经克鲁格曼等学者的完善而得到发展。规模经济理论的理念是，如果其他条件基本相同，则相比较而言，行业规模较大的地区在生产环节中更富有效率，进而会引起该地区厂商的规模收益递增，形成外部经济。外部经济是指当因企业数量的增加而导致整个产业的产量扩大时，其中每个企业的平均生产成本都会下降，因而有时也称为外部规模经济（external economy of scale）或范围经济（economy of scope）。因此，一个行业是否具备产生规模效应的可能性，关键在于该行业中是否存在足够数量的企业。而从更微观的角度来看，规模效应的产生与行业中的交易规模有密切关联，若行业中存在足够庞大的交易量和交易规模，则更有可能实现行业整体的规模效应。共享金融融合于金融领域的具体实践中，其金融市场环境满足上述条件，因此容易形成规模效应。对于规模效应在共享金融中的具体表现，本节将从以下两个方面进行阐述。

11.4.1　参与主体规模庞大

实现规模效应的一个必要条件是交易参与主体的规模需要足够庞大。共享金融的人人参与、人人享受金融资源的理念使得能参与共享金融活动的主体数量剧增，金融资源的供给和需求极为丰富，金融资源规模迅速扩张。共享金融活动中的参与主体主要涵盖需求端、供给端双方，传统的金融机构作为特殊的参与主体，既可能是供给端主体，也可能是需求端主体，有时又兼而有之，发挥着特殊的作用。共享金融分别在供需双方激活了许多曾经无法真正融入金融活动的参与主体，同传统金融相比拥有更加庞大的参与主体规模。

1. 需求端主体

在传统金融中，受到人员、时间以及交易成本等多种因素的限制，在对

---

① 马歇尔 A. 经济学原理[M]. 朱志泰，陈良璧译. 长沙：湖南文艺出版社，2012.

金融资源进行配置的过程中不可避免地出现客户之间不对等的情况，在需求端的客户对象选择上背离了普惠金融本意，出现了“长尾客户”问题，数量众多的小微企业、农民以及城市低收入人群难以获得金融服务所带来的帮助。根据 2015 年广发银行与国际知名调研机构联合发布的《中国小微企业白皮书》，中国小微企业的融资现状不容乐观，共计存在高达 22 万亿元的资金缺口[①]，并且这部分缺口难以通过有效的融资渠道得到满足。同时，我国的城市与农村贷款比例远远大于存款比例，农民的存款与贷款之间存在着严重的不对称性，这说明传统金融体系尚未满足农民的存款外流和贷款需求[②]。共享金融在需求端所面对的主要对象和主体正是上述具有小额融资需求的长尾客户，在解决弱势群体的金融需求实践中发挥着重要的作用。

2. 供给端主体

在传统金融中，需求端的资金需求大多依赖于商业银行等传统金融机构提供的债务融资，单一的供给主体将会导致以下两个问题。一方面，小微企业的债务成本过高，中国企业受制于单一的银行债务融资是一个典型例子。2015 年标准普尔针对中国企业债务水平所发布的一项研究报告显示，中国企业债务总计高达 14.2 万亿美元，在全球占据三成的份额，超过美国成为全球范围内债务规模最高的国家[③]。另一方面，资金供给方的多样化的金融需求难以得到满足。根据中国《2016 年互联网金融资产配置报告》中的数据，中国居民资产配置主体前两类分别为房地产和银行存款，总体规模均逾百万亿元，而股票类的规模仅有 50 亿元左右，所占比例只达到美国的 1/10，同日本相比

---

① 广发银行.中国小微企业白皮书.

② 郑志来．“互联网+”背景下共享金融发展路径与监管研究[J]．当代经济管理，2016，(8)：86-91.

③ 标普.中国企业借贷 14 万亿美元 全球第一[EB/OL]. http://news.cnfol.com/guoneicaijing/20140617/18150887.shtml，2014-06-17.

也仅达到其一半的水平[①]。由此可见，有限的金融投资渠道使得处于供给端的海量资金沉淀于房地产和银行当中，资金的价值难以得到进一步挖掘。居高不下的居民储蓄率长期以来为中国经济所独有，居民储蓄占国内生产总值的比例（即储蓄率）多年来都保持在 50%以上，如此之高的储蓄率在世界范围内实属罕见。共享金融的出现能够有效缓解这种局面，它能够为资金供给方提供更多的投资渠道，而且所提供的收益率往往要比银行的存款利率高出不少，同时其完善的审核、担保机制能够有效分散风险，大大减少了资金供给者的顾虑，从而吸引众多资金供给者进行投资，达到激活居民储蓄存款等闲置金融资源的目的，增加资金供给端的多样性。

3. 金融机构

金融机构将是共享金融活动参与的重要主体，在共享金融活动中，金融机构一方面扮演供应端角色，如在其互联网化过程中可以为需求端提供财富管理，甚至部分担当普惠金融的角色；另一方面又通过各种理财产品等承担需求方的角色，既是供给端主体，同时又是需求端主体。在传统金融中，金融机构主要以商业银行为主，涵盖资产业务、负债业务以及中间业务，其核心是在资金供需双方之间扮演中介的角色，其作用主要是为了化解资金供需双方之间的信息不对称而进行资金的调配。而在共享金融时代中，资金供需双方之间联系的建立不再必须依附于传统商业银行，通过共享金融平台就可以实现资金供需双方之间的自主匹配，不仅为双方增加了更多的选择空间，同时减少了投融资过程中的相关交易成本，对投融资活动起到了显著的促进作用。

在资金供给端、需求端以及金融机构三个方面，可以参与到共享金融中的主体规模明显大于传统金融活动，因此共享金融更有机会实现规模效应。

---

① 挖财发布《2016 年互联网金融资产配置报告》：未来资产配置的核心是金融资产. https://news.pedaily.cn/201601/20160113392485.shtml，2016-01-13.

11.4.2 交易品种种类众多

传统金融市场中的交易品种主要是货币化的金融类资源，即现金、银行存款等以货币形态存在的金融资源。由此可见，传统金融市场中的交易品种范围较窄，金融市场参与者的交易标的具有一定的局限性，难以实现规模化效应。

而在共享金融时代，市场中的交易品种得到大幅扩展，由金融资源延伸至类金融资源，交易标的不再仅仅局限于货币化的资源，许多非货币化的金融资源也可以在共享金融体系中实现交易。

（1）金融资源。同传统金融市场一样，绝大多数的金融类资源都可以在共享金融模式中实现流通和交易。个人以及企业所拥有的暂时闲置的现金、存款等各种金融类资源可以在共享金融模式中通过网络借贷、财富管理、互联网金融等具体金融工具实现共享，有效解决金融类资源供给端的资金闲置以及需求端的资金匮乏等问题，实现货币资源的价值增值。

（2）类金融资源。在共享金融模式中，市场中的交易标的不再仅仅局限于货币化的金融类资源，一些非货币化的类金融资源也能参与到交易之中。如产品众筹，是资金供给者给资金需求者资金，资金需求者给资金供给者产品或者服务，这种众筹方式一般是指预售类的众筹项目；公益众筹，也可称为捐赠众筹，是一种无回报要求的众筹模式，由资金需求者发起救助申请，通过平台的审核后，资金供给者就可以对其进行资金援助；实物众筹，利用该模式得到的更多是生产生活资料等实物的类金融资源，而非直接得到资金、产品等；无形资产质押，一些有专利、著作权、专有技术、使用权、分享权、特许经营权等的资金需求者也可以获得金融资源；商业信用融资，包括订货单、采购单、应收账款、预付账款在内的商业信用均可作为一种信用担保，通过第三方共享平台的审核，这些商业信用被赋予了真实性和担保价值，资金供给者能够以此作为分担风险的工具，从而进行资金的融通活动。

由上文的分析我们能够看出，共享金融的参与主体规模庞大，且交易品种种类众多，具备实现规模效应的必要条件，因此与传统金融模式相比，共享金融更容易实现规模效应，有利于实现融资成本的下降。

11.5　资源供求即时匹配

共享金融的"人人参与"极大地降低了参与金融活动的门槛，任何人或机构只要有一定的金融或类金融资源都可以成为供给端主体；只要有金融需求的主体，不管是大中型企业，还是小微企业，甚至农民、家庭主妇等社会弱势群体都会成为需求端主体，都会获得所需的金融资源。这将会极大地增加交易的规模，进而形成在共享金融平台上的"一对多""多对多"交易模式，借助于网络化交易形成供求双方的即时匹配效应。在共享金融模式中，提升交易效率是该模式的一个重要目标，而关键方法之一就是提高供求匹配过程的即时性。

11.5.1　供求匹配的即时性

在共享金融模式中，参与交易的供需双方之间的匹配过程呈现出显著的即时性。共享金融的供求即时匹配指的是借助共享金融平台的撮合作用，供给端和需求端的主体在线上分别发布投资或者融资等需求之后即能在短时间内迅速得到满足的快速匹配过程。共享金融匹配过程的即时性主要表现为供给端的多样性大大缩短了匹配过程中的搜寻时间。以国外的 Zopa、Lending Club 以及我国的陆金所、人人贷、爱投资等著名 P2P 平台为例，任何个人与企业都可以注册成为其推出的各种项目的潜在资金供给者。在这些平台上，一项标的金额为数十万元、数百万元的筹资项目，起投金额可能仅为数百元甚至数十元，如此之低的投资门槛足够轻松地引来众多拥有闲置资金的个人、企业甚至机构资金供给者，往往在不到半小时的时间内，投资份额便被一抢而光。由此可见，共享金融在资源配置方面所具备的供求即时匹配特点能够简化匹配过程，提升交易效率。

11.5.2 供求即时匹配的机理

共享金融平台是实现共享金融供求即时匹配特点的关键因素，大数据、云计算等移动互联技术则是必要的支持条件。在共享金融模式中，共享金融平台替代了传统商业银行所扮演的中介角色，综合运用各种互联网技术手段来达到撮合交易的目的。共享金融平台的重要作用始终贯穿于交易活动之中。首先，具有融资需求的需求方需要在共享金融平台上注册登记，并按照平台的要求提供各种资质文件与证明材料，以作为其还款能力的证明与担保。其次，平台在对需求方的各种资质进行审核并与需求方签订合同之后，会将所有需求方的信息进行综合梳理，并在平台网站上一一展示需求方所发布的需求信息。再次，资金供给者在浏览网站内容时，结合自身的资金情况与风险偏好，选择适合自己的投资项目，在共享金融平台的协助下完成投资行为，平台将筹得的钱款等金融资源交付给需求方。最后，需求方根据与共享金融平台所签订的契约合同，在偿付期限之前将本金与约定的收益一并交付给资金供给者，此时便完成了一次完整的共享金融交易活动。

关于交易模式的划分，按照交易对象之间的匹配方式可分为一对一、一对多、多对一和多对多四种交易模式。在前三种交易模式中，留给交易对象的选择空间都相对较小，交易规模和效率受到一定的局限。而在共享金融模式中，绝大多数共享金融平台所采用的均为“多对多”的交易模式，平台上同时存在众多的金融资源需求者与供给者，双方之间可以任意建立对应关系，这样的交易模式大大增加了交易对象的选择余地，交易参与者可在众多可供选择的方案中挑选一个最适合自己的方案，实现交易。因此，该交易模式大幅提高了共享金融中交易过程的时效性，从而达到了供求即时匹配的目标。

11.5.3　供求即时匹配的模式

共享金融供求即时匹配的特点依赖于共享金融平台具有高效算法的业务流程。下面将以 Lending Club 为例，分析共享金融是如何实现供求即时匹配的。

Lending Club 于 2007 年在美国成立，是全球首家上市 P2P 平台。Lending Club 采用的是纯线上的模式，没有设立任何线下机构，不仅向个人提供贷款，同时也向企业提供资金支持。平台以点对点的借贷模式将资金需求者和资金供给者汇集在一起，提供更加快捷、便利的投融资渠道，替代了高成本和复杂的银行贷款方式，从而实现了共享金融中的去中介化。

在 Lending Club 上申请一笔借款，整个业务流程只需十分钟左右的时间即可完成。一旦资金需求者在平台上发布了借款需求，资金供给者便可通过平台向其提供借款，整个借款过程短则几个小时，长则可能需要一两周，平均时间为 5~6 天。与向银行等传统金融机构借款相比，在共享金融平台上取得借款的时间大大缩短，流程得到简化，供求即时匹配的特点因此得到体现（图 11-1）。

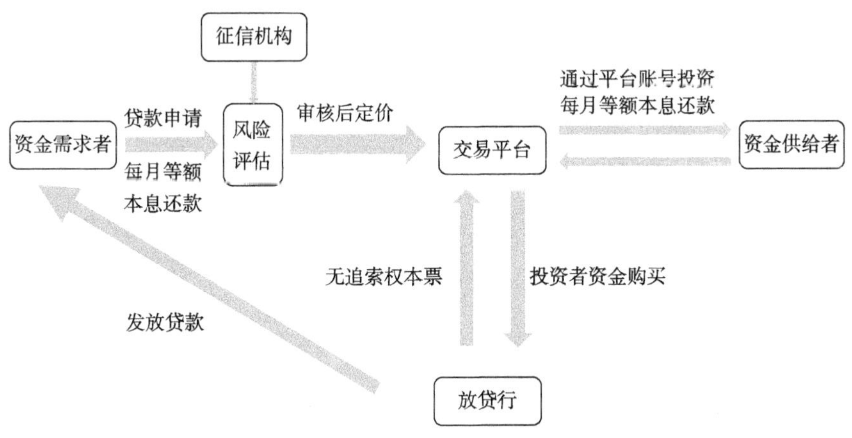

图 11-1　Lending Club 的业务流程

11.6　智能大数据驱动

任何实物财富都有它的生命周期，其价值不可能永远存在，因此未来真正有价值的将会是时间越长越有价值的大数据。麦肯锡全球研究院对于大数据所给出的定义是：一种规模大到在获取、存储、管理、分析方面大大超出了传统数据库软件工具能力范围的数据集合，具有海量的数据规模、快速的数据流转、多样的数据类型和价值密度低四大特征。被誉为“大数据时代预言家”的维克托·迈尔-舍恩伯格在其和肯尼思·库克耶所著的《大数据时代》中列举了大量翔实的大数据应用案例，并在分析当前发展现状的基础上对大数据的未来趋势进行了预测，高度强调了大数据的重要地位，他认为“大数据开启了一次重大的时代转型”，指出大数据将对人们的生活、工作以及思维方式产生巨大影响①。

11.6.1　智能大数据驱动机理

对于数据分析工作而言，数据只是“大”，并没有太大意义，关键是如何最佳地挖掘高价值的数据、使用这些数据，以达到使这些数据成为“智能大数据”的目标。共享金融智能大数据指的是在广泛搜集相关金融数据、建立共享金融“大数据库”的基础上，引入人工智能技术，提高交易模式的智能化程度，从而实现交易过程中各环节的自动匹配。这种资源配置方式克服了传统金融模式中匹配过程的缓慢冗杂的弊端，真正实现供需双方之间精准高效的快速匹配，大大缩短了搜寻时间，减少了交易成本，凸显了共享金融模式的优势所在。

共享金融智能大数据的作用机理是通过云计算等智能信息工具对序列之

---

① 迈尔-舍恩伯格 V，库克耶 K. 大数据时代[M]. 盛杨燕，周涛译. 杭州：浙江人民出版社，2013.

间的联系、动态信息数据序列进行分析，大幅提高金融风险定价的效率，降低定价成本，有效减少信息不对称问题，这使得对单个客户的信用信息、消费倾向、理财习惯分析成为可能。包括个人和企业在内的单个客户在参与各种金融活动时都会留下交易与信用信息，这些数据看似琐碎无用，但是经过专业的数据处理机构利用大数据、云计算以及人工智能等技术进行加工处理后，就能成为为共享金融中的交易撮合提供预测、为共享金融中的信用考核提供评判的关键依据。

11.6.2　大数据拓宽交易空间

与传统金融模式相比，大数据是以互联网为基础的共享金融所具有的一个明显优势。传统金融机构如银行等只注重客户的大额、重要交易，而忽视了客户的小额交易，将其当作负担和成本，而共享金融模式则利用大数据对客户的全部交易进行完整记录。一般而言，高频、小额的交易往往更能体现出客户的消费习惯，人们在第三方机构留下的交易记录和在互联网上的浏览历史并不是杂乱无章的，利用科学的计算和处理方法，能够从看似随机的冗长数据中发现一定的规律。因此，共享金融模式通过大数据技术，对客户海量的消费数据进行挖掘，总结出客户的消费行为习惯，能有针对性地给客户带来更多的交叉营销、交叉推广和交叉服务。传统银行金融机构只能依靠柜面、电话等点对点的方式进行服务，交易规模因此有所受限，而依托于大数据的共享金融则能够快捷方便地整合出融资主体的信用信息、信用等级、融资数据、还款能力等信息及指标，从而拓宽了金融市场中的融资交易空间。

11.6.3　大数据辅助征信风控

各国都有央行的征信系统，在系统中能够查询到企业和个人的信用记录。但是，国家央行的征信系统所覆盖的范围存在一定的限制，并不是所有企业及个人的信用记录都登记在册，而且信用记录出台所依赖的依据的完整性也或多或少存在着一定的欠缺。

P2P 网贷蓬勃发展至今，曾盛行一时的抵押类业务逐渐遭遇瓶颈。面对借款方出现身份欺诈、逾期不还、携款跑路等行为的可能，平台就需要通过征信手段提前预知其行为。由于借款人负债情况无法统计，数据没有统一的平台处理，审核及监管尺度松，重复借款现象普遍致使征信已成为制约企业发展的关键因素之一。出现这种现象的根本原因在于各互联网金融机构信息封闭，不开放、不共享。

共享金融在数据方面强调互通共享。以我国的蜜蜂数据为例，它将“去中心化”理念引入征信行业，是国内首个脱离中央数据库的分布式征信系统。蜜蜂数据实行用户自行管理自有数据，系统仅负责通信、对接，不存储任何数据。它作为互联网金融外围生态圈中的征信项目，依托网贷行业数据资源，整合优质行业征信数据，充分发挥征信信息在 P2P 等第三方平台风险管理中的作用。蜜蜂数据通过连接大数据（包括 P2P 平台、小额信贷机构、征信机构、银行、第三方支付、互联网大数据等）连接不同的应用场景，增加借款人违约成本，提供去中心化分布式查询，打破行业内信息各自孤立而形成信息漏洞的现状。

创建大数据共享体系，统一标准，使孤立在各机构、公司和互联网的数据按照一定规范共享，这些将是未来大数据在共享金融征信方面的发展趋势。

共享金融模式的高效运行离不开数据信息的计算和处理。智能大数据不仅能够广泛搜罗金融市场中的各种数据和信息，更重要的是能够在对搜集到的数据进行智能分析的基础上，合理地对供需双方之间的匹配提出预测。智能大数据为共享金融模式提供了强有力的技术支持，推动金融活动向预测方向逐步发展。

第12章

共享金融的技术和制度

近年来，在共享经济迅猛发展的背景下，以互联网金融、P2P、众筹等为代表的共享金融模式逐渐成为金融领域中的焦点，其发展也备受世人瞩目。共享金融的产生并不是偶然现象，其背后高速发展的现代科技和日益成熟的金融制度为共享金融的发展提供了有力的支撑，在今后很长一段时间内，技术上的突破和制度上的完善将会是共享金融快速发展的关键因素。

12.1　共享金融的技术支撑

如今，整个社会已离不开共享金融，网络支付已进入普通人的日常生活，互联网金融拓宽了人们的投资渠道，网上征信为许多人群提供了便利，在诸如此类的共享金融背后，是两方面技术的完美融合。一方面，以互联网技术为主的信息技术将金融信息数字化，扩展了信息容量，加快了信息传输速度；另一方面，依托于电子、数字、软件平台的各类金融技术成为各类交易中的关键部分，降低了信息获取的成本，简化了金融交易的流程。所以，技术的革新俨然已经成为共享金融发展的关键一环，是共享金融领域持续快速发展的基石。

12.1.1 信息技术是先决条件

信息技术的发展是共享金融得以快速发展前提条件。信息技术的出现是20世纪最具有标志性的事件之一。如今，信息技术的发展已经完全改变了人们的生活状态，从衣食住行到消费投资，信息技术已经渗透至世界的每一个角落。经过数十年的发展，信息技术的种类数不胜数，但无论从哪个角度来看，互联网技术以及其延伸出的移动互联网技术在金融行业都扮演着不可或缺的角色；另外，在共享金融领域中，云计算技术、区块链技术也发挥着十分重要的作用。

1. 互联网技术及移动互联网技术

互联网技术及移动互联网技术让共享金融的实现有了现实基础。互联网技术是在计算机技术的基础上，通过再开发的手段连接多台计算机设备的信息技术。互联网技术得以运行的硬件基础是成熟化的计算机工业。1945年，美国数学家约翰·冯·诺依曼（John von Neuman）提出了用二进制的方法存储数字信息的构想，并命名此类存储系统为“程序”，这一设想成为当今所有信息技术的起点；1946年，第一台基于此理论的通用计算机“电子数字积分计算机”（electronic numerical integrator and computer）问世，在此后的近30年时间中，各类计算机语言陆续被编译，计算机的功能愈发完善，加之集成电路的发明，计算机的体积更加轻便；1974年，计算机正式被商业化。同年，美国国防部开发出传输控制协议（transmission control protocol，TCP），这为之后的互联网技术的发展提供了统一并且可靠的模型支持；1975年，斯坦福大学和施乐公司联合推出了“以太网”（Ethernet），这标志着第一个工业化的局域网问世；1983年，蜂窝移动网络的设想被提出，互联网的早期形式开始浮出水面；1994年，经过近10年的发展，互联网技术在全球范围内得以应用；20世纪末，第二代无线通信技术（the 2nd generation，2G）开发完毕，标志着移动互联网技术的诞生，21 世纪初期，第三代无线通信技术（the 3rd generation，3G）问世，大幅提高了传输速度，并为之后第四代无线通信技术（the 4th generation，4G）的诞生提供了技术上的便利。如今，以无线局域网（wireless local area networks，WLAN）技术、4G 为主要形式的移动互联网技术已被大规模应用到人们的生活中。至此，互联网技术已完全产业化，成为社会发展中不可或缺的重要组成部分。

金融业是最早将互联网技术应用于实际的行业之一。20 世纪 80 年代，信息技术发展还处于最初的阶段，此时便已有证券交易所开始试图使用计算机和局域网进行数据的存储和信息的传递；20 世纪末，互联网技术在股票债券市场中的价值开始被挖掘，各类交易、行情、咨询软件的陆续推出，大大降低了股票市场的交易成本，有效减少了信息的时滞；21 世纪初，互联网技术在大宗商品和证券的交易过程中得到了普遍的应用。近几年，移动互联网技术发展迅速，智能移动终端成为人们生活中的必需品，通过智能手机等设备，不仅可以办理转账汇款、股票申购、基金认筹等基本的金融业务，还可以办理第三方支付、网络借贷、网上征信等新型共享金融类业务。

目前，互联网技术在金融领域的应用已远远超出之前的预期，共享金融重要形式之一的互联网金融市场在世界范围内已处于重要位置并持续快速发展。互联网技术在共享金融模式中的作用主要有以下四点：

（1）互联网技术是共享金融发展的基石。共享金融主要表现为互联网金融、P2P 借贷、众筹等形式，此类形式的重要特征为去中心化，在传统的金融理念下，卖家和买家达成交易的背后是信用在支撑，而在陌生人之间，由于存在信息不对称的现象，所以这类交易往往不会达成。而目前，通过互联网中第三方平台的媒介和担保作用，提高了资源配置效率，解决了信息不对称的问题，利用点对点的交易形式达成交易。由于这一系列交易环节均在线上完成，所以互联网技术在此类交易中起着基础性的作用。

（2）互联网技术降低了交易成本，提高了交易效率。在共享金融模式下，数据量大、刷新速度快等特征，使得提高交易效率成为必然要求，在传统金融视角下，提高交易效率伴随着更多人力财力的投入，这将导致交易成本的陡增。而通过应用互联网技术，数据可通过互联网系统进行自动化处理，信息处理速率快、正确率高，这大大提高了交易效率，同时有效降低了交易过程中成本的投入。

（3）互联网技术降低了风险。在共享金融模式中，由于交易双方往往互不相识，所以交易过程中面对的主要风险为信用风险，互联网第三方平台的介入和网上征信系统建立后，这一问题逐步被解决。另外，互联网技术凭借其自动化运营的特征，大大降低了操作风险和技术风险。

（4）互联网技术为新型金融管控提供了技术支持。目前，共享金融模式应用范围广，风险暴露时间急促，传播速度快，管控较为困难，利用原来“一刀切”的监管措施容易打击市场信心，但利用互联网技术，秉持“自主监管”的理念，开发新型金融管控程序，可以做到分类治理、自动管控、改善监管效果，引导行业健康稳定发展。

目前，共享金融类企业在互联网技术层面仍面临一些困难，如交易信息真伪判别技术不健全，网络征信无统一标准等。另外，在数据流量巨大的压力下，传输速度和计算机容量成为企业发展的瓶颈，但在日新月异的今天，伴随科学技术的飞速发展，相信此类问题会在短时间内得以解决。

2. 云计算技术

云计算是共享金融交易中信息交流、数据处理、共享数据、共享资源、共享信息的重要支撑。云计算（cloud computing）是一种通过接入互联网进行分布式实时动态数据管理的交互模式，云计算技术是在此类模式下发展成型的一种技术手段。云计算技术的产生最早可追溯到 2006 年 3 月，亚马逊公司首次推出了弹性计算云（elastic compute cloud，EC2）服务，用以计算和推测用户的行为习惯和购物偏好，此项服务为整个电子商务行业造成了革命性的影响，时至今日，此项技术在各类平台中仍得以大规模推行。2006 年 8 月，谷歌（Google）公司正式提出云计算的概念，在此后的数年中，云计算技术发展迅速，世界各地开始兴建大型数据中心，并在金融、军事、气象、学术等领域大规模应用。目前，我国的云计算技术也得到了飞速的发展，阿里云、腾讯云等世界级的云计算中心相继投入使用，为我国共享金融的发展提供了可靠的数据处理技术保障。

云计算技术被认为是“共享”概念在计算机领域的扩展，在传统的互联网技术中，“共享”表现在数据的共享，即互联网的各个参与者可以进行有限权限下的数据访问操作，而在云计算技术中，“云”通常是指特定的一组计算机，通过“云”不仅可以共享数据，各类计算机、服务器的数据处理能力也可以共享，这使得快速计算超大规模数据的愿望得以实现。云计算技术拥有以下三方面特点：第一，运算规模庞大。目前各大主流云计算中心的计算机数量均超过了数十万台，这意味着在数据处理方面，云计算中心可轻松处理每秒超过 10 万亿次数据流信息。第二，虚拟化程度高。数据处理服务的需求者在各类终端均可向服务提供商发出申请，只需要一台或几台接入互联网的设备即可操作，资源均保存在“云”这一虚拟体中，极少对现有计算机和互联网资源进行占用。第三，数据处理成本低。一方面，“云”的产生，降低了数据处理需求方在购置计算机方面的成本；另一方面，云计算拥有自动匹配的数据分析功能，减少了分析数据所带来的相关成本。

以上特点补足了部分现有计算机技术的缺点，在实际推出仅数年的时间内，云计算技术便在社会生活中得到了十分广泛的应用，在金融领域中，其应用主要体现在以下三个方面：

（1）通过云计算可以推测用户的风险偏好。云计算技术通过分析用户的消费历史，如个股的买入卖出操作、各类基金的认筹情况，可以快速计算出用户的风险偏好，从而精确推荐相应需求的金融产品。

（2）通过云计算可以进行量化投资整体框架的搭建。目前，部分共享金融类企业正逐步向量化投资的方向发展，而实现量化投资的现实阻碍之一便是投资模型的设计工作，此类工作伴随着大量的数据计算，而云计算技术通过其强大的数据计算和结果分析能力，可以在一定程度上消除此类阻碍。

（3）云计算为互联网金融企业提供了大数据处理技术。互联网金融企业信息化程度高，数据规模庞大，在传统计算机技术中，这一问题对计算机的性能和数据处理人员的要求极高，而通过云计算技术，将数据处理工作外包给“云”进行处理，可大幅降低数据处理的门槛，提高计算效率。

从当前的趋势来看，云计算技术的应用仍在进一步被开发，更多与共享经济领域相关的服务和产品，如云计算支持下的共享财务等，正陆续被推出，在未来一段时间内，云计算技术将以其独特的姿态推动共享金融生态圈的建立。

3. 区块链技术

区块链技术是指通过去中心化和去信任的方式，通过群体共同维护的手段，构建一个透明、可靠、共享网络的技术方案，是共享金融模式中去中心化、去信任化的重要技术手段。区块链的建设基础是一串利用数学打造的加密化数据模块，每一个数据模块中均包含了过去一段时间内网络中所有模块的数据传输信息，此项功能可以验证信息的有效性，以及生成下一个模块。网络中产生的第一个模块，叫“创世区块”。区块链技术在根源上拥有去中心化的性质，使用点对点的网状分布式结构进行数据的对接、传输和计算。另外，区块链技术使用数据区块作为类似于传统服务器的数据处理系统，理论上可以使得所有信息，如交易详情、计算过程等，全部呈现在同一个“云系统”之中，使得“数据”可以直接对接成为“信息”，而无须再经过其他复杂的运算和证明。从未来的角度来看，区块链技术将以更为复杂的形式深入各个领域中去，如深度学习化的人工智能模型等，为各个行业提供更为精准的数据处理技术。

通过以上区块链技术的定义，可归纳出区块链技术的以下四方面特征：第一，去中心化，去中心化既是区块链技术的核心特征，也是构建区块链网络的基础思想，其运行机理是在多点分布式网络中，剔除管理者的角色，每一节点（表现为计算机和移动终端等硬件形态）均具有相同的访问权限。因此，去中心化保证了信息的共享性。同样的，因为没有管理机构的存在，网络攻击者无法通过常规手段盗取信息，所以去中心化在一定程度上降低了信息风险。第二，去信任化，在传统以服务器为中心的信息交换机制中，必须通过交换证书等方式得到服务器的认可，而在区块链打造的网络中，由于各个节点的身份及信息规模是相同的，成员之间的身份信息无须验证，不存在虚假信息、证书欺骗等行为，所以在整个系统内进行数据交换是无须认证的，拥有去信任化、匿名化的特征。第三，开源性，通过以上去中心化、去信任化两个特征，可以得出区块链技术所打造的网络中，每个节点均可参与数据的处理与传输的结论，所以在这一方面，区块链技术拥有开源性。第四，数据可靠性，通过区块链技术的本质，不难推测出，在区块链所打造的分布式网络中，数据具有极强的不可篡改性，所以区块链极大地保护了数据在传输过程中的安全。另外，由于数据处理无须第三方介入，所以也保持了数据的完整性。

区块链技术在共享金融领域的应用主要有以下两点：

（1）智能化合约的构造。智能化合约指既能够像传统合约一样为交易双方提供保护性条文，又能拥有保存时间长、安全性高等特征的合约。此前，智能化合约的构想已存在数十年之久，在计算机技术应用之初，人们本以为找到了完美的智能化合约构建机制，但由于信息安全等问题，并未得到实现。

区块链技术以其去中心化的运行模式，加之其可靠的信息传递与保护机制，成为智能化合约的理想创造者，此类合约有望成为共享金融领域，如互联网金融和众筹模式的标准化合约。

（2）创造新型金融模式。通过区块链技术，可创造一类新型的共享金融机构，如通过区块链构建的证券发行平台，由于此类平台拥有效率高、范围广等特点，所以可有效降低融资交易双方的成本，区块链技术将为此类平台提供数据传输、信息安全等方面的支持。另外，在目前的市场环境下，对于大多数中小企业来说，融资难、额度小的问题非常突出，其原因在于彼此之间的信息不对称，区块链技术的出现，可在一定程度上解决信息不对称问题，为中小企业开辟出新型的融资渠道。

如果说互联网技术作为金融信息化的基础，奠定了共享经济出现的基础，那么区块链技术则为共享金融提供了可行的核心理念；其独特的功能解决了传统金融市场中中心化程度高，市场信息不均衡等痛点，把握住了共享金融发展的脉搏；在未来的发展过程中，区块链技术仍将在很大程度上左右共享金融的行业形态，为实现“一切金融资源皆可共享，人人可以共享金融资源”的目标提供强有力的技术手段支持。

12.1.2　金融技术是关键核心

在传统金融模式下，金融技术的创新主要体现在两个方面；一是新型衍生产品的发明，即通过研究数学或物理模型发明新型的金融工具或对现有工具进行改进和延伸；二是优化投资组合，即在现有的金融工具中寻求最优投资组合，以求得收益和风险的完美配平。而在共享金融领域，金融技术的创新不仅仅体现在以上方面，基于信息技术的发展和应用，还产生了独特的金融技术和手段，这是共享金融发展的核心创新。金融技术主要包括电子金融信息及数据挖掘技术、共享金融征信技术、电子金融仿真技术等。

1. 电子金融信息及数据挖掘技术

电子金融信息和数据的挖掘技术是共享金融重要的技术手段之一，是目前共享金融行业的前沿技术领域，在作用目的方面，信息挖掘和数据挖掘有相似之处，也有不同之处。两者的相同之处在于其目的往往同为收益最大化和风险最小化，其挖掘出的信息和数据也常常用以分析当前的运营情况；两者的不同之处在于电子金融信息是主观性的，其内容在不同的人员分析下，往往将体现不同的结论，而电子金融数据是相对客观的，根据现有的数据分析模型即可得出相应的结论。在实际操作中，电子金融信息的分析结果虽然呈现多样性，但对相关企业或个人的影响巨大，不同信息分析结果将导致完全不同的行为模式，数据分析结果则反之，由于数据分析结果的客观性存在，所以其分析结果往往引导相同的操作。

电子金融信息及数据挖掘包含了信息挖掘和数据挖掘两种模式，两者运用的技术手段包含两种形态，即搜索引擎挖掘和万维网挖掘。搜索引擎挖掘是指通过基于互联网技术的数据排列和检索程序，进行特征性信息和数据提取的过程；万维网挖掘则是通过网页内容提取、网站结构分析、使用日志挖掘等手段，定向筛选互联网信息的过程[①]。

金融信息搜索引擎是一种专业搜索引擎，它在主体上借鉴了通用型搜索引擎的核心技术，即通过“爬虫”程序进行信息的收集，但收集信息的领域只是金融领域。所以在深入的技术方面，金融信息搜索引擎有以下两点要求：第一，此类搜索引擎需要拥有对金融术语正确识别的能力，关键字搜索是搜索引擎的基础性技术之一，但在关键字搜索的上升领域，不成熟的关键字识别技术将导致搜索结果的大面积偏差，严重影响用户体验。所以，金融信息搜索引擎需要识别并理解各类金融术语，并能够通过多关键字搜索技术判定

① 林业锐. 数据挖掘技术在互联网金融信息检索中的应用[J]. 华南金融电脑，2008，(6)：9-10.

结果是否是搜索者所需要的信息；第二，金融信息搜索引擎需要具备定点搜索和定期搜索的能力。定点搜索是指搜索程序通过耙住特定的网站，在网站发布新的信息时，自动搜索并筛选符合条件的信息并呈现给信息需求人员，定期搜索是指在特定的时间中，习惯性地进行自动化搜索，而无须人工参与，这两项能力在实际应用中已经较为广泛，但如何在定点搜索的过程中找到信息优良的网站，以及在定期搜索过程中加快搜索速度、扩大搜索范围、提高搜索精度，成为下一步需要革新和研发的领域。

对比金融信息万维网挖掘技术与金融信息搜索引擎技术，搜索引擎挖掘具有更强的信息检索目的，换言之，其搜索过程和搜索结果，更大程度上是将已经存在的信息进行搜集、整理和搬运。而万维网挖掘不仅拥有此类功能，而且被赋予了知识发现的功能，万维网挖掘主要将精力放在网站结构和数据层面，属于数据挖掘的分支，所以在功能上，万维网挖掘具有强大的数据推理和决策分析能力，可以“通过现象看本质”，将平面文本中的信息归纳成对决策有一定帮助的条理性信息。但是在实际应用中，万维网挖掘往往需要拥有一定的访问权限，这是因为部分网站存在私密性，会拒绝万维网挖掘程序的访问。另外，从合规角度来看，万维网挖掘技术需要特定的许可来访问特定网站的结构源代码和数据源代码，这一制约在一定程度上导致了其应用的局限性，但随着共享模式的盛行，万维网挖掘技术逐渐得到了各方的肯定，其应用范围也在逐步扩大。

以上两种挖掘技术在内涵上并无优劣之分，在应用中也并不冲突，反而起到互相补充的作用，为了可以快速高效地筛选出需要的信息，金融信息搜索引擎可以帮助万维网挖掘进行网站和信息的筛选，而万维网挖掘可以帮助搜索引擎进行数据的计算和信息的再整理。在共享金融中，以上两种信息和数据挖掘技术均有应用，如在美国的部分实物和金融众筹平台中，部分众筹项目会因涉嫌抄袭或逃避监管而触犯法律，所以部分平台同时运用了以上两种技术对全网进行相关信息的搜索和分析，这不仅为众筹项目的各方参与人员提供了可靠实用的信息，也降低了平台和项目有关方面的合规风险。

作为共享金融领域的核心金融技术，万维网挖掘技术和金融信息搜索引擎技术极大地降低了信息的获取成本，在未来的发展中，通过信息技术的不断完善，基于此类技术的新型共享金融技术，如金融信息的主动分析技术、大数据下的回归分析及概率预测技术将陆续投入实际应用中，为共享金融的发展提供强大的工具支持。

2. 共享金融征信技术

征信技术即构建完整的征信体系所运用到的相关技术，征信体系是指与征信活动有关的法律规章、组织机构、市场管理、文化建设、宣传教育等共同构成的体系，是金融市场的重要组成部分。在传统金融行业发展的历程中，征信体系经历了纸质记录时代和电子记录时代，但传统征信体系固有的缺陷导致了其无法适应高速发展的共享金融市场，所以，在现代信息技术的帮助下，为了更有效地服务共享金融市场，新型金融征信技术应运而生，征信体系的建设进入了以互联网和云计算为手段的“共享金融征信体系”时代。

在之前的征信体系中，信用评价的方法常常以数量模型计算、人工审核为主，信用记录和征信报告等文件常采用纸质记录的模式，通过背书认证等方式得以生效，这些特征带来了征信过程低效、征信结果不公、证书造假等负面现象，即使进入了电子记录时代，此类问题仍未得到完全解决。而借助大数据、云计算、互联网、人工智能等技术打造的新型的金融征信技术，解决了以上问题，构建出了一个完善的共享金融征信体系蓝图。

20 世纪 70 年代，欧美发达国家开始重视征信体系的建设。发展至今，美国形成了以私人机构为主体的共享金融征信模式。此项模式拥有两项重要的基础：第一，私人征信机构获取信息的途径全面，信息量大质优，更为客观。美国的私人征信机构之所以能够做到这一点，得益于 80~90 年代，美国所经历的征信业井喷式发展和并购的过程；第二，私人征信机构需要得到政府认可。美国在 60 年代就基本已经完善了征信业的相关法规，私人机构得到了政府的授权。目前，美国的私人征信机构已可以全面服务于社会的各个角色。欧洲征信业的发展主要采用的是政府主导型模式[①]，欧洲对于征信的立法最初是源于对数据、个人隐私的保护，因此与美国相比，欧洲的征信机构通常由政府部门接管，并作为中央银行的一个分支机构，负责为社会各方提供征信和相关证明服务。

在我国目前的共享金融征信体系中，通过借鉴欧美等发达国家征信制度的构建经验，我国发展出了以下列两类为主要模式的征信体系。

第一，是借鉴欧洲模式开发出了作为中国人民银行征信系统补充的扩展征信系统，主要代表有以下两家：①以 P2P 借贷征信为主要工作对象的网络金融征信系统。1999 年，由中国人民银行征信中心和上海市政府主导，成立了上海资信有限公司，网络金融征信系统正是此公司于 2013 年 6 月推出的，负责共享金融类企业和市场参与人员征信工作的专业化征信系统，上海资信也成为第一个以 P2P 借贷为主要服务领域的征信机构。该系统工作的基本流程是首先通过收集 P2P 借贷交易两方的基本信息、历史还贷款信息和其他特殊信息，对征信对象出具初步评估结果，再通过将此类信息和征信结论共享给交易双方和第三方平台，帮助交易对手方及 P2P 企业全面了解授信对象。此系统的运行一定程度上防范了违规贷款、逾期不还等恶意现象，并有效降低了信用风险。另外，此平台作为中国人民银行征信系统的补充，也将收集的信息共享给其他官方征信系统，对在 P2P 平台中恶意违规的个人和机构，将统一记录其违规历史，制约其对市场中信用业务的申请和操作。②以互联

① 郑磊. 国外征信体系模式有三种[EB/OL]. http://finance.sina.com.cn/money/bank/bank_hydt/20130204/164414497906.shtml，2013-02-04.

网金融征信为主要工作对象的中关村互联网金融信用信息平台，即互联网金融信用平台。此平台是由北京国政通网络科技有限公司受中关村科技园区管理委员会的委托，于 2013 年 8 月正式启动的互联网金融征信服务类产品。与网络征信系统工作原理不同的是，此平台在结果执行上仅仅具有参考性。所以，与其说此平台是一类征信系统，不如说此平台是综合性的信息管理服务系统。此平台通过搜集大量的官方信息，建立完备的信息库，为各类需求方提供相关的信用咨询，包括各方的信用历史查询等服务。目前，此平台已按照部分其他平台的运行模式，建立了信用评级机制，可对征信各方的信用水平给出直观的量化结果。

第二，是各大电商平台、共享金融类企业通过学习美国模式自发建立运营的征信系统，此类模式通常仅为其归属的企业服务，征信数据不具有完整性，征信报告不具有普遍性，主要代表机构包括蚂蚁金服、京东金融等。在这种模式下，现代信息技术运用得更为普遍，如蚂蚁金服就利用了阿里云，对用户基本信息和行为习惯进行选择性储存，再通过其自身强大的大数据云计算能力，量化用户的信用水平，以“芝麻信用分”的形式展现给用户，并且每月通过智能终端向用户发布截至当月的信用水平报告。此类模式的目的主要是为其所属公司提供相关服务上的便利，量化的信用水平更有助于提供统一的服务标准，如在蚂蚁金服的主要软件载体支付宝中，只有当芝麻信用分到达一定水平时，才可使用平台中的现金借款、分期付款等共享金融类服务。但通过一段时间的发展，此类征信模式也逐渐跳出了仅为归属企业服务的牢笼，如蚂蚁金服通过开发支付宝的第三方平台进驻功能，顺利将征信系统的服务范围扩展到酒店住宿、车辆租赁、共享单车等领域，为其他金融类、非金融类企业提供了可取的信用报告。在京东金融中，虽然目前仅有分期付款服务，尚未开发类似的第三方平台进驻功能，但其突破性地创立了虚拟关联金融产品“白条闪付”，即用户可用的分期付款额度直接与一张虚拟的信用卡相关联，通过移动终端的“虚拟钱包”功能，不仅可以进行线上的信用交易，也可进行线下的信用支付，这极大扩展了消费渠道。支撑诸如此类交易行为的，便是企业平台中新型的共享金融征信体系。

以上内容表明，新型共享金融征信体系主要有以下三方面特征：第一，征信过程高效可靠，随着金融市场参与机构或个人相关信息的线上储存和共享，征信程序可在极短的时间内获知征信对象的基本信息、收支情况、交易历史等数据，再通过严密且公正的人工智能模型，利用云计算技术，快速得出评价结果，并在报告中以量化的形式出具，如目前运用范围较广的芝麻信用分、京东信用分等，均是采用了此类模式。第二，可做到实时征信、动态征信，金融市场中信用风险暴露时间急促，危害巨大，过于停滞的征信体系会严重影响对信用风险的防范和救险。在新型金融征信体系下，理论上可通过大数据系统进行动态征信，即征信对象每在市场上完成一次动作，如买卖交易、评价认证、投资收入等，即可重新对其信用水平进行再评估，全面防范信用风险。第三，征信报告信息化程度高，由于征信过程完全通过互联网进行，所以出具的征信报告既具有唯一性，又具有普遍性，即征信报告仅通过官方征信体系网站发布，在求得征信对象的同意后，任何人均可查询其征信结果，此项举措杜绝了虚假报告的产生，一定程度上防范了违法犯罪等行为的出现，增强了共享金融发展过程中的稳定性。

3. 电子金融仿真技术

电子金融仿真是指利用相关信息技术，如大数据技术、互联网技术等进行模拟市场交易的过程，此项技术在期货业中的应用最为广泛。电子金融仿真交易高度契合实盘交易，模拟涨跌及营亏均与现实市场相同，但由于仿真交易中的资金也同样为虚拟资金，所以若发生权益亏损，不会影响到交易者的现实利益，同样地，若交易后权益营余，也不会为交易者带来实际收入。

利用电子金融仿真技术，可以有效测定所在市场的风险。在当前的期货、期权、纸黄金等高杠杆市场，在产品正式推出前的一段时间内，几乎全部应用此项技术来预测风险，相关资产管理产品也可以此为依据进行风险对冲。另外，站在资金供给者的角度来看，在产品正式上市之后，利用电子金融仿真技术，只须投入极少的成本，便可为投资操作积累大量经验。共享金融与仿真交易的交涉尚少，但在共享金融的迅猛发展下，电子金融仿真技术也呈现出新的发展趋势，诸多前景光明的设想正在不断被提出，电子金融仿真技术主要分为以下两大类：

（1）仿真交易的共享化。仿真交易的共享化是“共享经济”理念在仿真交易领域中的扩展应用，在传统的技术应用层面，金融仿真交易高度依赖特定的软件系统，并且往往仅支持一个市场的交易；在当前的发展中，仿真技术也呈现出“去中心化”的趋势，利用区块链技术，证券、期货、基金等多市场的仿真过程和结果在特定的网络范围内进行“共享”，从而组成庞大的数据化的模拟市场；再通过大数据技术和云计算技术，对仿真过程进行大量的分析，从而可以为风险测定及对冲、产品投资配比等操作提供精确的数据支持。

（2）共享金融的仿真化。在共享金融的各个领域中，管控风险一直是各项体系建设的目的之一，但共享金融特有的性质导致了新型风险的出现，传统的风险预警、监控和管制措施在一定程度上无法覆盖共享金融领域的各个角落，如互联网金融中，“庞氏骗局”屡见不鲜，因为网络中隐蔽性强，此类骗局使得诸多受骗的资金供给者申诉无路。由于在制度建设的过程中，监管措施的出台往往落后于风险暴露的时点，所以建设一类新型的风险预警体系迫在眉睫，共享金融的仿真化，是传统仿真交易在共享金融领域的延伸，是“变堵为疏”理念的实际应用，是这类问题的高效解决方案。和期货期权等金融衍生品类似，共享金融新型产品在正式推出前，也可进行一段时间的仿真交易，在此步过程中，充分分析风险的性质和特点，在仿真交易结束后以及产品正式上市前，针对性地制定相关政策措施，可以有效解决共享金融领域中风险暴露急促、波及范围广大的问题。

12.2　共享金融的制度与创新

在制度经济学中，学者们对“制度”一词有着形形色色的解释，对其作用的理解也不完全相同，但在诸多理论之中，以下两种说法比较具有代表性。第一，是美国著名制度经济学家道格拉斯·诺斯认为的“制度是‘一系列被制定出来的规则、守法程序和行为的道德伦理规范’”，以及“制度在一个社会中的主要作用是通过建立一个人们相互作用的稳定的（但不一定是有效的）结构来减少不确定性”[①]。第二，是德国学者柯武刚、史漫飞认为的“制度是人类相互交往的规则”“它们抑制着人际交往可能出现的任意行为和机会主义行为”“制度为一个共同体所共有并总是依靠某种惩罚而得以贯彻”“制度的关键功能是增进秩序”[②]。

回顾金融行业的发展历史，每一次金融制度的确立、发展与创新，都对整个行业产生了深远的影响。从 1844 年英国颁布的《比尔条例》宣示了第一部银行法的诞生，到现在各国的各类监管机构和自律组织的成立，均体现了人类社会在探索金融行业新模式的道路上愈发的成熟。当前，金融制度已然成为金融领域中不可或缺的重要一环，是共享金融行业持续健康发展的基本保障。

12.2.1　正式制度与非正式制度

在制度经济学中，“制度”这一概念被分为正式制度与非正式制度两大

① 诺思 D.C. 制度、制度变迁与经济绩效[M]. 刘守英译. 上海：上海三联书店，1994.

② 柯武刚，史漫飞. 制度经济学：社会秩序与公共政策[M]. 韩朝华译. 北京：商务印书馆，2000.

类。例如，诺斯认为，制度包括人类用来决定人们相互关系的任何形式的制约，包括正规制约（如由人类设定的规则）及非正规制约（如习俗和行为准则），这一分类模式也已应用到经济学的各个领域中，与传统金融模式相比，共享金融也有着类似的制度分类和发展模式。然而，由于共享金融特有的技术内涵，加之共享金融发展的成熟程度还不及传统模式，其制度的具体表现形式不尽相同，但遵照金融制度的基本分类形式，仍可将其分为两类，即正式制度和非正式制度。

正式制度是指以某种明确的形式被确定下来，并且通过国家或组织的强制力进行监督和实施的制度，包括法律、法规、政策、规章、合约等。

正式制度在共享金融中的作用有以下三点：第一，正式制度是控制风险的主要途径。风险客观存在的特性，使得金融市场在产生和发展的同时，也面临着各种形式的风险，其中部分风险将会造成十分严重的后果或无法通过自查自律等手段消除，正式制度确立的目的之一，就是控制此类风险，降低风险发生所带来的损失。第二，正式制度是市场有序化运营的框架和保证，纵观金融市场发展历史，从无序到有序的重要标志就是正式制度的产生，任何领域只有遵照其基本正式制度，如行业的基本法律等，才能实现该领域的有序健康运营。第三，正式制度是对金融市场宏观调控的基本方法。无论是传统金融市场还是新兴的共享金融市场，政府的宏观调控都起着十分巨大的作用，通过设立正式制度，如行业规章、管理办法等，政府可以有效引导资源的流向，实现资源的再分配，从而实现市场结构优化、人民生活水平提升、财政收入提高等目的。

非正式制度是与法律等正式制度相对的概念，是对人们不成文的约束，包括意识形态、自律理念、伦理道德和风俗习惯等。

由于共享金融市场还处于发展初期，所以目前对该市场内非正式制度的研究较少，但通过分析传统金融市场中非正式制度的作用，可以得出以下结论：第一，非正式制度凝聚了社会的意识形态，是行业健康发展动力的重要组成部分。非正式制度是由一定的地域范围内的市场参与者长期交往形成的文化综合机制，此类机制包含了一定社会的价值取向和行为评价的准则，对市场参与者的何种选择有着激励作用，强化了社会成员彼此之间的认同感，起到了凝聚社会力量的作用。第二，非正式制度降低了正式制度的实施成本。由于非正式制度的形成往往不需要明确的资本投入，所以非正式制度是一种无形的、廉价的，但是有效的制度模式，虽然背后没有国家信用在支撑，无法像法律一样明确约束市场参与者的行为，但是，由于非正式制度在潜移默化中改变了人们的行为，所以，从某种程度上说，非正式制度减少了某些正式制度发行的必要性，降低了相关正式制度的实施成本。

正式制度与非正式制度相互融合、相互作用，既可维持市场的活跃性，又可避免市场中随时可能爆发的危机，所以，制度的建设是构建稳定的共享金融市场的必要工作，是共享金融健康发展的利器之一。

12.2.2 发展中存在问题与原因

在共享金融市场迅猛发展的初期阶段，由于正式制度相对滞后，非正式制度尚未成型，世界各国的市场中均不可避免地出现了诸多问题和弊端，其中，以第三方支付的网络安全性问题、互联网金融的非法集资问题和其他共享金融类产品的信用风险问题最为突出。

2015 年 6 月，珠海市公安机关侦破一宗跨广东、黑龙江、四川、上海和浙江等五省市的特大利用黑客手段盗取支付宝资金系列案件，打掉一个非法买卖公民个人信息、制作扫描探测软件和实施网络套现的犯罪团伙，抓获关键犯罪嫌疑人六名，缴获作案计算机等工具一批。犯罪嫌疑人通过网上购买他人提供的账号、密码信息，使用扫号软件批量测试是否与支付机构支付账号、密码一致，比对成功后实施盗窃。嫌疑人电脑硬盘中存储各类公民个人信息 40 多亿条，涉及支付宝、京东和 PayPal 等支付账户达 1 000 多万个，初步估算账户涉及资金近 10 亿元[①]。

2012~2015 年，泛亚有色金属交易所通过互联网金融理财产品“日金宝”非法吸收资金超 400 亿元，直至 2015 年 12 月 22 日，昆明市人民政府发布通报称，昆明公安机关已依法对泛亚立案侦查。2016 年 2 月 5 日，据云南网消息，昆明市人民政府通报了泛亚有色金属交易所涉嫌犯罪的有关情况，“泛亚案件”被定性为涉嫌非法吸收公众存款。泛亚有色金属交易所通过其分布于各地的营业部门和合作机构，在没有相关许可的情况下，推出了年化收益率高达 13% 的互联网金融理财产品“日金宝”，并且其实际投资标的与宣传时所称的投资标的不同，借此扩大资金来源，短短三年时间内，“日金宝”产品便形成了拥有数百亿元的资金池，部分公司人员通过此产品进行大规模违法套现[②]。

早在 2002 年，共享金融的发展还处于萌芽时期时，美国的互联网信用卡平台 NextCard 公司便因信用风险和流动性风险破产，此事件是最早期的共享金融市场大型反面案例之一。最初，NextCard 公司创造性地将审核程序全部置于线上进行，业务量上升迅猛，截至 2002 年第三季度，便达到了累计超过 120 万名客户的业务规模，但审核系统的不严密与监管措施的不到位，使得信用风险大规模爆发，坏账规模激增，2002 年底未偿余额便超过 20 亿美元，导致该公司陷入流动性危机，最终不得不宣布破产。

以上问题的出现，表面原因是共享金融行业发展的不成熟，在某些环节造成了管理上的疏忽，但究其根本原因，无论是我国还是其他各国，均是在共享金融领域中正式制度与非正式制度层面上的缺失。

在正式制度方面，主要有以下两方面漏洞：①共享金融行业监管准则不

---

① 看看网络支付八大风险案例长点心吧[EB/OL]. http://www.yicai.com/news/4666867.html，2015-08-07.

② 王莹. 互联网金融频踩雷 风险防控已成重中之重[EB/OL]. http://www.yicai.com/news/4745679.html，2016-01-29.

清晰。无论是国内还是国外，包括相关法律、政策文件在内的监管准则，在制定流程方面存在着冗长繁复的客观现实，导致了共享金融发展的过程中，监管准备不到位的情况，时至今日，这一问题也未得到完全的解决，我国相关法律仍处于大面积的空白状态，欧美国家虽然法律制定的效率较高，但也无法全面赶超共享金融各个领域的发展。②共享金融行业监管主体不明确。在共享金融发展的前期阶段，面对新业态的诞生，一度出现了监管层分工不明、监管效率低下的问题，监管机构“不想管，不敢管”。例如，在我国互联网金融诞生初期，监管主体归属问题时常发生，银监会与证券监督管理委员会就当事企业性质无法达成一致，最终双方只能选择搁置问题，很大程度上造成了制度执行的低效率化，对共享金融行业的发展造成了一定的负面影响。目前，仍在不断地探索此项问题，通过监管层之间的合作、监管信息平台的搭建等手段，这项问题正逐渐得到解决。

在非正式制度方面，主要有以下两方面不足：①共享金融行业自律机制不健全。在传统金融领域中，除了成熟高效的正式制度在起作用外，以自律组织为主体的非正式制度也起着十分重要的作用，但在共享金融领域，自律机制建设的速度远远不及市场的发展速度，在 2016 年之前，我国甚至没有一家由官方成立的共享金融行业协会，这在很大程度上阻碍了共享金融领域企业建设统一的行业氛围，造成了共享金融市场上企业和产品名目繁多、良莠不齐的现象。②共享金融市场风气不健康。此类问题可分为两方面来看待：首先，站在共享金融类企业的角度来看，诸多企业创立的动机不良，旨在利用制度漏洞投机获利，甚至有部分企业刻意进行非法集资、网络诈骗等违法犯罪活动；其次，站在资金供给者的角度，部分资金供给者盲目追求高收益，对其背后的运行机制与监管制度充耳不闻，风险意识太过薄弱。世界各国在经历了一系列危机后，随着正式制度的补充完善，以及对于普法教育的推广、理性投资概念的宣传，此类问题正在逐步被解决。

12.2.3　国内外制度建设现状分析

共享金融行业的发展历程是新型市场产生、新型风险暴露与新型制度建设交相呼应的过程，虽然共享金融市场在成熟的过程中出现了一些问题和漏洞，但其仍在朝向一个稳定的、健康的态势发展。我国作为共享金融领域的先驱，多次建立了有利于共享金融发展的前瞻性制度体系，为共享金融市场的茁壮发展提供了丰富的政策资源。在共享金融发展过程中，对于已经出现和可能出现的各类问题，我国和世界其他国家也通过不断的努力来进行矫正与防范，呈现出多种多样的制度体系建设模式，为全世界共享金融制度的发展提供了丰富的经验。

1. 国内共享金融制度的发展及创新

共享金融作为共享经济下的产物，拥有独一无二的价值内涵，共享金融的发展，也推动了金融制度的创新。我国作为共享金融领域的领军者，在相关制度的创立和创新上，也拥有自身的优势和特点。

在正式制度层面，我国是最早将“共享”概念纳入中央银行法的国家之一。早在 2003 年 12 月 27 日，我国便公布了《全国人民代表大会常务委员会关于修改〈中华人民共和国中国人民银行法〉的决定》，并于 2004 年 2 月 1 日起施行。其第三十五条、三十六条规定了央行的“共享权责”，即一方面央行有权要求各类商业银行向其以及银监会等监管机构报送各类报表；另一方面央行也具有敦促监管层和金融机构之间开展信息共享活动的职责。同时明确了建立政府、监管机构、金融机构之间共享体系的目标，尤其是在金融数据方面，更是首次提出了行业内共享这一概念。但在实际操作中，由于当时配套措施并未良好落实，加之技术手段尚不成熟和各类企业文化内涵不同的影响，此项目标并没有得到完全实现。

自 2006 年起，互联网的发展开始推动国内经济向新模式转变，在金融领域，各方参与者也逐渐意识到新形势下的金融业态走向。从中央监管层的角度来看，中国人民银行、中国银行业监督管理委员会、证监会、中国保险监督管理委员会（简称“一行三会”）开始被批准实行“部际联席会议制度”。所谓“部际联席会议制度”，是指监管各方为了协商办理涉及国务院多个部门职责的事项，由国务院批准建立，各成员单位按照共同商定的工作制度，及时沟通情况，协调不同意见，以推动某项任务顺利落实的工作机制，是行政机构最高层次的联席会议制度。在此项制度下，“一行三会”通过联系金融市场的各方参与者，于每年一度的中央经济工作会议中进行对经济金融信息的高规格协调与共享。此外，中央政治局、国务院会不定期召开经济会议，讨论并共享各类有关经济、金融的信息，并在相关制度上做出建议和决定。从地方监管层的角度来看，全国多地已将“信息共享”列为金融业发展的关键所在，在具体措施的执行上，各个地区各有千秋，但总结来说，信息共享主要的模式有以下三类：一是人民银行分支机构与地方金融监管部门间建立金融监管信息共享机制；二是监管部门与金融机构间建立金融信息共享机制；三是地方政府牵头，成立地方金融稳定工作协调小组或召开经济形势分析会。无论是何种形式，地方机构的目标均是致力于共同推动促进经济金融的协调发展。例如，在中国人民银行兰州中心支行发布的《甘肃省经济金融统计信息交换与共享制度》中，具体制定了“信息交流的基本目标”、“信息交流的组织协调”、“信息交流的主要内容”、“信息交流的主要形式”、“信息交流的原则”和“信息交流单位的职责和义务”六项规定，成为地方共享金融制度中良好的典范。

2010年之后，以互联网技术为首的信息技术蓬勃发展，并开始在移动端市场展现史无前例的革新能力，在以“信息共享”为目标的政策指导体系下，共享金融迎来了加速发展的良好机遇。2015年3月5日上午中华人民共和国十二届全国人大三次会议上，李克强总理在政府工作报告中首次提出“互联网+”行动计划。李克强在政府工作报告中提出，制定“互联网+”行动计划，推动移动互联网、云计算、大数据、物联网等与现代制造业结合，促进电子商务、工业互联网和互联网金融健康发展，引导互联网企业拓展国际市场[①]。

在非正式制度层面，伴随着各类自律组织相继成立，我国共享金融领域的相关企业逐渐达成了以“恪尽职守、严格自律”的行业共识，我国的消费者也逐步认识并接受共享金融这一形式，并享受其带给自身的便利。总之，在共享金融大背景下，以“健康可持续发展”为原则的市场意识形态正在渗透至行业的各个领域。2013~2015 年，以阿里巴巴集团为首的互联网金融企业相继在浙江、上海、江苏等地区建立起了地方自律组织，为互联网金融行业的发展做出了一定的贡献；2016 年 3 月 25 日，中国互联网金融协会在上海正式挂牌成立，这标志着共享金融领域第一个国家级自律组织成立，行业发展再次进入到一个全新的阶段。此前，互联网金融一直游离于统计体系之外，社会上缺少权威的互联网金融行业数据，协会成立之后，启动了面向全行业的互联网金融服务平台的规划研究，实现与互联网金融从业机构的对接，推动行业数据采集与信息共享，配合中国人民银行具体承担互联网金融统计和风险监测预警系统的开发和运行工作，制定了涵盖互联网金融各个业态的统计制度，初步建立了互联网金融统计系统和风险预警监测系统，并将在会员范围内按照规范的、统一的标准进行数据统计，并为金融业综合统计、社会融资规模指标的修订工作提供数据基础。

2010 年至今，以互联网金融和 P2P 借贷为主要形式的共享金融企业数量持续井喷，由于行业变动迅速、监管措施不到位等，在发展初期便暴露出诸多问题，以“高管跑路”“庞氏骗局”为关键词的消息层出不穷，但随着行业发展回归理性，监管措施逐步完善，行业开始恢复常态，如蚂蚁金服、财付

---

① 李克强：制定“互联网+”行动计划　推动大数据等与现代制造业结合. http://news.cnr.cn/native/gd/20150305/t20150305_517890133.shtml，2015-03-05.

通科技、京东金融这类实力强劲、经营稳健的共享金融企业开始发挥自身在企业自律治理方面的“领头羊效应”，为行业发展树立起了新的标杆。以京东金融为例，作为一家涵盖了第三方支付、P2P 借贷、互联网金融等模式的综合型共享金融企业，京东金融在成立之初，便通过组建专业团队的形式，完善京东金融风控体系的建设。京东金融还强化了数据加工整合与分析能力，通过投资美国 ZestFinance 公司以及国内的数库、聚合数据等大数据公司，整合各方优势资源，完善京东征信生态链和风控模型。如今，处于行业发展前列的京东金融，正通过一系列举措，致力于构建行业健康发展的环境，维护行业合理有序的竞争秩序，减少行业恶性事件发生，增强公众对互联网金融行业的信心。

2. 国外共享金融制度的发展及创新

我国共享金融的发展与世界同步，其中第三方支付、互联网金融、众筹等行业的发展走在世界的前列，但在制度建设方面，我国市场中的各方参与者和监管层均面临着不同程度上的困难。在这样的背景下，结合世界其他各国对于共享金融相关制度的建设和发展经验，探索出适合我国国情和市场的道路是尤为必要的。其中，英国、美国的制度结构、环境具有较为鲜明的特征和区别，对我国相关制度的发展有一定的借鉴和学习意义。

英国作为世界上最早出现 P2P 借贷企业的国家，在制度建设上秉持着“行业先行、自律自控”的发展理念，偏重于行业自律、市场风气等非正式制度的建设①。从 2005 年英国第一家也是全球第一家网络小额贷款公司 Zopa 公司成立到之后的数年时间内，英国共享金融市场蓬勃发展，近些年，参与英国共享金融市场的用户群体逐年攀升，2016 年英国全市场交易金额累计突破了 10 亿英镑，英国共享金融市场的快速发展也催生了英国式共享金融制度

① 宋国良，方静姝. 互联网金融监管：靠自律还是靠政府[N]. 中国经济导报，2014-02-13.

体系的诞生，其体系的核心理念是：市场主导，监管后行。行业成立各类自律组织，成为制度的主体力量，政府监管则置于稍后的地位，但两者之间并无冲突，而是相互补充，共同发展。在具体举措中，英国是第一个建立 P2P 借贷行业协会的国家，在随后的几年中，随着众筹市场的成熟，英国又及时创立了众筹协会，此类协会均属于自律组织，不参与立法过程，仅对市场中的相关企业进行引导和培训。而在正式制度建设方面，英国在传统中习惯奉行单一却高效的制度体系，在金融监管方面，英国金融服务监管局（Financial Service Authority，FSA）负责国内所有类型金融机构的监管工作。通常，单一的制度结构和监管体系容易引发越权、腐败等问题，但英国却做到了高效且公正，英国能够完成这一系列举措的原因，一方面是其社会文化和历史传统的影响；另一方面，也是英国完备的征信体系所带来的监管便利。尽管如此，客观来看，英国共享金融相关正式制度的建设仍不成熟，FSA 在互联网金融、P2P 借贷、第三方支付、众筹等领域的监管仍处于摸索阶段，并且，FSA 会偶尔在共享金融的相关问题上出现政策和制度性的空白，目前，FSA 已宣布对共享金融领域进行正式制度和政策的制定，向市场表达了规范共享金融行业的信心。

相比于英国模式中注重对非正式制度的建设，美国模式则更加注重政策引导、政府监管、行业标准等正式制度的建设①。美国是世界上共享金融行业类型最为丰富的国家，包括第三方支付、众筹、P2P 借贷、互联网理财等行业在内，这些行业均在美国本土拥有相当规模的市场。在制度建设方面，美国没有成立单独对共享金融行业进行监管和政策制定的机构，而是直接将其纳入现有政策体系中，美国能做到这一点的背后，是其灵活高效的、随时可根据当前社会形态而扩充和修订的法律法规制定程序。如在 2012 年，美国政

---

① 宋国良，方静姝. 互联网金融监管：靠自律还是靠政府[N]. 中国经济导报，2014-02-13.

府宣布通过了乔布斯法案，小企业通过众筹融资的行为被批准合法，众筹行业正式受到美国法律的保护。另外，与英国模式相似，美国发达的征信机构也为美国共享金融政策的发展提供了很大的便利，但与英国模式不同的是，英国征信机构常常是为政府或监管层服务，其目的是为政府提供政策制定的方向和依据，而美国的征信机构往往是为市场参与者服务，由此自发形成对政策制度的敬畏。

综上所述，世界各国对共享金融制度建设的侧重点不尽相同，但无论是何种模式，其宏观目的均包括维护市场稳定和保护参与者权益两方面，所以，充分借鉴国内外制度建设经验，发展适合我国的制度体系，是未来一段时间共享金融市场发展过程中的重要环节。

12.2.4 发展共享金融的制度创新

良好的制度环境，才能为共享金融的发展保驾护航。当前，世界共享金融市场正处于制度创立与磨合的阶段，我国共享金融制度发展的灵感起源于国际上的经验，但在长期发展中也呈现出自有的特点，但总体来说，我国目前也仍处于建立与完善符合实际的共享金融制度体系的过程当中。对此，社会各界人士也对其建设和发展提出了多种意见和创新，总结来说可分为以下几项。

1. 正式制度方面：完善相关法律制度，健全相关监管主体

第一，明确共享金融行业业务范围和行为规范标准[①]。共享金融领域中的各类模式，几乎均通过互联网进行数据的传输和计算，这一特征对信息安全有极高的要求，所以，共享金融行业从业人员应具备相关的风控技术与自律能力，一方面应可以面对来自外界的安全性挑战，另一方面也应规范自身行

① 黎文娜. 我国互联网金融安全法律保障制度研究[D]. 西南科技大学硕士学位论文，2015.

为，维护用户权益。而做到这一点的首要环节，便是应具备相应的法律明确各类共享金融类企业的主营业务范围，基于这一范围，再确定适用的法律及政策，而对于某些违法犯罪行为，如非法集资、网络诈骗、信息泄露等，更应加大立法尺度，严惩此类行为。

第二，完善共享金融领域相关行业的准入和退出机制。在机构准入方面，应采用注册制①。与传统金融行业中的部分企业类似，共享金融类企业也应根据其资本规模、风控评价等因素，获得对应的初始经营权，如资金规模小、风控措施不完善的企业，仅允许从事咨询类等风险较小的业务类型，待日后各项条件符合要求后，再逐步获得其他类型业务的经营权。而在风险较大的业务类型中，如资产管理、基金运作等方面，仍应保持部分业务由核准制进行审批。当相关企业运营情况不良、存在资金安全隐患时，应通过责令整改、停业整顿、勒令退出等手段，及时治理，维护互联网金融健康发展。相关从业人员资格准入应分类制定其从业资格，如网络借贷、网络支付、互联网保险、互联网证券等业务，从业人员均应取得相应的从业资格证后方可执业，对于违规执业的现象，应当设立取消其执业资格的退出制度。

第三，建立统一且高效的共享金融征信体系。虽然目前在我国已经有部分企业拥有了建立新型共享金融征信体系的能力，但往往由于缺少权力机关的认证，其应用的范围普遍不大，所以，包括我国市场在内的诸多共享金融市场，应加强新型征信体系的建设，在这一方面，美国的征信体系最为完善和高效，即利用互联网、大数据、云计算等技术，通过政府认证等手段，仅需一家征信机构，即可达到实时征信、精确征信等目的。

第四，明确各类监管主体的责任与权力，加强各方交流与融合。例如，2015 年，我国多部委及机关单位联合一行三会发布了《关于促进互联网金融

---

① 陈莹莹，赵静扬. 业内人士认为互联网金融准入管理可采取注册制[EB/OL]. http://www.cs.com.cn/xwzx/jr/201411/t20141128_4575107.html，2014-11-28.

健康发展的指导意见》，明确了各类共享金融企业的监管主体。该意见发布后，在一定程度上缓解了我国严峻的监管形势，但在具体的责任划分、权力部署等对于监管层的制度要求方面，目前仍无高效运作的体系，而这一体系，通常被视为“制度的制度”，只有建立健全此项制度体系，才能保证监管制度的有效实施。所以，建设统一高效的针对监管层的制度体系变得尤为必要。另外，该意见也明确了鼓励各监管机构互相合作、信息共享，通过部际联席会议制度，构成监管合力，为共享金融构建健康稳定的正式制度体系。

2. 非正式制度方面：持续推动行业自律，构建新型市场生态

第一，加快推进共享金融相关行业的自律组织建设。自律组织，如共享金融相关企业的行业协会，是介于政府监管机构与金融机构之间的“中间组织”，此类组织有两方面的作用，首先自律组织能够辅助相关政策的实行和监管；其次，能够通过组织座谈会、培训等形式，做到加强交流、信息共享、增强防范市场风险能力的目的；最后，行业自律组织可通过联合部分企业，制定行业服务标准和规则，使各类共享金融企业积极发挥自律管理作用，履行其应承担的社会责任。因此，官方且全面的行业自律组织是非正式制度建设的首要任务，是其他非正式制度实行的重要基础。

第二，共享金融企业应加强信息披露工作。共享金融领域相关企业在经营发展过程中应当借助行业协会等机构，通过初次披露、定期披露、变动披露的方式及时向公众公开披露包括企业的业务经营情况、公司治理信息、风险治理情况、重大事项变更情况以及财务会计报告等，以引导合理的和理性的共享金融投资①。

第三，鼓励同业信息交流，修正相关行业的“短板效应”。在共享金融的各个领域中均存在对应的短板，如第三方支付的流动性风险、安全性风险问

---

① 黎文娜. 我国互联网金融安全法律保障制度研究[D]. 西南科技大学硕士学位论文，2015.

题，P2P 借贷的信用风险问题，众筹平台的信息造假问题等，对于此类短板，部分企业拥有自身经验和做法，也取得了一定的成效，但由于同业信息共享方面的时滞问题，无法将相关技术和经验惠及整个行业，所以，加强同业企业间的信息交流和共享是可行且必要的，这不仅可以为行业稳定发展做出一定的贡献，更有可能催生以共享金融类企业短板问题治理为主要业务的新兴行业。

第四，继续加强普法教育，扩大理性投资理念宣传，构建文明市场生态。此类问题仍可通过共享金融相关企业和资金供给者两个视角来看待。首先在相关企业视角，由于目前共享金融部分行业准入门槛较低，部分企业对相关法律在一定程度上容易忽视和曲解，所以监管部门、行业协会、同业成员应对此类企业进行充分的普法宣传，如经营范围、准入条件、信息披露等，而在理性投资理念的宣传问题上，应着重培养相关企业的社会责任意识、资金规模意识及风险意识等内容；其次在资金供给者的角度，由于互联网金融、P2P 借贷行业是“庞氏骗局”的高发地带，所以应向资金供给者普及此类投资陷阱的运作机制、防范方法和相关的法律规章等，培养用户理性分析的能力，对相关共享金融产品背后的运作规模和方式进行充分了解后，根据自身的风险偏好选择投资，杜绝盲目投资。

以上正式制度及非正式制度的创新，在目前的部分发达国家已得到了应用，如美国不仅采用了完备的新型共享金融征信体系，也逐步完善了监管层的制度体系，相应地健全了多层次的共享金融监管制度体系。而在英国，自律组织的成长速度十分迅速，不仅扮演了普法教育宣传者的角色，更是扛起了组织同业交流任务的“大旗”。对于我国来说，采纳适合自身的制度建设提议，规划好适应我国形势的制度建设道路，是接下来我国共享金融制度建设的核心，是影响我国共享金融行业最终形态的重要因素。

第13章

共享金融风险与监管

作为信息技术和金融业务深度融合的产物，共享金融一方面提高了资金配置效率，缓解了金融系统脆弱性，促进了普惠金融发展，而另一方面带来了诸如信用风险、安全风险、运营风险等一系列风险，这对于当前基于传统金融业务所制定的金融秩序和监管体系而言是极大的挑战。由此，本章在对共享金融所带来的各项风险表现进行深度分析的基础上，总结出共享金融的风险特性，并据此给出共享金融的监管策略，为促进共享金融健康发展做出贡献。

13.1　共享金融的风险

随着技术的成熟和政策的推进，共享金融正处于爆发式增长期，其业务形式在信息网络的快速发展下层出不穷。受宏观经济状况和利益相关者的复杂财务关系影响，共享金融在产品业务上本身具有高风险的特性，涵括业务操作中的跨期跨区资源配置、支付结算、风险管理、价格发现等各个方面。此外，互联网技术的运用在快捷方便地为客户提供服务的同时也放大了产品业务的风险，容易出现传递速度快、系统性强、难以控制的局面。共享金融的风险融合了传统金融业务风险和网络技术运行风险，下文将对共享金融风险的表现、特性和管理进行深入分析。

13.1.1 共享金融风险的表现

共享金融的发展进程一方面展现了极佳的生命力，而另一方面也隐含风险急剧积累的问题。风险控制的重要性在共享金融业务的运行中愈发明显，而这一控制活动需要建立在对风险表现的认知上。以下将从信用风险、安全风险、运营风险、操作风险和法律法规风险方面对共享金融风险的表现进行分析，以期对风险的规范和监管提供基本的依据。

1. 信用风险

金融业从诞生之日起就一直与信用相伴左右，可以说金融信用在金融业中有着重要的地位，金融信用情况关系着各金融部门能否正常完成交易，使得资金平稳、健康地运转，它对银行企业尤为重要，因为它不仅关系着银行是否能够保证存款人自由取款，还关系到贷款人能否按期归还本息，使得银行的资金流保持高效运转。因此，避免金融行业的信用风险发生，便是在很大程度上保证了金融市场良好的交易秩序与资金流通。随着互联网与金融业的不断融合与不断发展，金融信用风险不断提升且产生了新的风险表现，归结如下：

（1）违约风险。虽然在传统金融行业中，违约性风险便是其主要的信用性风险，但是伴随着互联网自身所带有的数据虚拟、缺乏监管等特点，共享金融的违约性风险无疑比传统金融更难把控与评估。尤其是当前因为共享金融市场上缺乏强有力的监管以及没有一套完备、全面、可靠的信用评估体系，违约成本极低，从而使得违约风险极易发生，而且当资金链断裂时贷款者与共享金融平台往往都选择信用违约，因此风险性极大[①]。这也正是这些年来关于平台倒闭以及老板跑路的报道层出不穷的原因。大量案例表明当一家网贷

① 姚国章，赵刚. 互联网金融及其风险研究[J]. 南京邮电大学学报（自然科学版），2015，35（2）：8-21.

平台出现资金链断裂时，销毁证据、放弃合同的履行、管理人员的跑路往往是他们最为平常的选择。然而，在当前尚未成熟的共享金融市场，存在问题且违背信用的公司不计其数，因此其所产生的“违约风险”所带来的危害以及发生概率难以估量。

（2）个人信息被滥用风险。用户的信息是共享金融行业业务发生的重要经营资源，尤其是用户的信用信息，是贷方决定是否为用户提供资金与服务的重要评估因素。如果用户的信息遭到不法分子的滥用，由于无法确定用户信息背后实际操作人的身份，因而很难客观公正地给出评估，从而导致信用风险，进一步形成经营活动的风险。根据中国互联网协会发布的《中国网民权益保护调查报告（2015）》，78.2%的网民个人身份信息与 63.4%的网民个人网上活动信息都曾被泄露①。此外，个人信息被盗用、滥用的现象往往具有波及范围大、所影响的群体广等特点。2016 年初“铜掌柜”被爆出平台 60 万用户大量敏感信息被泄露。然而这仅仅是此类现象的冰山一角，大量用户信息的泄露已经成为当前共享金融在信用风险方面不可回避的话题。

（3）欺诈风险。金融欺诈在传统金融行业中便时常发生，而伴随着互联网信息真实性较低的特点，金融欺诈在共享金融行业中更加屡见不鲜。欺诈风险可以分为两部分：内部欺诈与外部欺诈。内部欺诈一般是由于企业内部管理不严进而使得内部人员为满足个人私利、获取不正当利益而采取欺诈行为，这些行为的表现不尽相同，主要表现为篡改数据、挪用公款以及私自接单等；外部欺诈是指由企业外部人员主导的欺诈行为，如第三方故意对用户资金进行盗取、盗用，或一些融资方以虚假的项目向用户承诺高利率与高收益等方式来骗取用户资金，随后携款潜逃的行为②。在一些 P2P 企业中，由于

① 中国 63.4%的网民活动信息遭泄露 个人信息安全亟需立法保护[EB/OL]. http://fjnews.fjsen.com/2016-05/16/content_17813030.htm，2016-05-16.

② 姚国章，赵刚. 互联网金融及其风险研究[J]. 南京邮电大学学报（自然科学版），2015，35（2）：8-21.

资金的管理采用的是备付金制度，即第三方支付平台将用户存放在该平台的资金统一存放在以该公司名义开具的银行账户中，并未像证券第三方存管用户资金一样为每个第三方支付用户在银行开具一个独立的存管账户。因此支付公司存在挪用资金的可能性，并且当其转移资产、挪用用户资金时，银行由于上述原因无法对此类行为进行有效甄别，因此一些采取欺诈行为的 P2P 企业极有可能通过备付金这一手段来转移公众资金，最后选择跑路来将公众资金据为己有，这不仅会给共享金融行业的多方带来极大冲击，甚至会影响整体金融生态。

2. 安全风险

在传统金融行业中，金融服务、金融产品以数字来量化其各项指标，因此金融行业的数字化特征十分明显，互联网的出现为金融行业的数字化提供了高效、精准地处理，大大加快了金融行业各项业务、交易的进行。但不可否认的是，由于共享金融建立在互联网金融的基础上，因此共享金融不仅拥有金融行业本身具有的风险，而且还会因以互联网为载体而产生新的风险，其中比较突出的便是由于互联网技术开发所带来的安全风险。截至 2016 年 12 月，已有 2.74 亿台计算机感染过木马病毒，1.08 亿台安卓智能手机遭到过恶意程序的威胁，进而导致网络交易安全事故频发。更加值得注意的是，我国 80% 的高端芯片、90% 的基础软件依赖进口，80% 的通用协议和标准采用国外标准，因此这些进口软硬件极易遭受世界范围内的黑客攻击，并且当我国与外国开展贸易战时，对方也很有可能据此乘虚而入，进而对我国金融信息安全构成巨大威胁[①]。因此共享金融伴随互联网的发展而产生的安全风险不容忽视。本书根据安全风险的特点与表现将其分为技术开发风险与技术安全风险两大类。

---

① 警惕互联网金融的五大风险[EB/OL]. http://jingyan.baidu.com/article/4853e1e55658491909f726d3.html，2017-03-23.

（1）技术开发风险。当前互联网开发方式多样，且各种技术的更新迭代十分频繁，竞争激烈，因此会带来较大的安全隐患，共享金融的技术开发风险具体表现为技术淘汰风险与技术兼容性无法满足。技术淘汰风险是伴随着共享金融的金融产品不断推陈出新与相应的技术要求不断提高，这使得共享金融行业为其产品所选取的相应技术手段很可能面临极高的更新迭代的风险，这种技术方案会使得业务流程不畅且业务之间的衔接存在困难，不论在运营成本还是用户体验上都不是好的选择，最终会面临淘汰的风险[①]。此外，当企业决定采取新的信息系统或技术时，往往因为金融行业的自身高风险性而不得不并行新旧系统从而带来更多技术支持、资金投入、人员培训、信息交互等多方面的问题。技术兼容性风险不达标是指共享金融行业选择的技术系统不兼容于客户终端的技术系统，不能满足技术使用方日常业务处理的需求。

（2）技术安全风险。对于一个庞大、复杂的互联网软件开发结构来说，即使通过大量的软件测试，我们仍不能保证系统能够稳定、正常、安全地运行，因此当互联网与金融结合之后，互联网很难避免的安全风险便会转移到共享金融上，从而使得共享金融在传统金融风险的基础上又增加了互联网所带来的风险。技术安全风险主要可归结为如下五个方面：①系统开发未识别出的潜在问题的产生风险。对于一个庞大、复杂的系统来说，技术人员无法对每一个程序代码进行检验，因此当系统投入使用的时候，它便极有可能存在着一部分由于系统设计而产生却未被查出的问题。当系统使用时间越长、处理事务范围越广的时候，这些潜在问题发生的可能性便越大。当这些问题出现的时候，很有可能会对正常业务产生影响，使得交易不能高效进行。②计算机病毒感染的风险。共享金融是以互联网为基础来实现高效、快捷、准

① 姚国章，赵刚. 互联网金融及其风险研究[J]. 南京邮电大学学报（自然科学版），2015，（2）：8-21.

确的运转的极其复杂的系统，但是一旦感染上病毒，病毒便会立即在整个系统中扩散，破坏程序与数据，加剧了泄密风险，并使得系统运行不畅，甚至会出现共享金融平台运行体系的崩溃，从而造成重大损失。③系统运行中断的风险。受制于硬件与技术的发展，系统存在着其所能承受的最大业务处理量，因此当交易十分集中、密集时，系统就需要对大量的数据进行并发处理，这会使得系统服务器负载过重，交易平台信息处理不稳定，甚至可能会出现系统长时间无法响应、无法及时恢复的宕机现象，影响交易的进行。④数据传输过程的风险。共享金融由于是以互联网为媒介进行数据传输，因此其信息在传输过程中容易被窥探或被截获，并且当数据运输通道发生故障的时候，信息的传输也会被迫中止，进而严重影响交易。⑤技术泄密的风险。共享金融依靠各种加密的手段来确保数据的安全性、完整性与可靠性，但如果一旦技术被泄密或破解，将会造成灾难性的后果，会使得共享金融平台积聚的大量客户的信息出现泄漏并会使其财产具有遭受盗用的风险，而且由于共享金融所覆盖的用户群体十分广泛，技术泄密所带来的风险可能会波及整个金融行业的生态体系。

3. 运营风险

共享金融机构在运营过程中，一方面会面临外部环境的复杂性和变动性，另一方面会受主体对环境的认知有限和适应力不足等约束，由此对运营活动产生的阻碍和困难可能会导致目标无法达成或者活动中断的可能性及损失就是共享金融的运营风险。运营风险具体还可以划分为一系列的风险，主要有以下四个方面：

（1）流动性风险。共享金融业务是在传统金融业务的基础上结合移动互联网、大数据、云计算等高新技术而进行的普及性、共享性金融活动，由此其必然继承了传统金融业务固有的资金流动性风险，同时也兼具了互联网等媒介传播所带来的瞬时爆发性和高传染性。与此同时，由于共享金融的小众架构设计决定其无法像传统金融业一样具备层层防控保障，如存款保险制度、准备金制度、风险资产拨备制度，由此流动性风险在短期负债和预期外的资金外流方面发生问题的概率将进一步加大。尤其在电商和网贷平台上，流动性风险是其突出的问题，资金的合理流转和高效调度较难实现恰当的平衡，诸如 P2P 网贷业务中“多对多”“资金池”“期限错配”的存在，很容易导致客户的资金无法兑现以及各类平台跑路等恶性事件。

（2）关联性风险。共享金融业务的创新性聚合效应使得共享金融企业在风险管理时不仅要考虑自身的风险因素，还要考虑来自相互联系的其他金融企业或者其他行业企业的风险影响，如合作业务的担保企业、第三方支付平台和商业银行等。统一的支付平台架构是未来交易支付的发展趋势，在这种统一性的过渡期间，共享金融企业与其他企业之间的互联互通会越来越紧密，风险传导性和安全风险敏感性将急剧增加。在统一架构中，任意一方出现问题，其所带来的影响就随着关联关系传导出去，从而作用于共享金融整个企业的运营，引致关联性风险。而在现阶段共享金融企业的各项制度还未完善，应对危机的机制尚缺乏，再加上经验不足，局部的危机极易蔓延至整体的运营活动中。

（3）市场选择风险。在信息不对称的情况下，共享金融机构与服务主体之间会因为实际状况的不清晰而做出不恰当选择的风险。具体包括两种风险：①共享金融企业的市场选择风险。平台客户对自有信息的隐瞒或编造很难被平台运营方鉴别出来，信息不对称问题使得平台运营方在交易过程中处于劣势地位，可能会出现“劣币驱逐良币”的现象，构成共享金融企业的市场选择风险。②客户的选择风险。由于共享金融企业提供的服务大多是建立在虚拟网络上的，而现阶段业务平台大多没有健全的信息披露机制并且相关的渠道也不够通畅，客户很难对共享金融平台服务商的信用和安全有清晰全面的认知，容易导致客户的市场选择风险。

（4）跨界经营风险。共享金融企业的业务大多涉及跨界经营，行业交叉属性在技术普及的基础上已逐渐融入其运营模式中，如电商系金融领域。这种运营模式与传统金融相比风险诱发因素更加多样化，并且共享金融业务操作具有虚拟性的特点，会产生超量化的数据信息，从而对传统金融的分业经营界限及分业监管模式提出了挑战。此外，在全球化背景下，共享金融跨国交易的频繁产生打破了地域限制，这种趋势对单独分立的国内监管也提出了新的挑战。

4. 操作风险

共享金融在促进金融业务创新及推动经营转型方面有着极其显著的效果，但随着业务的复杂性增强，操作手段的形式也日益丰富，由此极易引发操作风险，这类风险具有涉及面广、可控性小、关联性强等特点，并逐渐成为引发共享金融重大事故的关键动因。操作风险的重要性在《巴塞尔协议》的两次修订中被连续提出，尤其是《新巴塞尔协议》，对操作风险的资本补偿做出了明确的规定，同时对操作风险给出明确的定义，即内部程序、系统和人员不完备或失效导致在操作活动上产生的不良效应，或由外部事件造成损失的风险。2013 年 1 月开始实施的《商业银行资本管理办法（试行）》中明确规定将操作风险纳入资本监管框架。根据风险来源的不同，可以将共享金融的操作风险分为以下三个方面：

（1）内部操作风险。由于相关机制的不完善以及运营业务的不断更新，对于共享金融的管理目前大多处于粗放式的放养状态，其内部操作风险具体可以细分为以下项目：①缺乏对共享金融机构网上银行业务的系统性管理。共享金融大多数的业务都在网上进行，而目前缺乏专门的部门对网上业务的操作风险进行协调统筹管理，由此极易出现管理的真空地带或者多头管理。比较典型的例子为 2013 年 8 月 16 日的“某证券乌龙指事件”，外在表现为策略投资部门在使用企业独立的套利系统开展自营业务活动时，由于程序指令操作失误，巨量预期外的订单生成，而其深层次的原因则在于多级风控系统没有发挥出应有的作用，套利策略系统存在缺陷，非正常指令没有被甄别规避。②内控相对滞后。目前，共享金融机构大多把重点战略任务放在业务拓展上，注重产品的研发和推广，以抢占市场份额为当期目标。相应地在风险防范和内部控制建设上投入的力度就比较小，尤其在网络技术日新月异的今天，很多共享金融机构不能及时地进行制度的完善和程序的规范，在保障企业持续稳健经营的道路上还需要对操作风险的控制投以更多的关注。

（2）第三方操作风险。除了直接交易的供需双方外，第三方在共享金融操作中的地位也是非常重要的，其在操作风险上的突出问题也值得给予必要的关注，主要从以下两个方面展开：①服务提供商风险。在我国电子商务发展的现阶段，网络技术的普及与线上安全防范问题的规制并未协调进度，服务提供商作为共享金融机构与客户实施网上交易的重要渠道，在发挥关键作用的同时还存在着极大的操作风险。目前共享金融的交易活动中存在着许多安全漏洞，究其缘由主要是系统保障投入缺乏、用户安全保障意识淡薄。②互联网金融机构与银行信息技术外包风险。共享金融机构对 IT 系统的依赖性非常显著，除了企业自身进行开发外就是外包给专业的 IT 服务提供商，这种做法在一定程度上可以降低开发成本、拓宽服务渠道、得到技术支持，但相应地也存在着新的操作风险——IT 外包风险，如 IT 服务提供商针对共享金融机构的网上业务网站进行跨站脚本、SQL（structured query language，结构化查询语言）注入以及客户端木马病毒、假冒网上业务网站盗取信息等隐蔽的欺诈操作。

（3）客户操作风险。客户操作行为分析是进行共享金融创新活动中业务安全性和便捷性之间矛盾博弈必须考虑的因素，尤其是在公共网络操作中，信息的加密技术无法得到保障，客户操作行为极易陷入安全危机中。首先，随着 3G、无线技术的快速普及，公众对公用和免费 WI-FI（wireless-fidelity，无线连接）的安全性还了解不足，而不少黑客分子正以此为契机，构建假冒 WI-FI 站点，非法套取客户的银行账号和密码。其次，银行对于客户身份的识别很难确保是完全真实的，即使有不法分子恶意使用客户信息进行交易操作，银行侦查识别工作的开展也存在一定的难度。最后，网络诈骗手段的不断翻新使得客户很难实时做出防备。近年来，层出不穷的“钓鱼”网站对客户的信息财产安全造成损失的情况不在少数，其根源就是网络业务中存在着极大的客户操作风险。2014 年 3 月 13 日，由于相关恶劣事件的出现，央行下发紧急文件《中国人民银行支付结算司关于暂停支付宝公司线下条码（二维码）支付等业务意见的函》，对二维码支付及虚拟信用卡的使用进行了规制①。这在一定程度上反映了共享金融业务在对互联网技术的运用过程中，隐含着巨大的操作风险。

5. 法律法规风险

共享金融的法律法规风险主要来源于共享金融的创新性与相关法律法规制度的滞后性冲突。近年来我国共享金融发展迅猛，在互联网、大数据、云计算技术的普遍应用下，以传统金融业务为基础制定的银行法、证券法、保险法已很难满足共享金融业务的监管需求，目前我国共享金融的法律法规风险主要来源于以下四个方面：

（1）司法边界模糊风险。以共享金融的表现形式之一众筹来看，其业务大多是依托互联网、面向大众进行的金额小、规模大的筹资活动，根据中国的《证券法》和《最高人民法院关于审理非法集资刑事案件具体应用法律若干问题的解释》的规定，众筹极易触碰非法集资的“红线”。股权众筹冲击了

① 方雨嘉，张松. 互联网金融创新的风险特性[J]. 中国金融电脑，2015，（11）：58-60.

"公募"与"私募"的法定界限，使得线下筹资转变为线上活动，而互联网的交互性又增加了资金供给者的不确定性，同时相关法律的人数限制不仅限制了股权众筹的发展，更诱使了某些非正规操作手段的产生。债券众筹中也可能会因为平台的非法操作或者虚假信息的使用而陷入资金池模式，不合格借款人违规操作可能会带来非法集资风险以及影响极其恶劣的庞氏骗局等。

（2）监管法律缺位风险。共享金融作为我国的一个新兴发展主体，目前还没有成熟完善的立法系统，大多数的规定仅在相关的民事基本法和金融类法律法规中有所体现，抑或是存在于法律级别较低的监管部门行政规章及各类规范性文件中，且大多是原则性指向，可操作性欠缺。此外，在共享金融消费者权益保护方面的法律法规还没有完全出台，这既不利于金融消费者行使其合法的权益，也打消了政府机构执法的积极性。共享金融的涉及面十分广泛，大多兼具吸收公众存款、公筹资金、出售股权、跨市场理财等业务，性质与现有的监管体制不能完全重合，且同时涉及中国人民银行、银保监会、证监会三大机构的监管范围，各监管机构出于金融利益的考虑，很难实现统合协作，从而致使监管体制很难跟上共享金融的大环境创新。

（3）资金供给者权益的特殊保护风险。对于资金供给者的权益保护问题，主要可以从资金供给者准入门槛的风险和投资合同欺诈的风险两方面来看。在共享金融的新模式中，如果投资门槛过低，那么资金供给者的风险判断能力和风险承受能力就难以得到保证，会增加资金供给者的资金安全风险、项目信息安全风险以及共享金融功能平台的可持续发展风险。在信息不对称的市场环境下，不完善的资金供给者审核制度难以赢得资金供给者的充分信任，也会降低资金需求者对于成功筹资的信心，影响双方的参与性。在投融资合同签订的进程中，共享金融平台大多只是起到居间作用，"领投+跟投"是主要的投资方式，而现今并没有专门的监管措施对这种引导性投资做出规制，一方面会出现领投人与资金需求者恶意串通的情况，另一方面在审核环节的不透明会使得一些不达标的项目通过单方与平台进行不正当的利益交换，进而在平台开展融资活动，极大地增加了融资过程中的平台诈骗风险。

（4）创业者知识产权保护风险。通过共享金融进行项目筹资的多是创意类、个性化项目，在进行资金筹借的过程中，项目发起人必须将项目的信息展示给公众，以便吸引公众进行投资。而互联网的开放性、及时性和受众群体的不确定性等会使得项目发起人在共享金融平台上发布的创意方案、商业计划书等信息迅速大规模传播，这之中很有可能会泄露项目的商业机密。此外，一旦信息发布后，该项目受到热捧，马上就会有各种模仿抄袭者进行生产复制，攫取项目初始发起人的市场利润。而现今的法律法规对项目初始发起人的知识产权保护还未作详细规定，在缺乏知识产权的有效保护下，创业者的创意容易受到非法侵犯。

13.1.2 共享金融风险的特性

做好风险防控工作是共享金融可持续发展的基础，而金融业务与互联网技术的融合决定了共享金融在运营中所面临的风险更为复杂，对于风险特性的识别也更有必要。根据对共享金融风险表现形式的分析，总结得出其主要具有的特性：风险类型更为复杂、风险传播速度更快、风险系统关联更强、风险传染性更强，以下将对共享金融的风险特性进行详细展开。

1. 风险类型更为复杂

共享金融的交易大多在网络上进行，且使用最先进的信息技术和操作系统，专业性要求高的同时也给公众的认知带来了混淆障碍，使得其风险类型更为复杂，具体来源有以下三方面：①共享金融交易对象具有模糊性。在开放性网络环境下，不论是金融、科技，还是管理、法律、政策等，共享金融的产品都有涉及，并且共享金融尚在发展之中，新的模式不断涌现，这使得其边界模糊，范围不好确认。②共享金融交易具有不透明性。由于技术保密等原因，产品的信息披露普遍不完整、不准确，且交易双方的主体性质也无法得到全面评估，交易的现金流与其他金融产品的相关性难以进行准确预测。③共享金融交易具有跨时空性。产品交易几乎都在网上进行，交易的大多是虚拟化的数字信息，不再受有限的时间、地域约束，跨省市、跨国家的交易日益频繁，使得交易的风险需要多部门、多机构协同监管。

2. 风险传播速度更快

共享金融对互联网技术的使用，一方面能够提高金融服务运营的效率，使得支付清算更加便捷有效，但另一方面也会加快风险的扩散速度，在平台出现问题时可调控空间小，补救成本大。这种相比于传统金融，传播速度更快的风险具体来源于两方面：①互联网信息技术具备快速远程处理功能并大多使用移动终端交易，这会加快资金流动速度以及拓宽交易的影响范围，金融要素和金融信息的变动会更快地传递到个人，并进一步波及整个市场的金融行为。②共享金融会对数字货币进行交易，同时逐渐普及使用虚拟化账户，这会使得交易风险的预防和化解难度进一步提高。企业一旦遭遇网络风险，那么这些风险就会很快地在平台上扩散，难以控制，轻则是企业的日常运营短暂性地停滞，重则使得整个企业的系统瘫痪，对市场的正常金融业务交易造成不利影响。

3. 风险系统关联更强

共享金融企业涉及担保企业、银行、第三方支付机构及多方共享金融企业，各交易参与者之间的关系相互交叉、利益相互渗透，使得共享金融企业在产品交易过程中的风险关联性相比于传统金融而言更强，具体可由以下两方面得出：①共享金融企业的资金流动性较强，相较于传统银行金融业务在资金流动性上的层层限制，共享金融企业并没有制定存款准备金制度、存款保险制度和风险资产拨备制度等控制性规则，在日常交易会更加依赖短期资金市场，从而在期限错配和资金池方面的压力更为巨大。一旦共享金融企业出现资金流动性风险，企业会向金融机构贷款或者同行业企业借款以渡过难关，而在共享金融企业自身的资本基础不够扎实的情况下，极易导致自有平台崩塌并对其他的合作伙伴造成不利影响。②共享金融对互联网技术的依赖使得其向混业经营方向发展的趋势愈发明显，这打破了传统金融行业通过分业经营隔离风险的管理方式，并与现有的分业监管模式不匹配，在共享金融产品可能涉及多个分业领域时，监管缺陷就可能出现，一个小的风险会成为一个触发机制或者是“蝴蝶效应”的起点，最终导致重大风险。

4. 风险传染性更强

网络技术的发展加速了信息在使用者之间的共享程度，信息的广泛共享具有两面性，当金融体系处在正常时期时具有正面影响，能够促进使用者理智地做出选择从而很好地防控风险；当金融体系处于动荡时期时具有负面影响，信息的快速传导会使非理性决策的效应被放大，极易出现“宏微观悖论”。共享金融的发展秉持着普惠金融理念，不论是小微企业、农民，还是家庭主妇等社会弱势群体，均能分享金融发展的福利，因而共享金融产品的使用者往往很多。考虑到现今极其发达的网络媒体，与共享金融相关的负面消息会在使用者之间快速传递，大多数风险规避者不约而同地进行撤资等活动，由此牵连的共享金融企业会极其快速地陷入资金流断裂的困境，进而影响到整个行业的正常运转。同时，共享金融企业的不良声誉一旦被传播出来，之前未参与共享金融产品投资的人们也会在相关信息的影响下给出怀疑的态度，因而会选择远离这个行业，声誉风险的传导从行业内扩展到行业外。同样的，共享金融中的其他风险也会在网络和信息技术的推动下，传染性更为显著。

13.1.3　共享金融风险的管理

根据对共享金融风险的表现和特性的梳理，可以得出其风险融合了互联网和金融业务的风险，在网络技术的推动下风险会变得涉及范围广、传播速度快，在金融业务的本质引领下风险关联性强、内容复杂，由此管理风险成为共享金融至关重要的工作，以下将从业务的开展时期入手系统阐述共享金融风险的管理。

1. 贷前调查

贷前调查是共享金融风险管理最基本也是最重要的工作，与传统金融体系有一个借款者不同的是，共享金融由于其多中心的特性，关系着更多资金供给者，尤其是公众资金的安全。贷前调查主要是对借款者的信用评级、贷款目的、资金偿还能力等多方面的考量，贷前调查工作主要归结为如下六个方面：

（1）利用各种渠道掌握客户资信、关联情况。共享金融平台可以与银行合作，通过个人征信系统、法人征信系统、银行内部特别关注系统来查询借款者的信用情况，掌握借款者、关联公司及实际控制人在融资申请时点的融资总量、对外担保以及负债情况，其中要特别关注法人征信显示的关联信息以确保本次融资的合理性并进行融资总量的控制。同样，共享金融平台应该对企业控制人的道德品行、诚信记录以及管理能力与管理理念有一个充分评估，进而能够以一个更直观的方式对客户的信用水平进行评估。对于民营企业，共享金融平台应当要求追加法人或实际控制人及其配偶个人无限连带责任担保。

（2）做好银行对账单（账户流水）分析。对于银行对账单，贷前要重点分析企业是否存在资金异常往来情况，如关联往来复杂，账户间来回倒账，企业与小贷公司、期货公司等发生资金往来等。对于经核实有问题的，共享金融平台应削减贷款额度甚至拒贷。

（3）深入分析财务指标，确保获得企业真实财务与经营情况。共享金融平台风险管理部门应当深入分析企业的资产负债表、现金流量表、利润表，要对企业的货币资金、应收应付账款、存货、固定资产、主营业务收入等指标进行评估，同时也要时刻提防企业通过伪造交易项目进而影响报表真实反映的水平，针对股东往来大量占用客户资金、客户依靠股东垫付经营等问题，进行深入了解，防范企业资金链断裂。

（4）防范贷款挪用风险与关联风险。当前很多借款者，尤其是民营企业，为了拿到更多贷款会隐瞒部分真实贷款需求，如做大总投资额来获得超过实际需求的贷款。因此共享金融平台应当在调查阶段对借款者信息以及贷款所用于的项目进行深入了解，通过分析企业结算模式、业务发展预期以及同类项目单方投入等，判断企业流动资金需求以及项目资金需求在金额、期限上的合理性。

（5）关注企业的主营产品。在进行贷前调查时，共享金融平台应当同样关注企业所经营的产品是否具有竞争力、产品的市场表现以及产品生命周期。通过对企业产品及市场占有率的调查来判断企业销售收入的稳定性，尤其应当关注第一还款来源是否稳定可靠。

（6）关注企业的押品情况。押品是借贷协议的重要组成部分，共享金融平台为了使风险减小，务必应当保证押品合法合规、无二次抵押、足值保值能力良好进而保证第二还款来源的有效性与合理性。

2. 贷后管理

贷前调查虽然是整个风险管理体系下最为重要的部分，但并不意味着一个完善、健全的贷前调查过程就可以完全控制住金融风险。因此，共享金融平台应当同样加强贷后管理，密切关注企业资金与运营动向，从而在企业违约之前及时发现问题、控制风险的发生。本书将贷后管理归结为如下九个方面：

（1）关注贷款用途。融资用途监管落实到位意味着共享金融平台应当要求借款者提交用款计划以及相关资料证明，及时要求借款者提供与购销合同匹配的发票、入库单据等，做到物流与资金流相一致，从而确保贷款资金用于主体经营，防范贷款资金挪用与企业资金链断裂的风险。

（2）关注借款者还本付息情况。在贷后检查中，如发现借款企业还本付息资金较为紧张，出现在付息日前一天或还本付息当日才备足款项乃至逾期欠息的情况，共享金融平台应当尽快了解原因，这些现象往往都是由于企业资金链紧张而产生的，因此共享金融平台应当及时跟进从而保证款项的安全。

（3）加强对借款者的资金流水监控。共享金融平台可采用监管账户的方式加强对企业资金流的监控，督促借款者经营收入按时、按量流入监管账户，进而共享金融平台可以通过关注企业资金流水来大致判断企业的生产经营状况以及收入情况。

（4）关注企业实际控制人交易行为。共享金融平台应当关注企业主要人员动态，是否存在频繁与某些企业联络现象，是否存在短期失联现象以及企业主要人员是否因为个人因素产生了新的负债。对一些比较严重的情况如实际经营人因使用假发票而被刑事拘留，平台应当对该笔贷款进行提前收回。

（5）跟进押品动态、防范二次抵押。一些借款者为了获得更多的贷款，往往会以一件抵押物去多家金融机构进行融资。因此，共享金融平台应当在贷后管理时及时跟进押品的动态，如贷款者以房产作抵押时，可通过各地区的住房和城乡建设委员会网站查询贷款抵押物的状况，对于一些缺乏诚信的借款者，可以收押其房产证。一旦出现抵押物被借款者擅自进行二次抵押，共享金融平台应当及时追加抵押物或提前收回贷款。

（6）关注企业在其他金融机构的融资变动情况。在贷后管理中，共享金融机构应当对企业在其他金融机构的短期贷款到期时的接续情况以及接续后贷款条件是否变化有全面的了解，若发现企业在其他金融机构的贷款无法如期缴纳或者变更贷款条件等，平台应及时了解情况来确保资金的安全。

（7）关注企业财务指标，判断有无经营危机。与贷前管理类似的是，贷后管理对企业财务指标的关注同样是掌握企业的真实运营情况，但重点在于分析判断借款者是否存在经营下滑甚至破产的危机，企业是否存在资金链断裂的风险。在贷后管理中要着重借助“销售融资比”来分析借款者融资总量是否过度，进而防范借款者过度融资的风险。

（8）保持日常交流，跟进企业经营动态。共享金融平台在贷后应当继续跟进企业的经营动态，了解企业最新的产品信息，以这种方式来发现企业业务拓展情况，是否有拖欠上游供应商贷款等情况，进而使共享金融平台能及时掌握企业是否具有资金偿还能力，在贷后管理中掌握主动权，在贷款劣变前提前化解。

（9）关注企业问题信号。当企业出现拖欠职工工资、拖欠各项经营相关费用或被执法部门勒令停止经营以及停水停电等现象的时候，共享金融平台应高度重视，因为这是企业资金高度紧张的表现，此时平台应及时了解出现这些现象的原因，尽可能保证资金的安全。

3. 欠息及逾期的处置

全面系统的贷前调查以及实时跟进的贷后管理是保证共享金融用户资金的根本，可以大幅度降低资金不能如实归还的风险，但是这并不意味着不会出现借款者欠息以及逾期的情况。然而，对于当前的共享金融平台来说，由于其有民间贷款的性质，因此并不能完全按银行对欠息以及逾期的处理过程进行操作，本书针对此特点将共享金融的欠息以及逾期处置归结为如下三个方面：

（1）维护客户关系。当前，当借款者无法按期归还本息时，一些 P2P 网贷机构通常以不断骚扰甚至以宣称索要其家人性命的方式来进行威胁，这是十分不可取也不受法律保护的。当借款者无法按期归还贷款时，共享金融平台应当向其阐释失信的后果，进而使得借款者权衡利弊并同样做好客户关系，也可鼓励不良贷款者积极提供除了抵押物之外的可以处置的房产等资产，来弥补共享金融平台的损失。

（2）与保证人等相关利益方进行沟通。在风险因素已经发生，借款者有极大的概率无法按时归还本息时，共享金融平台应当及时通知担保人借款者的实际经营状况，向其说明若借款者无法正常归还贷款时，将会由平台来进行偿还并提出其协助共享金融平台进行催收的请求，以确保贷款本息的安全。

（3）适时启动法律诉讼程序。当发生资金无法偿还的情况时，共享金融平台应当及时启动财产保全程序，避免抵押物出现后续抵押以及出售行为，并应当对抵押物的实际情况进行取证，排查借款者、实际控制人以及担保人的资金情况，针对掌握的财产线索立即申请诉前财产保全，并尽快向法院提起诉讼。

13.2　共享金融的监管

在共享金融行业里充斥着大量的披着共享金融外衣的传统金融业务，这种行为本质上不是金融创新而是监管套利，甚至还不乏庞氏骗局。典型的例子不胜枚举。这些共享金融的违规非法操作造成了严重的后果，监管的缺失所带来的社会影响愈发突出，因此本节将从金融风险管理的角度对共享金融的监管进行系统性的分析，下文将进行具体的阐述。

13.2.1 共享金融监管面临的问题

在技术进步和经济需求的推动下，共享金融发展迅猛，第三方支付、余额宝等理财产品、众筹融资、P2P 网络借贷等代表性的共享金融交易模式在高速成长。根据网贷之家的统计，2017 年 3 月网贷行业成交量极其突出，以 2 508.43 亿元创出了单月历史新高，环比 2 月上升了 22.76%。总体上来看，截至 2017 年 3 月，P2P 网贷行业历史累计成交量高达 41 052.69 亿元，年增长率达到 235.26%，可见其成长速度飞快。与此同时，停业及问题平台的数据也逐年上涨，截至 2017 年 4 月，累计停业及问题平台量 3 676 个，新增停业及问题平台增长率为 15%，停业及问题平台发生率为 62.41%①。由此可见，共享金融的发展是高成长速度伴随着高风险，为保持其可持续发展必须进行有效监管，而基于共享金融的独特性，对于平台的监管也将是困难重重，以下将从四个方面进行梳理。

1. 相关监管机构立法滞后，难以形成统一的监管体系

共享金融融合大数据、云计算、物联网、移动互联网等高新技术，具有极强的创新能力，因而其产品、经营模式和从业机构层出不穷，而监管机构目前大多还采取传统的监管方式，其立法无法及时跟进共享金融业务及产品的更新，要想建立统一完善的监管体系较为困难。监管机构大多是在共享金融出现问题后才开始重点着手相关领域的立法，在日常的监管中更多的是采取密切关注而非实际监管的态度。以目前出现了大量问题的 P2P 行业为例，尽管 2015 年 7 月由中国人民银行等部门发布的《关于促进互联网金融健康发展的指导意见》中从主体层面上明确规定对 P2P 行业的监管将由银监会执行，但是相关的具体监管措施仍未发布（表 13-1）。

① 网贷之家数据_网贷平台排名_网贷平台_p2p 网贷[EB/OL]. http://shuju.wdzj.com/industry-list.html.

表 13-1　近年来我国金融监管部门关于共享金融的法律法规

监管主体	发布时间	名称	主要内容
中国人民银行	2015 年 7 月	《关于促进互联网金融健康发展的指导意见》（十部委联合发布）	互联网金融监管的基本法规，规定了互联网金融产业的基本监管职责，明确了业务边界
	2016 年 10 月	《非银行支付机构风险专项整治工作实施方案》	按照安全与效率兼顾、鼓励创新与规范发展相结合、监管与服务并重、监管标准一致性的原则，规范非银行支付机构经营模式，清理整治无证机构
银监会	2016 年 8 月	《网络借贷信息中介机构业务活动管理暂行办法》	重点规范和界定 P2P 平台准入与经营规则、平台的 13 条业务红线、风险管理与信息披露要求等
	2016 年 10 月	《P2P 网络借贷风险专项整治工作实施方案》	建立较为完整的行业基本数据统计体系，为专项整治工作及今后的行业监管奠定基础
中国保险监督管理委员会	2011 年 9 月	《保险代理、经纪公司互联网保险业务监管办法（试行）》	保险代理、经纪公司的互联网保险业务的重要监管法规
	2016 年 4 月	《互联网保险风险专项整治工作实施方案》	规范互联网保险经营模式，优化市场发展环境，完善监管制度规则，实现创新与防范风险并重

2. 传统监管主体的监管立场不适应共享金融业态

长期以来，传统银行金融业务的监管都是依靠繁多细致的法律规章，对于业务运营过程中可能出现的非法行为、违规操作，应采取的预防手段、惩罚措施等都有详细的条例可依，从而保证传统金融能稳定、安全的运行。而正在兴起的共享金融多以创新型交易方式为主，随着技术和经济的发展，共享金融产品的类型、经营方式、交易范围等都在不断变化，如果拿传统的监管法规来管制的话，在监管对象、主体等要素上的差异会使得监管起不到应有的作用。考虑到共享金融网络的复杂性，其经营业务在行业上的交叉、混合大多会突破传统金融的监管范围，由此对于共享金融的监管急需全新的监管主体和监管立场，以提高监管效率和消除监管的真空地带。

3. 对共享金融的监管力度难以准确把握

共享金融的运行中市场机制会起到不可替代的作用，虽然行政监管在某种程度上会发挥一定的作用，但是要想使交易机制更为高效，法律法规的监管约束还是必不可少的。法律法规的监管具有强制性、明确性以及可执行性，但是在监管力度的确认上确实是一个很有难度的问题。过小的法律法规监管力度会使得颁布出台的法律法规无法起到监管的作用，导致共享金融的成长无法得到有力引导，极易进入野蛮生长的状态；而过大的法律法规监管力度会使得共享金融的发展空间受到约束，对其创新能力的压制会使得共享金融无法发挥其应有的效用，对经济的发展也会有负面作用。对于共享金融监管力度的把握决定了监管的效用，是法律法规监管过程中的一大难题。

4. 共享金融监管的范围界定困难

共享金融的业务大多数都依赖于大数据、云计算、物联网、移动互联网等技术，在运营中交易的业务数据都是在网络上进行传输、交换和保存，网络的方便快捷使得共享金融的业务和交易模式更易发生变化。如果法律法规在更新的进度上与共享金融业务的创新时差较大，就会存在监管范围无法涵括共享金融业务范围的情况，新出现的业务就会处于法律空白期，极易被不法分子恶意利用，这会对共享金融体系的稳定造成威胁。此外，对业务或交易行为合法性的判断需要对交易的数据进行收集、审查和分析，而共享金融在享受高新技术带来的方便快捷外也更容易出现信息数据被操控、篡改、泄露的情况，这就加大了监管机构的监管难度。

13.2.2 加快共享金融监管立法

共享金融的交易模式产生了新的社会关系，参与主体之间的关系从本质上有了极大的改变，如何防范新的社会关系产生的风险以及对共享金融进行合理有效的监督是当务之急。从共享金融的特征本质出发，重新厘定信息工具范式，以大数据和征信体系为基础，规范市场准入门槛并明确市场主体法律地位，发挥信息工具的风险预警作用等将成为共享金融监管的工作重点。以下将从加快共享金融监管立法和构筑共享金融安全体系两方面进行具体阐述。

1. 加快共享金融监管立法

对于共享金融监管的立法进程大多体现在对互联网金融的法律法规建设上，20 世纪 70 年代欧美国家开始对互联网金融监管进行立法，采用的方式是对仍然适用的法律进行沿用，对不适用的法律进行修订完善，同时制定相关的新法新规进行补充。经过几十年的发展和完善，欧美国家的互联网金融法规体系已经涵括了交易规则、操作规范、保障制度、界限标准等内容。英国于 2012 年出台“P2P 融资平台操作指引”，提出 P2P 融资协会成员应满足的九条基本原则，并于 2014 年由公平交易管理局依据《消费信贷法》对网络信贷进行监管。美国于 2012 年通过《乔布斯法案》（创业企业融资法案），该法案放开了众筹股权融资，并在保护资金供给者利益、规范资金需求者行为和提供服务的融资平台等方面做出了相关规定[①]。而中国于 2013 年十八届三中全会颁布了《中共中央关于全面深化改革若干重大问题的决定》，提出要发展普惠金融，鼓励金融创新，自此互联网金融首次进入决策范畴，之后相关的指导意见不断发布，如《非银行支付机构风险专项整治工作实施方案》《互联网保险风险专项整治工作实施方案》《P2P 网络借贷风险专项整治工作实施方案》《股权众筹风险专项整治工作实施方案》。法律出台的数量虽多，但及时性还有待提高，很多条款都是在互联网金融的风险暴露出来后紧急制定的。

以互联网金融的法律法规制定现状来测定共享金融的法律法规，在借鉴

① 王施诗，陈梦乔. 互联网金融监管的国际经验及启示[J]. 金融与经济，2015，（3）：61-64.

国外经验的基础上，可以从三大层面加快监管立法：

（1）提高法律文件制定决策中的前瞻性。在当前法规制度的基础上，结合共享金融发展的现状，尤其当存在风险的运营活动刚出现危机时立即加大关注力度，动态追踪相关资讯，及时对相关的法规、条例、办法进行调整完善，充分考虑共享金融的发展趋势，提早对可能产生的风险进行制度防范。

（2）加快共享金融技术部门规则和国家标准的制定。共享金融对于互联网技术的依赖决定其必须涉及很多与信息网络程序有关的操作，如系统软件、密钥管理、数据保护、身份验证、客户识别等，相应的各环节所面临的风险很大。国家标准方面的风险防控制定导向对于共享金融业务的监管意义巨大，亟须尽早进行。

（3）加快消费者权益保护方面法律制度的出台和指引规则的发布，通过法律法规明确消费者的知情权、隐私权、自由选择权和公平交易权等多项权益，并明确信息披露制度，强调风险提示和消费者教育，采取比较严格的违规惩罚性措施，专门设立相关机构和法律为消费者进行维权保障。

2. 构筑共享金融安全体系

共享金融安全体系是业务产品正常运营开发的基础，技术层面的共享金融运行安全防范体系包括：防火墙技术、入侵检测技术、操作系统安全稳定、虚拟专用网技术以及金融信息安全防范技术等。共享金融业务安全运营的构筑，需要增强互联网系统的抵御和防攻击能力，对物理设施诸如计算机系统、网络设备、密钥等关键设备及信息实施安全防卫措施。同时，对数据管理和网络通信安全管理给予重点关注，并依据不同的主体对象设计和配置不同的服务器和防火墙，采用合适的加密技术。具体地，对于共享金融安全体系的构筑可以从以下三方面进行：

（1）进一步完善共享金融的身份认证体系，基于真实准确的信息数据打造安全可靠的网络平台。例如，银行领域的机构可以和其他共享金融机构相互合作，共享网络身份认证数据库的信息，同时可以考虑用关联社交账号的方式，全面跟踪共享金融参与主体行为，严格保证共享金融平台的安全性和业务运营责任的可追溯性。

（2）建立数据分析挖掘机制，挖掘客户行为数据中的潜在价值。共享金融机构可以通过对行业、部门、客户群的多维度分析为业务运营风控方面提供更加系统化的业务支持。同时基于大数据技术，为解决网络借贷中由于信息不对称及无抵押品问题带来的风险隐患设计相应的信用担保流程，规避共享金融业务中可能出现的安全问题。

（3）运用好和管控好共享金融的科技属性，利用区块链技术进行有效信用验证、所有权验证和合同执行，从而在数字资产转移的过程中做好风险防范工作。具体可以从建立区块链相关企业的注册和备案制度、建立数字货币和智能合约条款的审核标准、识别不公平或容易受黑客攻击的条款代码、采取包容性监管的沙盒机制、积极探索智能监管等方面入手。

13.2.3　共享金融监管主要内容

共享金融的突出优势在于金融资源的供需主体通过云计算、大数据、物联网、移动互联网构筑的现代信息技术平台实现金融资源和服务的直接撮合和交易，其理想状态应该是接近于瓦尔拉斯一般均衡所对应的无金融中介或市场状态，理性的市场参与者可以获取公开透明的交易信息，个体的自利行为能够通过“看不见的手”自动实现市场均衡，市场交易机制能够充分发挥应有的作用。而这种理想的状态在共享金融的现今时期还未达到，个体和集体的非理性、平台道德风险等非有效因素，使得非常有必要对共享金融进行监管。以下将通过完善共享金融监管体系、规范共享金融操作流程对共享金融监管的主要内容进行探索。

1. 完善共享金融监管体系

对于共享金融的监管而言，金融监管与金融创新之间存在的辩证关系需要妥善处理，做到有保有压。按照金融基本功能，共享金融大致可以分为第三方支付、P2P 网贷、众筹、数字货币等几类，每种业务模式的主要特点和风险点不同，需根据监管目标的不同实行差异化的监管措施。目前对于共享金融监管体系的完善应当做到以下四点：

（1）理清各类共享金融业务范围，并在此基础上明确共享金融的监管主体、监管对象和监管范围，尽早明确该领域广受公众关注的问题。例如，社会融资的总量中是否要涵括网络融资的资金量、金融监管的范畴中是否要涵括虚拟货币交易活动、存款准备金管理中是否要涵括余额宝这类货币市蹭金投资的银行存款、人民银行的反洗钱监管范畴中是否要涵括网络融资平台的运营。

（2）基于共享金融市场的业务产品运营活动具有虚拟性，并且交易活动在网络技术的使用中快速频繁，与之相对应的监管措施也应使用信息技术来加强非现场监管，同时建立动态风险监测、预警、防范和应急处理机制。对于可能引发重大风险的业务隐患行为，坚决画出“红线”，列出“负面清单”。

（3）根据共享金融市场特性建立协调分业和混业的创新监管模式，并制定跨区域、跨部门的监管机制。在经济全球化进程中，国际交易普遍开展，共享金融的跨国活动也逐渐增多，与此同时国内交易中的共享金融活动也愈发频繁。对于涉及不同国别、不同省级的共享金融活动，各监管部门须协调合作、平衡权责，加强联动统一监管。

（4）设置共享金融平台和机构行业门槛，建立市场准入和退出机制。为提高市场的有效竞争、发挥金融业务活力，应当根据各类共享金融平台监管主体的具体特点，制定合理科学的准入门槛标准，逐步提高共享金融平台和机构的各项指标要求，如平台的注册资本、组织结构、信息技术水平、业务流程、风险防控等，同时严控牌照，没有牌照的公司将被清退。

2. 规范共享金融操作流程

共享金融业务是在金融属性的本质上建立起的金融信息化过程，其在操作运营中的潜在风险仍应从金融风险的角度进行评测，需要严格规范操作流程，审慎管理信用、技术、流动性等风险。针对共享金融的行业交叉性和金融属性，共享金融平台在风险管控上不仅需要建立起信息科技风险识别、预警、评估、管理机制，还要在严格内控体系的基础上，对业务操作流程中资金流动性管理、信用风险管理等建立起规范管理制度。具体可从以下四方面进行规范：

（1）建立风险提示与客户分级机制。共享金融平台应对资金供给者的年龄、财务状况、风险偏好、风险承受能力开展尽职调查，并根据调查结果实行分级管理，融资项目、借出金额、项目风险应建立在企业的风险承受能力之上，从而实现对风险的把控。共享金融平台还应向资金供给者充分披露资金需求者基本信息、融资项目信息，并将平台自身的经营状况面向公众进行有效披露。

（2）建立第三方存管机制。对于共享金融平台，尤其是 P2P 模式中，经常存在的“多对多”“资金池”“期限错配”等流动性风险隐患应尽早进行规范，通过流程设计防止恶意的违规行为出现。第三方存管机制可以成为解决方案之一，其原理就是共享金融平台对自有资金和交易双方资金进行隔离管理，选择达到相关要求标准的银行或第三方支付机构作为交易双方资金的存管机构，通过订立存管协议，明确各方的权利义务和责任边界。

（3）建立第三方评级机制。第三方评级机制是以市场化约束机制对共享金融监管体系进行重要的补充，该机制可以针对中介平台，也可以针对金融交易双方。根据不同的评级目标和对象，第三方评级机制可以选择不同的评级维度和指标，采用合理的权重设定、科学的指标合成方法，将评级结果通过互联网向公众发布，扩大评级结果的影响力，发挥出对共享金融操作流程的市场规范效用。

（4）建立内控稽核制度。为防止共享金融机构内部人员出现私自窃取及贩卖客户信息等违规行为，应当对业务操作流程中的信息采集、保存及运用等方面进行规范，并对信息用途限定、授权查询、安全保障、记录查询以及违规处罚等监管措施给出明确标准，严格保护信息安全，保证业务操作的合规性。